中公クラシックス W36

ショーペンハウアー

意志と表象としての世界 I

西尾幹二 訳

中央公論新社

目次

ショーペンハウアーの修業時代　鎌田康男　1

第一巻　表象としての世界の第一考察
根拠の原理に従う表象、すなわち経験と科学との客観

第一節　世界はわたしの表象である。……5
第二節　主観と客観は直かに境界を接している。……11
第三節　根拠の原理の一形態としての時間。世界は夢に似て、マーヤーの面紗に蔽われている。……14
第四節　物質とは働きであり、因果性である。直観能力としての悟性。……19
第五節　外界の実在性に関するばかげた論争。夢と実生活との間に明確な目じるしはあるだろうか。……32
第六節　身体は直接の客観である。すべての動物は悟性をもち、動機に基づいた運動をするが、理性をもつのは人間のみである。理性を惑わすのは誤謬、悟性を惑わすのは仮象である。とくに仮象の実例。……45
第七節　われわれの哲学は主観や客観を起点とせず、表象を起点としている。全世界の存在は最初の認識する生物の出現に依存している。――シェリング批判、唯物論批判、フィヒ

テ批判。……60
第 八 節　理性は人間に思慮を与えるとともに誤謬をもたらす。人間と動物の相違。言葉、行動。……82
第 九 節　概念の範囲の組合せ。論理学について。……90
第 十 節　理性が知と科学を基礎づける。……113
第十一節　感情について。……116
第十二節　理性は認識を確実にし、伝達を可能にするが、理性は悟性の直観的な活動の障害になることがある。……119
第十三節　笑いについて。……131
第十四節　一般に科学は推論や証明ではなしに、直観的な明証を土台にしている。……139
第十五節　数学も論理的な証明にではなく、直観的な明証に基づく。――ユークリッド批判。理性を惑わす誤謬の実例。哲学とは世界の忠実な模写であるというベーコンの言葉。……155
第十六節　カントの実践理性への疑問。理性は善に結びつくだけではなく悪にも結びつく。ストアの倫理学吟味。……188

第二巻　意志としての世界の第一考察
すなわち意志の客観化

第十七節　事物の本質には外から近づくことはできない。すなわち原因論的な説明の及びうる範囲。……209

第十八節　身体と意志とは一体であり、意志の認識はどこまでも身体を媒介として行なわれる。……219
第十九節　身体は他のあらゆる客観と違って、表象でありかつ意志でもあるとして二重に意識されている。……228
第二十節　人間や動物の身体は意志の現象であり、身体の活動は意志の働きに対応している。それゆえ身体の諸器官は欲望や性格に対応している。……235
第二十一節　身体を介して知られている意志は、全自然の内奥の本質を認識する鍵である。意志は物自体であり、盲目的に作用するすべての自然力のうちに現象する。……241
第二十二節　従来意志という概念は力という概念に包括されていたが、われわれはこれを逆にして、自然の中のあらゆる力を意志と考える。……244
第二十三節　意志は現象の形式から自由である。意志は動物の本能、植物の運動、無機的自然界のあらゆる力のうちに盲目的に活動している。意志の活動に動機や認識は必要ではない。……248
第二十四節　どんなに究明しても自然の根源力は「隠れた特性」として残り、究明不可能である。しかしわれわれの哲学はこの根源力のうちに人間や動物の意志と同じものを類推する。——スピノザ、アウグスティヌス、オイラーの自然観。……264
第二十五節　意志はいかなる微小な個物の中にも分割されずに全体として存在している。小さな一個物の研究を通じ宇宙全体を知ることができる。意志の客観化の段階はプラトンのイデアにあたる。……283
第二十六節　合法則的な無機的自然界から、法則を欠いた人間の個性に至るまで、意志の客観

化には段階がある。自然の根源諸力が発動する仕方と条件は、自然法則のうちに言いつくされるが、根源諸力そのものは、原因と結果の鎖の外にある。マルブランシュの機会因説。……289
第二十七節　元来意志は一つであるから、意志の現象と現象の間にも親和性や同族性が認められる。しかし意志は高い客観化を目指して努力するので、現象界はいたるところ意志が低位のイデアを征服し、物質を奪取しようとする闘争の場となる。有機体は半ばは死んでいるとするヤーコプ・ベーメの説。認識は動物において個体保存の道具として現われる。認識の出現とともに表象としての世界が現われ、本能の確実性は休止し、人間における理性の出現とともに、この確実性は完全に失われる。……309
第二十八節　意志の現象は段階系列をなし、「自然の合意」によって無意識のうちに相互に一致し合う合目的性をそなえている。叡知的性格と経験的性格からの類比。意志は時間の規定の外にあるから、時間的に早いイデアが後から出現する遅いイデアに自分を合わせるという自然の先慮さえ成り立つ。自然の合目的性を証明する昆虫や動物の本能の実例。……342
第二十九節　意志にはいかなる目標も限界もない。意志は終わるところを知らぬ努力である。……362

意志と表象としての世界Ⅱ　収録

第三巻　表象としての世界の第二考察
根拠の原理に依存しない表象、すなわちプラトンのイデア、芸術の客観

第三十節　意志の客体性の各段階がプラトンのイデアに当たる。個別の事物はイデアの模像であり、無数に存在し、たえず生滅しているが、イデアはいかなる数多性も、いかなる変化も知らない。
第三十一節　カントとプラトンの教えの内的意味と目標とは完全に一致している。
第三十二節　プラトンのイデアは表象の形式下にあるという一点においてカントの物自体と相違する。
第三十三節　認識は通常、意志に奉仕しているが、頭が身体の上にのっている人間の場合だけ、認識が意志への奉仕から脱却する特別の事例がありうる。
第三十四節　永遠の形相たるイデアを認識するには、人は個体であることをやめ、ただひたすら直観し、意志を脱した純粋な認識主観であらねばならない。
第三十五節　イデアのみが本質的で、現象は見せかけの夢幻的存在でしかない。それゆえ歴史や時代が究極の目的をそなえ、計画と発展を蔵しているというような考え方はそもそも間違いである。
第三十六節　イデアを認識する方法は芸術であり、天才の業である。天才性とは客観性であり、純粋な観照の能力である。天才性と想像力。天才と普通人。インスピレーションについて。天才的な人は数学を嫌悪する。天才的な人は怜悧ではなく、とかく無分別である。天才と狂気。狂気の本質に関する諸考察。
第三十七節　普通人は天才の眼を借りてイデアを認識する。
第三十八節　対象がイデアにまで高められるという客観的要素と、人間が意志をもたない純粋な認識主観

にまで高められるという主観的要素と、この二つの美的要素が同時に出現したときにはじめてイデアは把握される。十七世紀オランダ絵画の静物画。ロイスダールの風景画。回想の中の個物の直観。光はもっとも喜ばしいものであり、直観的認識のための条件である。ものが水に映ったときの美しさ。

第三十九節　崇高感について。

第 四 十 節　魅惑的なものについて。

第四十一節　美と崇高との区別。人間がもっとも美しく、人間の本質の顕現が芸術の最高目標であるが、いかなる事物にも、無形なものにも、無機的なものにも、人工物にさえ美はある。自然物と人工物のイデアに関するプラトンの見解。

第四十二節　イデア把握の主観的側面から客観的側面へしだいに順を追って、以下各芸術を検討していきたい。

第四十三節　建築美術と水道美術について。

第四十四節　造園美術、風景画、静物画、動物画、動物彫刻について。

第四十五節　人間の美しさと自然の模倣について。優美さをめぐって。

第四十六節　ラオコーン論。

第四十七節　美と優美とは彫刻の主たる対象である。

第四十八節　歴史画について。

第四十九節　イデアと概念との相違。芸術家の眼の前に浮かんでいるのは概念ではなく、イデアである。不純な芸術家たちは概念を起点とする。

第 五 十 節　造形芸術における概念、すなわち寓意について。象徴、標章について。詩文芸における寓意について。

第五十一節　詩について。詩と歴史。昔の偉大な歴史家は詩人である。伝記、ことに自伝は歴史書よりも価値がある。自伝と手紙とではどちらが多く嘘を含んでいるか。伝記と国民史との関係。抒情詩ないしは歌謡について。小説、叙事詩、戯曲をめぐって。詩芸術の最高峰としての悲劇。悲劇の三つの分類。

第五十二節　音楽について。

第四巻　意志としての世界の第二考察
　　自己認識に達したときの生きんとする意志の肯定ならびに否定

第五十三節　哲学とは行為を指図したり義務を命じたりするものではないし、歴史を語ってそれを哲学であると考えるべきものでもない。

第五十四節　死と生殖はともに生きんとする意志に属し、個体は滅びても全自然の意志は不滅である。現在のみが生きることの形式であり、過去や未来は概念であり、幻影にすぎない。死の恐怖は錯覚である。

第五十五節　人間の個々の行為、すなわち経験的性格に自由はなく、経験的性格は自由なる意志、すなわち叡知的性格によって決定づけられている。

第五十六節　意志は究極の目的を欠いた無限の努力であるから、すべての生は限界を知らない苦悩である。意識が向上するに従って苦悩も増し、人間に至って苦悩は最高度に達する。

年　譜

意志と表象としての世界Ⅲ　収録

第四巻（承前）

第五十七節　人間の生は苦悩と退屈の間を往復している。苦悩の量は確定されているというのに、人間は外的原因のうちに苦悩の言い逃れを見つけようとしたがる。

第五十八節　われわれに与えられているものは欠乏や困窮だけで、幸福とは一時の満足にすぎない。幸福それ自体を描いた文学は存在しない。最大多数の人間の一生はあわれなほど内容空虚で、気晴しのため彼らは信仰という各種の迷信を作り出した。

第五十九節　人間界は偶然と誤謬の国であり、個々人の生涯は苦難の歴史である。しかし神に救いを求めるのは無駄であり、地上に救いがないということこそが常態である。人間はつねに自分みずからに立ち還るよりほか仕方がない。

第六十節　性行為とは生きんとする意志を個体の生死を超えて肯定することであり、ここではじめて個体は全自然の生命に所有される。

第六十一節　意志は自分の内面においてのみ発見され、一方自分以外のすべては表象のうちにのみある。意志と表象のこの規定から人間のエゴイズムの根拠が説明できる。

第六十二節　正義と不正について。国家ならびに法の起源。刑法について。

第六十三節　マーヤーの面紗に囚われず「個体化の原理」を突き破って見ている者は、加害者と被害者との差異を超越したところに「永遠の正義」を見出す。それはヴェーダのウパニシャッドの定式となった大格語 tat tvam asi ならびに輪廻の神話に通じるものがある。

第六十四節　並外れた精神力をそなえた悪人と、巨大な国家的不正に抗して刑死する反逆者と——人間本性の二つの注目すべき特徴。
第六十五節　真、善、美という単なる言葉の背後に身を隠してはならないこと。善は相対概念である。他人の苦痛や不幸を見ることに限りない愉悦を覚える本来の悪、ならびに悪人についての諸考察。良心の苛責をめぐって。
第六十六節　徳は教えられるものではなく、学んで得られるものでもない。徳の証しはひとえに行為にのみある。通例「個体化の原理」に仕切られ、自分と他人との間には溝がある。エゴイストの場合この溝は大きく、自発的な正義はこれから解放され、さらに積極的な好意、慈善、人類愛へ向かう。
第六十七節　他人の苦しみと自分の苦しみとの同一視こそが愛である。愛はしたがって共苦、すなわち同情である。人間が泣くのは苦痛のせいではなく、苦痛の想像力のせいである。喪にある人が泣くのは人類の運命に対する想像力、すなわち同情（慈悲）である。
第六十八節　真の認識に達した者は禁欲、苦行を通じて生きんとする意志を否定し、内心の平安と明澄を獲得する。キリスト教の聖徒もインドの聖者も教義においては異なるが、行状振舞いにおいて、内的な回心において唯一同一である。普通人は認識によってではなく、苦悩の実際経験を通じて解脱に近づく。すべての苦悩には人を神聖にする力がある。
第六十九節　意志を廃絶するのは認識によってしかなし得ず、自殺は意志の肯定の一現象である。自殺は個別の現象を破壊するのみで、意志の否定にはならず、真の救いから人を遠ざける。ただし禁欲による自発的な餓死という一種特別の例外がある。
第七十節　完全に必然性に支配されている現象界の中へ意志の自由が出現するという矛盾を解く鍵は、自由が意志から生じるのではなしに、認識の転換に由来することにある。キリスト教の恩寵の働きもまたここにある。アウグスティヌスからルターを経たキリスト教の純粋な精神は、わたしの教説とも内的に一致している。

第七十一節　いかなる無もなにか他のあるものとの関係において考えられる欠如的無であり、記号の交換が可能である。意志の完全な否定に到達した人にとっては、われわれが存在すると考えているものがじつは無であり、かの無こそじつは存在するものである。彼はいっさいの認識を超えて、主観も客観も存在しない地点に立つ。

ショーペンハウアーの修業時代

鎌田康男

通俗的ショーペンハウアー像とその起源

厭世主義、非合理主義、自殺の哲学、女性の敵、反動主義、性愛の哲学、頽廃の哲学——ショーペンハウアー哲学にはさまざまなレッテルが貼られ、それらが一人歩きすることによって、無数の顔をもった妖怪のような姿で読者を幻惑する。そうした一般評価がほんとうに的を射たものであるかどうかは、読者諸賢が本書を直接読むことによって確認してくださるであろう。

ショーペンハウアーの哲学は、十九世紀半ば頃、一八四八年革命から世紀末に至る近代市民社会の確立期に再発見され、脚光を浴びた。人々の先入観によって誤解され、脚色され、受け売りされて、哲学論争における仇役、切られ役としての派手なレッテルを貼られ続けた。しかも、まさにその先入観と誤解のレッテルのおかげで有名になるという皮肉な運命をもたどったのである。これらのレッテルが貼られなかったら、ショーペンハウアー哲学もさほどの知名度を得られなかったかも知れない。あるいは、ワーグナーもニーチェもフロイトも森鷗外も、別な道を歩んだかも知れない。

その意味ではショーペンハウアー哲学を、その先入見と誤解の歴史から切り離すことはできない。もっとも、それはショーペンハウアー哲学の解釈に限られたものではない。少なくとも近代の哲学（だけだろうか？）の歴史は、創造的な誤解、いな、創造的な捏造の歴史なのである。しかしそのことを知ってしまった瞬間に、ショーペンハウアー自身はいったいどのような問題意識をもって彼の哲学を構築したのだろうか、という正当な疑問もわき上がってくる。

もう一つのショーペンハウアー伝

ショーペンハウアーの伝記は数多い。しかし、それらの多くは、いま述べたような先入見や誤解に基づき、あるいは晩年のショーペンハウアーの脚色をそのまま受け入れた形で、しかもショーペンハウアーの育った時代から一世紀も後に、その時代の問題関心を投影する形で描かれた。

こうしたショーペンハウアー解釈にかかわる問題点は、本訳書の旧版〈世界の名著〉『ショーペンハウアー』の翻訳者西尾自身による序文「ショーペンハウアーの思想と人間観」においても繰り返し指摘されている。この優れたショーペンハウアー論に匹敵する内容を、今回ゆるされた字数に圧縮することは不可能に等しい。

そこで、ここでは主としてショーペンハウアーの、ことに幼少期の内面史を、当時の歴史的状況および社会環境との関係の中で見ていくことによって、なぜこの哲学者は『意志と表象としての世界』を書いたのかという理由、彼の問題意識を照らし出してみたい。

そのまえにひとこと、筆者の問題意識にも触れておく。筆者は、現代とは、共有されるべき規範を喪失し、自分以外に依拠することのできる価値を持たず、それが自由の名の下に享楽的消費と孤独な空白感へと分極化してきた時代であると考えている。自己中心的享楽主義によって人と自然への配慮を忘れた現代は、人間環境、自然環境を加速度的に破壊してきた。しかしほかならぬこの自己中心的享楽主義が同時に、大衆消費を活性化する故に許容され、歓迎され、結果的に自然環境と人間環境への負荷を増大する。このような現代特有の悪循環構造に対する思想的洞察を欠いた問題解決策は機能しない。現代に連続的につながる近代的な思考・行動様式の成立期にあたる十九世紀初頭、その問題点を早くも鋭敏に感じ取った一人の人間の内面的成長を追ってみたいという思いが、わたしをショーペンハウアー研究へと向けさせるのである。

現代文化の大衆化、卑俗化を憂うる人々は、ショーペンハウアーが生への盲目的な意志の肯定が帰結する苦悩を描くさまに、親近感を感じるであろう。自己中心的享楽主義とは、現代における生への意志の現象形態だからである。

幼少時代

アルトゥール・ショーペンハウアーは一七八八年、すなわちフランス革命の始まる前年、自由ハンザ都市ダンツィヒの由緒ある貿易商フローリアン・ショーペンハウアー(一七四七―一八〇五)の長男として生まれた。母ヨハンナ(一七六六―一八三八)は、同じダンツィヒの市議クリスティアン・ハインリヒ・トロジーナーの娘であった。文才豊かなヨハンナは、夫の死後、代表作『ガブリエレ』(一八一九)などの長編作家として名をはせた。

当時の多くの哲学者は保守的伝統的な環境に育っている。たとえばカントとフィヒテの父は職人、シェリングの父は聖職者、ヘーゲルの父は役人であった。これに対してショーペンハウアーの父フローリアンは、既成の秩序・慣習に安住せず、むしろ存在秩序を自ら企画・実現する近代市民の典型であった。名門の貿易商社を率いて新たな商品や市場を開拓し、独自の経営戦略によって事業を拡大することがその存在理由であるような企業家であった。ショーペンハウアーは、典型的近代市民の生活・精神環境に育ったのである。

フローリアンの母が、貿易立国オランダの名家の出であることは単なる偶然ではなく、当事者たちのさまざまな思惑による縁組みだったにちがいない。彼女は精神疾患の兆候をこの家系に持ち込んだとも言われるが、生まれ故郷を離れて遠国へ嫁いだ母親に育てられることで、地縁的な習慣に縛られないフローリアン・ショーペンハウアーの自由市民的性格は強化されたと考えられる。彼のなにものにも屈せぬ激しい気性は、あたかも新航路を開拓すべく喜望峰を漕ぎ抜けようとして嵐の海を未来永劫まで漂流しつづけなければならないという罰を受けた「さまよえるオランダ人」を彷彿とさせるものがある。すでにオーストリア、プロイセン、ロシアの三極による勢力争いの渦中にあったダンツィヒという立地条件の限界を感じていたフローリアンは、商社の活動拠点を国外に移動する計画を練っていた。そして、第二次ポーランド分割（一七九三）によってダンツィヒがプロイセン帝国に併合されるとき、フリードリヒ大王の慰留の説得にも応じず、資産上の多大な犠牲を覚悟で商社、一家もろともにハンザ自由都市ハンブルクへと移住したのだった。ショーペンハウアー五歳の時である。この移住が幼いアルトゥールにどのような影響を与えたかは推測の域を出ないが、自由を至上のものとするショーペンハウアー家の心意気を全身に浴びつつ成長したことは疑いない。後に父の商社を継ぐことを躊躇し、父の死後は商社を売却して学問の世界に身を投じたことも、また、社交界好きの母親に反発して非社交的な態度をとるようになったことも、そうしたショーペンハウアーの近代市民的自立性の証しである。

国際派ビジネスマンへの道

父フローリアンは、息子を国際派ビジネスマンに育てあげるために、ヨーロッパ各国で同じ綴りで名前を覚えてもらいやすいという理由から、アルトゥール（Arthur）と名付けた。ハンブルクに移ってからも、豊富な人脈と財力を背景に、ヨーロッパ各地の旅行に伴っている。一七九七年からの二年間は、ルアーブルの貿易商グレゴワール・ド・ブレシメール家に預けられた。このフランス滞在期間にショーペンハウアーは、当時の国際語であったフランス語を母国語同様に操ることができるようになった。またそこでショーペンハウアーは同い年のアンティム・グレゴワールと出会う。二人の友情はそれから長く続くことになる。

　フランスから帰国すると、ハンブルクの上流階級の子弟たちを教育するルンゲ校に通いながら、実業の知識とともに、幅広く教養、作法などを習う。翌年、十二歳のショーペンハウアーは家族と共に三ヵ月のプラハ旅行をしている。さらに一八〇三—〇四年には、両親と一緒に、イギリス、フランス、ヨーロッパ各地を旅した。プラハ旅行、およびこのヨーロッパ周遊大旅行については、ショーペンハウアー自身の旅日記が残されている。[1] これらの旅行は、父の商用旅行を兼ねて行われた。とくに二つ目の大旅行は、大陸の大部分がナポレオン勢力下におかれた時代、イギリスとの交易に高関税を課すことによって、イギリスを経済封鎖しようとするフランスに対してイギリスが宣戦布告（アミアンの和約の破棄）をするその瞬間をとらえたものであった。父フローリアンがヨーロッパ旅行の最初の目的地にイギリスを選んだのは、この異常事態に現地で対処するためであった。息子を伴うことによって、視野の広い世界市民へと育てようという教育的配慮と同時に、取引仲間にその世話を委ね、家族ぐるみの強固な人間関係を築き、さらに将来の息子への円滑な経営引継までも射程に置いたものだっただろう。父親の仕事のため、両親はいったんハンブルクにもどるが、アルトゥールはこの間、ロンドン近郊ウィンブルドンの名門ランカスター校に寄宿し、英語力をつける目的で三ヵ月近く滞在している。

旅日記には毎日のように、富裕な上流階級との交流や、劇場、美術館の訪問のことが記されている。同時に、路上の物売り、大道芸人、みすぼらしい旅館や居酒屋、旅人たちの労苦、民衆の貧窮、過酷な強制労働、絞首刑の場面など、社会の底辺の悲惨と苦しみにも目を向け、しばしば激しい衝撃を受けていたことが窺われる。このような庶民の生活に対する現実感覚を養うことも、父フローリアンのカリキュラムに組み込まれていたに違いない。「世界という本」を読みながら、ショーペンハウアーはその意識において自分の生まれ育った地域や階級や国籍の垣根を超え、市場経済という普遍的な統合力に依拠しつつ、全世界を経済社会へとグローバル化してゆく新時代の担い手として着実に育っていった。すべては父フローリアンの思惑通りに進むように見えた。

父の誤算

しかしまたこの時期に、後のショーペンハウアーの思想に特徴的な要素も少しずつ形成されていった。ハンブルクへの移住後、会社として、また家族として新たな環境に受け入れられるようにと、ショーペンハウアー家は積極的に社交界に開かれた生活スタイルをとりいれ、大勢の名士や文人たちが出入りするようになった。それは幼いショーペンハウアーに知的な刺激を与えたであろう。とくにこの時期から実業よりも文芸や学問に対する関心が強くはぐくまれていった。反面、家族の人間的な絆よりも、外に向かう生活が優先する家庭環境の中で、孤独感を感じることも多かったと、ショーペンハウアーは後に述懐している。さらに、多くの旅や異国での滞在を通じて少年は、自己のアイデンティティを形成すべき多感な思春期に、人間の思考・行動様式の多様性、文化の多様性と相対性を知ることになったほか、当時の社会の貧窮や悲惨さを目の当たりにすることにもなった。

近代医療においては、予防注射の果たす役割が大きい。すなわち、弱められた病原菌などを接種することで免疫力をつけ、身体的自立性を高めるのである。同様に、精神的アイデンティティの確立においても、こどもは、家庭の庇護という壁によって現実の厳しさから守られながら、自らの存在秩序を作り上げる能力、すなわち自主性を訓練してゆく。しかし、家庭の庇護の壁は、これまで述べたようなハンブルクへの移住によって起こった諸事情や、幼いうちから世界の現実に触れさせるという父親の教育方針などによって、極端に低く設定されることになった。

荒海で嵐に遭遇しても強い意志力で一つの航路を切り開こうと奮闘するオランダ人船長のように、唯一の価値の不在に直面して、自分こそがその唯一の価値を構想し、それを実現しようとするのが近代市民である。そのような意志の人へと成長しつつも、これと並行して、世界を支配する圧倒的な価値の多様性と、容易に克服できないさまざまな困難や苦難を目の当たりにすることが、そのような近代的意志の力を相対化する方向にはたらいたのではないか。旅日記を書くという作業に象徴されるように、多様な現実を醒めた目で観察・整理・理解することを通して、その意志自身を沈静化する姿勢も育成され、それが後の芸術論や意志の否定の哲学へとつながっていったと見ることもできる。息子に商社の経営をゆだねるべく、早いうちから近代的国際人としての英才教育を施した父フローリアンの予期せぬ誤算であった。

さて、ショーペンハウアーの母ヨハンナは、若い頃から文芸に秀で、社交的な才女であり、ヨーロッパの多くの言語をマスターしていた。とくにハンブルク移住後は、一家の社交的求心点となっていった。文学や芸術への傾倒は、物質的利便性を追求する近代市民のメンタリティとは無縁のものと思えるかも知れない。しかし、産業革命や通商の発展を背景とした急激な「利益社会化」の流れの中で、顕著になりつつあった物質主義的傾向にバランスをとるべく、職人的な生産技術（art）から次第に芸術（fine art）が分離して、それが利害関係の彼岸に据えられていった過程に注目するなら、両者の相補的関係は明瞭である。

実際、カント以降の芸術論ではしばしば鑑賞者の没関心性、観照的性格が強調されるのであり、ショーペンハウアーもその伝統を継承する。だが、創作する側から見れば、企業家も芸術家もともに、豊かな構想力によって、それまでなかったような新たな存在秩序を表象し、それを意志によって世界に実現するという特徴を共有している。利益追求に向かおうと、非利益的《ノンプロフィット》であろうと、同じ思考・行動様式によって貫かれているのである。この時代にもてはやされた「天才」は、精神的領域で純粋培養された近代市民にほかならない。

近代市民の思考・行動様式は、父によって経営者として目に見える行動に表れ、母ヨハンナによって精神的に純化されたときに文学的・芸術的創作となり、息子アルトゥール・ショーペンハウアーによって「意志」という哲学的概念に結実する。意志とは、近代市民社会における思考・行動様式の別名なのだ。

時代状況――フランス革命から恐怖政治へ

既成の秩序が崩壊する時代状況を自ら進んで引き受けながら、同時に新たな存在秩序を構築していった近代市民の典型的な生活環境にショーペンハウアーは育った。それとともに自由の代償として経験される孤独感をも強く自覚していった。

ショーペンハウアーの生まれた翌年に起こったフランス革命――それは、政治、経済、文化、宗教など、全社会的規模で既成の秩序が崩壊し、新たな秩序が構築される大変革であった。当時の哲学も、その流れの方向を見極めるべくさまざまな思考実験を行っていた。

その代表例として、カントからドイツ観念論へと進む思想潮流をあげることができる。カント本人の意図にどこまで忠実であったかは別として、彼の哲学は、存在するもののあるがままの秩序（物自体）の認識をかっこに入れ、対象領域を人間の意識に構成される限りでの存在（現象）に限定することで、近代市民の思考・行動様式を代弁する哲学として受け入れられていった。その批判精神は、保守的な人々からは危険視されたが、新興の近代市民階級のみならず、これまでの地縁的支配形態を清算し、官僚的中央集権国家を構築しようとしていた啓蒙君主フリードリヒ大王の支持するところともなった。

世界の多重的で複雑な構造は神によって最終的に保証されたものと考え、その秩序をどのように認識し、正当化したらよいのか、と問うことによって実質的にその秩序を肯定する哲学的旧体制（ライプニッツ・ヴォルフの哲学）――それこそが後にショーペンハウアーの激しい批判を浴びる「楽観主義《オプティミズム》」の意味なのである――は、次第にその信憑性を失いつつあり、それとともに認識の確実性は、存在秩序を一元的に構築する人間の思考活動（意識）の側に移管されていった。意識こそが存在秩序を把握し、企画し、実現する主体である。そのために哲学的新体制はもはや存在そのもの自体に関わることはしないけれども、人間にとって把握可能なものの全体、すなわち意識の対象となるものの全体（現象としての世界）を知的に掌握することを目指す。こうして哲学は、安定した存在秩序を前提とする実体形而上学から、存在秩序を理論的・実践的に構築する主体性の形而上学へと変貌していった。

典型的近代市民としてのショーペンハウアーは、そのような当時の哲学の潮流の中に親近性を感じとったに違いない。しかしまた同時に、近代市民の自由の代償として経験される重圧と孤独からの救済をも哲学に期待するという、自己矛盾的な「不幸な意識」を生きたのであった。

フランス革命は、社会の全領域にわたって既成の価値を転覆させる試みであったが、旧体制から新体制への移行は、決して円滑ではなかった。革命に参加した人々はさまざまな階級から構成されており、「人と市民の権利の宣言（人権宣言）」（一七八九）を共有しつつ、旧体制の解体という点において一致協力した革命派も、ひとたび新たな存在秩序の構築という段に至ると、相互の争いは熾烈を極めた。彼らはそれぞれの立脚点と独自の関心から新たな理想社会を構想した。その存在秩序は人間、社会、自然、神を含む全世界の見取り図であり、革命家たちの存在理由そのものであったために、理想への確信が強ければ強いほど、妥協の余地はなくなっていった。そのうえ、それらの争いを調整できる上位の権威はもはや存在しない。こうして近代市民の意志は、戦いの血にまみれた苦の世界を現出させることになる。革命は日に日に急進化し、政敵を次々に断頭台へと送る恐怖政治《テロ》に終わった。だからといって、もはや信頼を喪失した旧体制への復帰も不可能であった。

英雄ナポレオンの時代

人々は近代市民的な存在構築の意志を維持しつつ、しかもそれ自身が一つの圧倒的な権威であるような存在——英雄を求め、その求めにナポレオン・ボナパルトが応えた。近代市民の自由な経済活動に必要な世界の均一化の要請は、ナポレオン法典において、万人の法の下での平等という担保を得た。英雄ナポレオンは、国内的な統合力であるにとどまらず、ヨーロッパの統合力として、さらには世界貿易の覇権をイギリスから奪取して新たな帝国をうち立てるべき皇帝として期待された。しかし、この最後の、世界帝国支配の野望の故に、ナポレオンはイギリス征服を目指し、トラファルガー海戦での敗北、大陸封鎖令に協力しないロシアへの遠征の失敗、ワーテルローの敗戦へと没落の途をたどっていったのである。

新たな道を英雄ナポレオンとともに希望に満ちて踏み出した多くのフランス人に比べ、他のヨーロッパ諸国、ことにドイツではナポレオン体制に複雑な反応を示した。旧体制を打破し、近代市民社会化を押し進めるという意味においては、ナポレオンは時代精神の体現者として歓迎された。しかし、ナポレオンの進軍するところ、近代市民の精神が広がれば広がるほど、フランスの一国覇権主義の下で、他国の自由市民は服従と自由の抑圧に苦しみ、そこに旧体制勢力を含むより保守的な勢力が加わった反ナポレオン勢力が形成されていった。

ヨーロッパ諸国の間で次第にナポレオンへの反感が強まるなかでも、対イギリス貿易の最大の集積地でありながら、ナポレオン戦争特需にも潤ったハンブルクは、対外的にはナポレオン政権とドイツ諸国との双方に配慮し、また、フランス流の革命思想を賛美しつつ、フランスからの亡命者をも受け入れる、という形で、内政的なバランスにも心を配っていた。ナポレオンへの服従を受け入れてでも、自由貿易を守るためにヨーロッパの分断とブロック化を防ぐという意図においては、ハンブルクはフランスと利害を共有した。それはコスモポリタニズムの経済的背景であるが、ハンブルク育ちのショーペンハウアーは、このコスモポリタニズムを理念的な世界市民意識として終生守り続けた。後に、諸国民戦争（ドイツ解放戦争）のただ中、ベルリン大学の学長フィヒテの檄のもと、ロシア遠征に失敗したナポレオンに抵抗すべく多くの学生が史上初の学徒出陣を果たしたとき、国境なき近代市民ショーペンハウアーは史上初の学徒兵役拒否者となり、フィヒテとベルリンとを去っていったのである。②

修業時代

ここでもう一度、ハンブルクのアルトゥール少年にもどることにしよう。二年に及ぶヨーロッパ周遊の大旅行から一八〇四年末に帰ると、すぐ翌年、一月一日付けでショーペンハウアーは、当時のハンブルクでもっとも優れた実業家にしてハンブルク市参事（閣僚に相当）であったイェニッシュの下で、修業（見習奉公）時代にはいる。その四月に、父フローリアンが不慮の死を遂げた。

三十九歳のヨハンナにとって、十九歳年上の夫の突然の死は、悲しみというより解放と救済であった。一年の喪がおわると、彼女はゲーテへの紹介状を手に、九歳の娘アデーレとともにそそくさとワイマールへ旅立ってしまう。そのワイマールは、まさにナポレオン軍による攻撃をうけようとしていた。生命の危機にさらされながらも、ヨハンナは占領と略奪の混乱の中で人々への援助を惜しまなかった。ワイマールの指導者たちの信頼を得たヨハンナの住居には、戦後ゲーテやヴィーラントらの文人・著名人が出入りし、それが定期的なサロンへと発展していった。こうしてヨハンナ・ショーペンハウアーは、到着からわずかの期間にワイマールの社交界の重要人物の一人となった。そしてまもなく、女流小説家としてのスタートをも切るのである。

ショーペンハウアーのほうはといえば、父の死後も生前の約束に従って実業家となるべく、夜遅くまでの残業を含む厳しい修業を続けていた。ルアーブル時代の幼友達アンティム・グレゴワールもハンブルクに在住しており、二人は文芸談義から夜遊びまでを共にする親友であった。そのショーペンハウアーも、一八〇七年にはハンブルクを去り、ゴータのギムナジウムに入学して、大学への道を歩み始める。後には反目しあうことになる母と息子ではあったが、近代市民的意志の自己実現としての実業と、その精神化による意志の鎮静との間を逡巡していたアルトゥールからこの決断を引き出したのは、母ヨハンナであった。母は息子に宛てた書簡で、ヴィーラントが若い頃に、将来の進路について相談する人もいなかった寂しさと不安について語り、また、自分は詩人よりも哲学者になるべきだったと述べていたことを報告している。この言葉をショーペンハウアーは自分の思いと重ね合わせたに違いない。その頃からショーペンハウアーは、ヴィーラントに祖父に対するような特別な親しみをおぼえるようになった。

なぜヨハンナは、アルトゥールを実業家の道から救い出そうとしたのか。けなげにも文芸と学問への情熱を押さえて、父フローリアンの跡を継ぐ決心をしたアルトゥールを見ることから生じる良心の呵責を逃れるためだったであろうか。それとも、息子のほんとうの願いを叶えてやりたいという母親の純粋な願いだったのだろうか。おそらくその両方であったろう。しかしまた、あのワイマール攻略の一ヵ月あまり後、ナポレオンがベルリンで下した勅令、いわゆる「大陸封鎖令」は、イギリスとの交易に多くを依存していたハンブルクの未来に決定的な不安を抱かせるに十分であった。実際に、ベルリン勅令後のイギリスの対大陸貿易は、ナポレオンの期待したほどではないにせよ、急激に減少していくのである。ワイマールで政治の中枢からの情報を得ることのできる立場にあった母親は、そういったことも念頭に置いていたに違いない。そして、アルトゥール自身もハンブルクでその流れを察知し、ついにハンブルクを去る決断を下したのではないか。

ともあれ、伝統あるショーペンハウアー商会は解散し、遺産は分配される。その後、遺産の投資先の会社が倒産したため母と娘は遺産を失ってしまうのだが、ショーペンハウアーは巧みにその損失を免れ、父から受けた資産の管理を怠らず、彼の死後遺産総額は逆に増えていたという。ショーペンハウアーが後に言われる以上に実業にも関心を持ち、またその能力をも有していたことを証拠立てるものであろう。ハンブルク時代は、父を模範とした近代市民としての自己形成の時期でもあった。それは父の期待に添ったものであったことは確かだが、同時に最終的には自ら選び取った選択だったのである。つらい修業時代ではあったが、母への嘆きの手紙だけを論拠に、この時代を暗黒時代であるというのは不適切であろう。近代市民の意志を貫いた父への尊敬と感謝の思いは終生変わることがなかったのである。

シェリングを読みふける医学生

実業の世界から訣別したショーペンハウアーはまず、ワイマールのすぐ西のゴータのギムナジウムに入学するが、学内の争いに巻き込まれて退学する。その後は主として個人教授により古典語（ギリシャ語、ラテン語）を学び、二年間で大学進学能力が認められて、一八〇九年秋からゲッティンゲン大学の医学生となる。ゲッティンゲン大学は、イギリス・ハノーバー朝国王となったジョージ二世の設立になる大学であり、植物学を含む当時の先端の自然研究で有名であった。イギリスを愛した父への想い出に加えて、ナポレオン治世下、学生数が減少しつつあった親英的な大学に少しでも加勢したいという気持ちもあったのかも知れない。

当時すでに哲学に少なからぬ関心をよせていたにもかかわらず、ショーペンハウアーは何故に医学部に進んだのであろうか。進路についてまだそれほどはっきりとした目標を持っていなかったこと、母ヨハンナが生計の足しになる学業を勧めたこともあり、神学部と法学部という実学系二学部が消去法によって排除された後には、とりあえず医学部が残った、というような説明も可能である。実際、当時はそのような理由で医学部に進む学生も多かったようである。

だが筆者はこの選択が、若きショーペンハウアーがシェリングに傾倒していたこととも関係があると考えている。すなわち彼がゲッティンゲン大学に進む半年前、一八〇九年の春に、シェリング著作集第一巻が刊行された。一八〇七年の『造形芸術の自然への関係』、新作『人間の自由に関する論究』およびフィヒテ追随者だった最初期の著作三編が収められていた。若年から名声をはせたシェリングのはじめての著作集であった上に、その構成が、前年に出版された講演集『ドイツ国民に告ぐ』によって国民的哲学者に祭り上げられたフィヒテ熱にあやかる結果となったせいか、同じ年に増刷がでるほどの反響があった。シェリングのどの著作をいつ頃読んだという記録は残っていないが、ゲッティンゲン大学入学後、最初の哲学の師となるゴットローブ・エルンスト・シュルツェは、シェリングに熱中するショーペンハウアーに対して、まずプラトン、カントなどの基礎をしっかり学ぶようにとたしなめたぐらいであるから、それ以前にかなりの数のシェリングの著作を自主的に読んでいたと思われる。おそらく一、二冊というようなものではなかったのだろう。著作集第一巻はもちろんのこと、シェリングの名声を高めた自然哲学に関する著作も読んだはずである。当時の自然研究は、自然科学と自然哲学との両方を含むものであり、医学がその媒介的な位置にあったことを考えれば、広義の自然研究への関心も、医学部に進んだ理由と考えられる。

次の問題は、なぜ自然研究に関心を持ったかである。ひとつには、ゲーテへの尊敬の思いがあったことだろう。それは後に、ゲーテの援助のもと、色彩論の研究へと引き継がれていく。しかし、自然研究への関心それ自体は、ショーペンハウアーがハンブルクを離れるに至った思想的背景を考えると、よりよく理解できる。ハンブルクは、ショーペンハウアーが典型的な近代市民としての自己を形成することに専念した場所であった。しかし同時にもう一つの要素、つまり人間の意識的・意志的な営みから距離を置くことにより、近代的自己の鎮静と救済をえたいという思いもつのり、それがショーペンハウアーの大学進学に結びついたのである。そのさい、近代的市民の思考・行動様式、すなわち意識的なもの、人為的なものの対極として、人間の操作・構築の対象となりえず、むしろ人間を支え、包み込む存在としての自然や神への問いへと導かれたのである。このようなアプローチはショーペンハウアーに限らず、当時の哲学全般に妥当する。自然や神への問いは、近代市民社会における人と人との信頼や共有する価値・規範の喪失の経験に根ざし、それを克服しようという問題意識の中で浮かび上がったものである。

現代日本においては神について語られることは少ない。しかし、環境保護運動等に顕著な自然への関心は、環境破壊がただ自分たちの健康や生存を脅かすから、という人間中心主義的な理由だけによるものではないと思う。むしろ、近代市民社会がその世俗内禁欲の倫理を投げ捨て、自己中心的・享楽主義的な大衆消費社会へと頽落する中で、引き替えに背負うことになった人と人の絆の喪失と孤独からの救済を求める叫びではないだろうか。そのように見ると、現代のエコロジー運動のなかには、二〇〇年前の自然哲学の精神が脈打っているともいえるであろう。

ともあれショーペンハウアーは、医学生として自然研究を深めつつ、シュルツェの下で哲学の修業時代に入るのである。シュルツェは、当初匿名で出版された『エーネシデムス』(一七九二)において、カント流の道徳神学は、本来人間の概念的操作の対象となりえないものまでをも傲慢な理性の力ずくの宣言によって実現してしまおうとするものであると攻撃したのであった。そのような近代市民の思考・行動様式の危険性の指摘は、ショーペンハウアーがシェリングに読みとったメッセージと、この時点では一致しており、シェリングからシュルツェへの移行は円滑に行われた。そしてショーペンハウアーはプラトンやカントを学ぶかたわら、引き続きシェリングをも読み続けるのである。

しかし、近代市民の思考・行動様式の対極点をもとめる仕方においては、両者は異なっていた。シュルツェの批判は、近代市民社会の意志的・操作至上主義的なあり方そのものに向けられていた。しかしそれは、シュルツェ自身を含むすべての近代市民の生き方そのものでもあり、容易に否定・克服できるものではない。このためにシュルツェの思想は、懐疑主義へと向かうのである。シュルツェは、ヤコービと並んで当時の著名なヒューム研究者でもあった。そこに、シュルツェと親英的なゲッティンゲン大学との結び目があったとも言える。

これに対してシェリングが目指したのは、あくまでも近代市民の存在構築への意志を承認した上で、その枠組みの内部に、人間の自由で孤独な意志の拠りどころとしての自然ないし神——救済への道を生じさせることであった。それはまた、汎神論的な神・自然に精神の息吹を与える、とも表現されている。そのようなシェリングの真の意図を、ショーペンハウアーは、哲学修業時代を通じて少しずつ理解してゆくであろう。

いずれにせよ、若きショーペンハウアーのシェリング理解はきわめて好意的である。一八一三年に成立する『根拠の原理の四つの根について』初版③においても、シェリングへの賞賛の言葉が見いだされる。しかしそれらの箇所は、一八四七年の第二版では削除され、フィヒテ、ヘーゲルと同列に、罵倒の集中砲火を受けることになる。だが、それらの記述を注意深く読めば、ショーペンハウアーの批判はシェリングに対してはほかの二人に比べると、かなり控えめであることに気づかれるであろう。現代のショーペンハウアー全集はショーペンハウアー晩年の改訂版を底本としており、以上のようなショーペンハウアー哲学の成立史およびその思想的背景を読みとることはほとんど不可能になっている。

カントとの皮肉な出会い

カント哲学の批判者シュルツェの下で、皮肉なことにショーペンハウアーはカント哲学に接近することになる。先に述べたとおり、シュルツェは『エーネシデムス』においてカント哲学を批判したのであるが、その書名は、詳しくは『エーネシデムス、またはイエナ大学教授ラインホルト氏が提示したエレメンタール・フィロゾフィー（根元哲学）の基礎について』という。そこでシュルツェは、当時カント哲学の最大の理解者にして代弁者であったラインホルトの『エレメンタール・フィロゾフィーの要点の新叙述』（一七九〇）を一字一句引用しながら、詳細に批判しているのである。その結果、読者は同時にこのラインホルトの著作の大部分を一緒に読むことになる。

ここで重要なことは、ショーペンハウアーのカント受容は、ラインホルトの強い影響下にあるということである。それは後に、『根拠律』において明確に示されるであろう。さらにラインホルトは、ショーペンハウアーが実業界での修業を中止して大学進学を決心するときに大きな影響を及ぼしたヴィーラントの娘婿であった。そのような関係も、シュルツェに徹底的に批判されたにもかかわらずショーペンハウアーがラインホルトに好意的な気持ちで向かうことができた一因かも知れない。

シュルツェのカント批判の一つ、自ら存在秩序を構築しようと思い上がる意志の横暴への批判には、ショーペンハウアーも同感であった。この批判は、カント哲学自身に向けられたというよりは、本来の標的ラインホルトをも超えて、まさに生まれようとしていたドイツ観念論を先取りしつつ批判したものと言えるのである。それゆえにフィヒテは翌年『エーネシデムスの書評』(一七九三)を公刊し、その中でシュルツェを批判しつつ彼の知識学の基本コンセプトを予告することになる。さて、もう一つの重要な批判点、すなわち表象概念を巡る批判については、若きショーペンハウアーは次第に師シュルツェを離れてラインホルトの立場に接近してゆく。世界の秩序を外から支配する秩序を受容せず、世界を自己の意識内部で構成・実現する近代市民的思考の根幹をなす部分である。

このようにして、一方では全存在の秩序を自ら構成しつつ表象する近代市民の立場と、それにもかかわらずそれが力ずくの存在構築の意志へと突出することへの懐疑とが、ラインホルトとシュルツェとの両者に部分的に同意するという形をとるのである。しかしすでにそこに、一方では世界をわたしの表象ととらえながら、他方でその表象としての世界を意志のままに操作変革するかわりに意志の否定へ傾く、主著『意志と表象としての世界』の第一巻と第四巻の思想の原点が表明されているのである。

ショーペンハウアーはゲッティンゲン大学には二年間滞在した。こうして哲学研究自身、およびラインホルトを経由したカント哲学への関心と共感が強まっていった。しかしカントは一八〇四年に没しており、今やドイツの国民的哲学者であったベルリン大学のフィヒテがカント哲学の伝統の継承者と見なされていた。この時期、シェリングは大学を去っていた。そのようないきさつから、いよいよ医学生としての修業時代、ないし猶予期間をおえ、哲学専攻の学生としてベルリンへ行くことを決心するのである。

このとき、ヨハンナは七十八歳のヴィーラントに、息子アルトゥールが哲学へ転部することを思いとどまらせるよう説得を頼んだという。しかしショーペンハウアーの回想には彼がいかに周囲の反対を押し切って哲学に進んだのか、そのためにどれだけの困難を克服しなければならなかったかを印象づけるための脚色が入っている。そのような仕方でショーペンハウアーは、実業から学問への転向が難しい決断であったことを表現しようとしたのではないだろうか。そもそもヴィーラントは、哲学部への転向を思いとどまらせるためには、どう考えても適任とは言えない人であった。ヴィーラントは若い頃から哲学に深い関心を持っており、イエズス会を離脱して文筆家、哲学者の道を歩み始めたラインホルトを援助し、娘までも嫁がせたほどである。彼は娘婿のカント解釈を熱心に学んできた哲学青年ショーペンハウアーの熱い思いを好意を持って聞いたであろう。「生きるということは困難なことです。わたしは、その困難さについて探求するために一生を送ろうと思います」との言葉に、ヴィーラントは理解を示し、哲学を専攻することを積極的に支持するようになったという。

私事で恐縮だが、私の大学時代の指導教授は大学院に進もうとする弟子たちに、哲学を生業にするものではない、と諭したものである。しかし私はその言葉に、ある種の励ましをさえ感じ取り、結局哲学を一生の仕事としてしまった。そして今、自分の学生たちに、将来の不確実な哲学の世界にはいるよりは、まっとうな就職をしなさい、と勧める自分を発見するのである。母ヨハンナやヴィーラントが、哲学専攻はやめた方がよいと言ったのは事実であるが、すでにショーペンハウアーの決心を知った上での意思確認、彼らなりの一つの励まし方であったのではないかと思えて仕方がない。

ベルリン時代

こうしてショーペンハウアーは、一八一一年ベルリン大学哲学部に移籍し、フィヒテの下で本格的な哲学研究を始める。また、この時期から、さまざまな思索を書きとどめるようになる。それは大部の『遺稿集』(4)として編纂され、現代のショーペンハウアー研究の主要文献となっている。このうち、青年期から『意志と表象としての世界』成立までに書かれたものは『初期遺稿集』(5)または『初期草稿』とよばれ、ショーペンハウアー哲学の成り立ちを知る上で特に重要度が高い。

ショーペンハウアーのシェリング評価だけでなく、他のテーマをも含めて、晩年のショーペンハウアーが『根拠律』を大幅に改訂し、『意志と表象としての世界』正編にも各所に変更を加えている。このため、ショーペンハウアー哲学成立の思想的背景や、その後の変化などを、一般に流布するショーペンハウアー全集からうかがい知ることはほとんどできない。各版の異同を比較すると共に、その変更の背景や意図を知るためには『遺稿集』研究の果たす役割は特に大きいのである。

『初期遺稿集』の研究によって、若きショーペンハウアーの思想形成プロセスはかなり解明され、日本でもすでに多くの研究がある。⑥本稿では、これ以降の時代については、代表的なエピソードを選びながら、『意志と表象としての世界』成立までのショーペンハウアーの内面史を描いてみたい。

『初期遺稿集』によれば、ショーペンハウアーはかなり早い時期から、人間の個別的で移ろいやすい感性的世界からの解放を、永遠無限の存在への問いとして追求していた。しかしそれを、人間の意識の外にある自然、神へ至る通路の問いとしてではなく、むしろ「教養」の伝統によりながら、自己同一的な意識の拡張と高まり、「よりよい意識」の問題として語り始める。そこにシェリングの知的直観や、後期フィヒテの「より高き意識」との近親性を認めることは容易である。「よりよい意識」は、ショーペンハウアーの思想が『意志と表象としての世界』に向かって明確な方向づけを得るまで、さまざまな読み替えをくぐり抜けつつ維持されることになる。

しかし、現実にベルリンへ行ってみると、まもなくショーペンハウアーはフィヒテに失望する。主な理由はおそらく次の三点であろう。
一、『ドイツ国民に告ぐ』の啓蒙者フィヒテは、ショーペンハウアーが現実に接してみると強引かつ高圧的に思われ、シュルツェが批判する過剰な存在構築の意志の横暴の権化を見る思いがした。
二、こうした外向きの顔と対蹠的に、晩年のフィヒテ、特に一八一二年当時の「知識学」講義に表現される思想は、初期知識学からかなり隔たっており、フランス革命に見られたような強引な存在構築による共同性、普遍性の崩壊をどのように克服するかという当時のドイツ観念論の問題に向かっていた。しかし、その内容は難解であった。それが哲学の世界ではまだ駆け出しの若きショーペンハウアーを混乱させたと思われる。実際、当時のショーペンハウアーによるフィヒテの詳細な講義録を検討すると、内容が十分理解できていないところも散見される。もっとも、その後『意志と表象としての世界』に至るショーペンハウアー哲学の展開の過程で、表象、および意志の概念を巡って、後期フィヒテの受容は次第に重要な意味を持ってゆくのであるが――。
三、そして最後に、前述のように、諸国民戦争の時に、ベルリン大学の学生たちに学徒出陣を煽ったことである。イギリスの文化を尊び、フランス人の親友をもっていた近代的世界市民ショーペンハウアーには、民族相互の殺し合いへの呼びかけは、愚かしいものとしか映らなかった。

博士論文から『意志と表象としての世界』へ

こうしてショーペンハウアーはベルリンを去り、ワイマール近郊ルードルシュタットのホテル「騎士館」にこもって、博士学位論文『根拠の原理の四つの根について』を執筆する。論文は、やはりワイマールから近いイエナ大学――かつてそこでラインホルト、フィヒテ、シェリングが教授を務めた伝統がある――に提出、受理された。

博士論文では、カントに由来する「純粋表象（bloße Vorstellung）」を重要概念として発展させたラインホルトのエレメンタール・フィロゾフィー⑦の表象理解が継承されている。

少し長くなるけれども、ショーペンハウアーから引用しておこう。「〈われわれの意識〉は感性、悟性または理性として現れる。この意識は〈主観〉と〈客観〉とに分かれており、それ以外の要素は含まれない。〈主観にとっての客観〉であるということと、〈われわれの表象〉であるということとは同一である。……意識から独立しており、それ自体で存在しているもの、他のものと関係なしにそれだけで存在するもの［実体ないし物自体］などは、われわれにとっての客観とはなりえない。われわれの表象と呼ばれるものはすべて、一定のア・プリオリな結合法則のうちに取り込まれている」[8]。

ここでショーペンハウアーが目指したのは、表象としての世界を、ただ主観の恣意的な欲求に従って勝手に操作してよい客観的対象と理解するのではなく、むしろそのような自由な意志の過度な存在構築・存在支配が生み出す近代の苦悩と孤独——それが現代では自然環境の破壊にまで発展した——とを制御するような、新たな世界理解を見いだすことであった。「世界はわたしの表象である——これは、生きて、認識をいとなむものすべてに関して当てはまるひとつの真理である」に始まり、「福音とはすなわち、ただ認識だけが残り、意志が消えてなくなってしまったというそのことにほかなるまい」に終わる『意志と表象としての世界』は、そのような思索の結実であった。

意志と表象としての世界の構想においては、プラトン的イデアの理解がきわめて重要である。一方では人間の意志の関心から解放された主観だけが認識できるプラトン的イデアは、その限りで人間の恣意と欲望の対象となる個別的な表象（感性的直観）を超えた普遍的な表象であり、個々のものを認識する際の規範となるものではあるが、そのイデア自身もあくまで構想力（想像力）によって生じた表象を理性が普遍的な範型と認めたものであって、「プラトン的」とはいえども、人間の表象能力の外部に起源を持つものではないとされる[9]。

このイデアを、構想力によって捉え、自然がまだ表象としての世界の中に実現していない完成形態を先取りして描くのが芸術家であり、それを承認するのが芸術の理解者、鑑賞者であるといぅ。このコンセプトに肉付けを施すことによって、『意志と表象としての世界』第三巻が成立する。

これに対して、自然哲学を扱ぅ第二巻の構想、ことに身体において客観化する個別的意志と、プラトン的イデアにおいて客観化する根源的意志のアナロジー、さらに盲目の意志の客観化としてのイデアの階梯といぅ思想は、一八一六年の『意志と表象としての世界』執筆開始直前までに少しずつ形成されていった。こぅして、すでに成立していた第一巻（表象論）、第四巻（意志の否定）とともに、『意志と表象としての世界』の全体構想ができあがってくる。

しかし、従来のショーペンハウアー解釈は、逆にこの最後に形成された根源的世界意志の客観化という枠組みをショーペンハウアー哲学の思想的原点と考え、表象としての世界を、盲目な生への意志の現象として流出論的に叙述する。そのような転倒は、冒頭にも述べたように、ショーペンハウアーの死後、ショーペンハウアー哲学が再発見された当時の問題意識——目的合理性を追求する近代市民社会に様々な問題が生じ始めたとき、自己正当化が必要になったといぅ事態——に従って、ショーペンハウアー哲学が近代市民社会にとって克服すべき仇役、すなわち非合理主義の哲学として脚光を浴びたことによるところが大きい。

しかしこれまでの少年アルトゥールの内面史および、哲学の途を歩み始める若きショーペンハウアーの哲学的問題意識を追跡することを通して、ショーペンハウアーの哲学が、一方で政治的、経済的、思想的旧体制を棄却しつつ、他方で政治的、経済的、思想的新体制の危険をも自覚し、その両者の媒介を模索したものであることが明らかになったと思う。その意味で、カントからドイツ観念論に至る思想展開、ことにヘーゲルの哲学ときわめて近い問題意識をもっていたと言える。

ショーペンハウアーとヘーゲル

一般の哲学史的な記述では、ショーペンハウアーとヘーゲルとを犬猿の仲のように描くことが多いが、当時の書評などを見ると、ショーペンハウアーが一般にドイツ観念論の流れを汲むものと理解されていたことが分かる。ヘルバルトは、一八二二年のヘーゲルの『法哲学』の書評の中で、シェリング、ヘーゲル、ショーペンハウアーをまとめて以下のように評している。「彼らはこれからもせいぜい互いに論争するがよいだろう。しかし、『表象と意志としての世界』(間違いなく最も短く明快な表現である) 以上のものは決してでてこないであろう」[⑩]。

とはいえ、思想的近さ故の近親憎悪からであろうか、『意志と表象としての世界』執筆時から、ショーペンハウアーはヘーゲルとの対決関係を意識し始めていたと思われる形跡もある。ただし、哲学界に確固とした地位を築きつつあったヘーゲルの方は青年ショーペンハウアーに対して、何らかのライバル意識やまして憎悪の念を抱いた形跡はない。なお、ショーペンハウアーが早くからヘーゲルの存在を認知していたことは、一八一三年にヘーゲルの当時未完の『論理学』を借りて読んだ記録があることから確認できる。

ショーペンハウアーのヘーゲルへの対抗意識は主著『意志と表象としての世界』完成にも何らかの影響を与えている可能性がある。シェリングの『自由論』のあと、ドイツ観念論の系譜で体系的な著書はでていない。大著といえば、上記の未完の『論理学』を除けばヘーゲルの『精神現象学』(一八〇七)が最後である。次の体系的な大著をものするのは自分である、とショーペンハウアーは気負っていたのではないか。その主著の構想が熟し、執筆を始めようとしたちょうどその矢先、一八一六年にヘーゲルの体系的著作『エンチュクロペディ』が刊行される。ショーペンハウアーは焦りを感じたのかも知れない。西尾も「ショーペンハウアーの思想と人間観」で指摘しているが、『意志と表象としての世界』にところどころ見られる構成上の問題、詰めの甘さは、完成を急いだ焦りの結果ということもあるのではないかと筆者は考えている。

ショーペンハウアーが実際にヘーゲルに会うのは、『意志と表象としての世界』刊行後、ベルリン大学の就職試験審査の時である。このときのことについて私たちが知っていることの大半は、かなり後の時代のショーペンハウアー自身による回想、つまりフィヒテ、シェリング、そして特にヘーゲルに対して対決的な姿勢を取り始めた以降の発言に基づくものであり、そのまま鵜呑みにするわけにはいかない。

ショーペンハウアーの晩年の回想によれば、教授資格試験の討論の場で、ヘーゲルは次のような質問をしたという。「馬が路上で横になった場合、その動機はどのようなものかね」。これに対してショーペンハウアーは答えた。「馬が横たわった地面、疲労、馬の性格などです。もし馬が崖っぷちにいたら、横になったりしなかったでしょう」。ヘーゲル「動物的機能を動機と呼んでいるのはおかしいのではないか」。ショーペンハウアー「動機と動物的機能とは違うものです。動物的機能というのは、生理学では意識を伴う動物の身体運動を指します」。ヘーゲル「君の言うのは動物的機能ではない」。このとき、医学部教授のリヒテンシュタインが立ち上がり、ショーペンハウアーの言っている方が正しい、と弁護する。ここで公開討論は終わり、ショーペンハウアーには教授資格があると認められた。つまり、この討論はショーペンハウアーに有利に進み、他の教授たちもヘーゲルのではなくショーペンハウアーの立場に賛同した、という。しかし筆者の推理は以下のようなものである。

当時、ドイツ語圏においても産業革命が進み近代市民社会の確立期にはいると共に、人々の関心は次第に精神的な事柄よりも物質的な富に移りつつあった。同時に長い間続いた戦乱の時代、現実社会のめまぐるしい変化に振り回されずに、精神文化の研究に打ち込む人々は少なくなっていた。そのような哲学不毛の時代に、プロイセンの首都ベルリン大学に招かれたヘーゲルは、新たな人材の育成に心を砕いていた。当時のドイツの文学界、哲学界は現在に比べてきわめて狭い世界であり、著作を発表するような人はそれぞれ二桁レベルの人数であったとおもわれる。ワイマール文壇などからヘーゲルは、著名な女流小説家ヨハンナ・ショーペンハウアーの息子の情報は得ていただろうし、情熱と才能を備え、哲学の大著を完成させたばかりのこの青年に、関心、いな、好意と期待をさえ抱いていた可能性が高い。

すでに大学においてさえ実学的な関心が強まり、哲学的な教養は失われつつあった環境下、ヘーゲルは、有望な青年哲学者が、哲学以外の専門家を含む教授たちに受け入れられやすいお膳立てをしようとした。ベルリン大学の当時の記録によると、公開討論は一八二〇年三月二十三日に、ショーペンハウアーによる試演講義に続いて、主としてヘーゲルがショーペンハウアーに質問するという形で行われた。馬が横たわる例を持ち出した質問は、哲学を専門としない同僚たちにもショーペンハウアーの研究内容を理解しやすくし、同時に総合学としての哲学の存在意義をアピールしようというヘーゲルの配慮によるものであったろう。もし専門的な哲学者だけによる討論の場であったなら、馬を例にして根拠律について論じるまでもなく、『根拠律』の緻密な議論や、冒頭の概念史に関する叙述などを手がかりにした方が研究者にふさわしいハイレベルな議論、つまりショーペンハウアーのほんとうの学術能力を試す議論ができたはずだからである。

ヘーゲルの思惑は、当面的中した。公開討論は領域横断的な議論へと発展し、哲学を専門としない教授たちの関心を引くことに成功したからである。しかしショーペンハウアーは、概念規定を巡るリヒテンシュタインの発言を、ヘーゲルに対抗して自分の勝利を証明するものとうけとり、有頂天になってしまった。慢心のあまりショーペンハウアーは、ベルリン大学私講師着任後、自分の講義時間をヘーゲルのそれと同じ時間に設定して張り合い、惨めな敗北感を味わうこととなるのである。

ショーペンハウアーとヘーゲルの関係はこれによって終わったのではない。[11] ショーペンハウアーの哲学が近代市民社会の仇役、切られ役として再発見される十九世紀中頃、ショーペンハウアーのヘーゲルへの罵倒がすでに始まっていたにもかかわらず、ヘーゲルとの親近性を指摘しつつショーペンハウアーの哲学を弁護したのは、ヘーゲル学派のエルトマンやミシェレであった。彼らは、本序文で描いたようなショーペンハウアー哲学成立の思想的背景を、ヘーゲル的なバイアスをかけながらもかなり的確に理解していた。

このような旧世代ヘーゲル学派からの接近に対して、ショーペンハウアーは、今まで無視しておきながら、自分が世に認められ出したらすり寄ってきた、と態度を硬化し、ヘーゲル学派への攻撃を一層強めたのである。しかし、当時のショーペンハウアーの周辺には、ヘーゲル学派に反感を持つ人々、ヘーゲル学派から訣別した人が多く、彼らへの配慮からもショーペンハウアーは易々とヘーゲル学派と和解できない状況にあった、ということの方がより強い理由ではなかっただろうか。

ショーペンハウアーの死後、全集を刊行することになるフラウエンシュテットも、ショーペンハウアーに傾倒しながら最後まで受け入れられなかったワーグナーも、ともにヘーゲル左派フォイエルバッハ学徒であり、後にショーペンハウアーの方へ接近していったのである。

むしろショーペンハウアーが頑強な態度をとり続けたために、ヘーゲル学派のなかにはショーペンハウアーへの反感が次第に強まっていった。十九世紀後半、市民社会のグローバル化とともに現実世界の複雑化も急速に進んだ。この複雑化に対処するために、さまざまなブロック化、セクト化の動きが始まり、多くの「主義《イズム》」が形成された。民族、社会集団、政党、組合、宗派、そして知的領域においても諸科・学の分化が進み、学派が形成され、それぞれの集団へとたこつぼ化していった。そのような歴史的背景の中で、ショーペンハウアーの死後、六〇年代以降は、ヘーゲル学派とショーペンハウアー学派との抗争が激しさを増す。七〇年代以降、ヘーゲル学派およびその後継者たち、たとえばツェラーやヴィンデルバント、さらにクノ・フィッシャーらが多くの哲学史を書き、これが西洋哲学史の枠組みをも決定してゆく途上で、ショーペンハウアー哲学は正統的西洋哲学にとっての仇役、切られ役として定着していくのである。

以上のように見てくると、ショーペンハウアーの若気の至り、ないし晩年の頑固さによってドイツ観念論を攻撃したとはいえ、生前はショーペンハウアー哲学を理解・評価する人々が一定程度存在した。しかし、十九世紀後半特有の問題意識によって、ショーペンハウアーの死後はかなりの色づけ、脚色を受けてしまい、それがその後のショーペンハウアー像となってしまったことがわかる。

それでは、ショーペンハウアー哲学自身はどのような時代背景と問題意識によって生まれてきたのか、その問いに答える道を指し示すことこそが、この序文を書く意図であった。その途上で私たちは、同じ西欧近代市民（的）社会を生き、近代特有の問題——自由であるがゆえに孤独でもあらねばならない運命——を共有する私たち（日本人を含む）の思想史的状況を二〇〇年前に見通しつつ、新たな道を模索したショーペンハウアーに出会うのである。ショーペンハウアーの同苦（同情）の倫理と意志の否定に関する理説は、生への盲目な意志の肯定に浮かれる現代の享楽的消費社会の中で、もう一つの生き方を指し示しているのだとしたら、ショーペンハウアーはまさに現代にこそ読まれるべき哲学者だといえるだろう。

本書『意志と表象としての世界』は、第一巻―認識論、第二巻―自然哲学、第三巻―芸術哲学、第四巻―倫理学という構成をとっている。冒頭の第一巻には、認識に関する込み入った議論があり、はじめての読者にはわかりにくいかもしれない。とばし読みしても構わないと思う。しかしショーペンハウアーが「いちばん厳粛な部分」と呼んでいる第四巻（II・III巻）は、じっくりと読んでいただきたい。「ここで扱う問題は誰にでも直かに関係があり、なにびとも他人ごととは思えず、無関心ではいられない問題だからである」[12]。第四巻を読んでから最初にもどれば、先行する各巻の意図がよりよく分かり、その議論の意味も理解しやすくなるはずである。ショーペンハウアー自身も第一版への序文（Ⅲ巻）の中で、本書の思想を深く理解するためには二回読んでほしいと書いている。

（関西学院大学教授）

（1）「ショーペンハウアーの旅日記」（兵頭高夫訳）、『ショーペンハウアー研究』第二号（一九九五）より連載。
（2）伊藤貴雄「総力戦の幕開けに哲学者は何を見たか―一八一三年《解放戦争》と若きショーペンハウアー」、『ショーペンハウアー研究』第九号（二〇〇四）。
（3）以下、『根拠律』と略す。この書名にはまだ定訳がない。初版の邦訳は、鎌田・齋藤・高橋・臼木訳著『ショーペンハウアー哲学の再構築―「充足根拠律の四方向に分岐した根について」（第一版）訳解』（法政大学出版局）に収録されている。
（4）A. Schopenhauer: *Der Handschriftliche Nachlaß*, 5Bde, Ed. Arthur Hübscher, Frankfurt am Main: Waldemar Kramer, 1966-1975.

(5)「ショーペンハウアー『初期遺稿集』」(齋藤、高橋、臼木、伊藤訳)、『ショーペンハウアー研究』第七号(二〇〇二)より連載。

(6)最近の日本におけるショーペンハウアー研究については、『ショーペンハウアー哲学の再構築』(前掲)、『ショーペンハウアー研究』日本ショーペンハウアー協会(事務局ホームページ http://www.schopenhauer.org/)発行(一九九三―)、Yasuo Kamata, *Der junge Schopenhauer*, Freiburg/Müunchen, 1988 など参照。

(7)Reinhold, K. L.: *Versuch einer neuen Theorie des menschlichen Vorstellungsvermögens*, Prag/Jena 1789, ders.: "Neue Darstellung der Hauptmomente der Elementarphilosophie", in: *Beyträge zur Berichtigung bisheriger Mißverständnisse der Philosophen*, Jena, 1790.

(8)前掲「充足根拠律の四方向に分岐した根について」二三―二四ページ。

(9)『意志と表象としての世界』第一巻。

(10)J. F. Herbart, *Sämtliche Werke*, hg. K. Kehlbach und O. Flügel, 1887-1912, Bd. 12, S. 145.

(11)十九世紀半ば以降のショーペンハウアー受容史、批判史については、Y. Kamata, *Der junge Schopenhauer*, S. 47-109。

(12)Ⅱ巻第五十三節冒頭。

凡例

一　本書はショーペンハウアー『意志と表象としての世界』正編の全訳である。本文に削除個所はなく、付録「カント哲学批判」のみを割愛した。
二　序文は約半世紀にわたって三回書かれ、それぞれ時代の変化と著者の心境に応じて内容も異なるので、本文を読むための付随的参考文献と考えて、あえて後に回した。
三　原著にあるイタリック体の語には傍点を付し、また（　）は〔　〕の形にあらためた。
四　原著者の注は、節ごとに番号を〔　〕で囲んで各節の末尾に置いた。
五　コッタ・インゼル版編集者の注は、「編者注」としてそのつどことわっているが、内容によっては訳者注と区別しなかったものもある。
六　訳者注は次の三種をそれぞれ使い分けた。
（イ）能率よく読めるように、たいていは本文中に（　）を付し二行で組んだ。
（ロ）字数のうえから右の（イ）のケースにはおさまり切らない訳注のみを、節ごとに（　）で囲んだ番号を付して各節の末尾の原注の後に置いた。
（ハ）訳者が文意を補うために原文にない語句、文章を自由に書きこんだ場合にのみ、（　）を付し一行で組んだ。
七　読みやすさを考慮し原文にない改行をこころみた。

（イ）原文の中で改行はされていないが、――で区切られているところは、そこが先行文を集約的に継受していないかぎり、すべて、行の終わりに二字分――を残して、改行した。

（ロ）原文の中で改行もされていないし、――で区切られてもいないが、訳者が改行の必要を認めたところは、行の終わりに一字分―を残して、改行した。したがってこのケースは訳者の任意の改行である。

（ハ）原文の中で改行がなされているところはすべてそのまま改行し、行の終わりにいかなる記号もつけていない。原文段落末に――記号のある場合でも、（イ）との区別上その記号をとった。

八　原著には各節ごとの内容目次はないが、使用上の便宜を考え、訳者作成の「内容目次」を目次として掲げた。

意志と表象としての世界

自然がついには結局その根底を露呈するのではあるまいか？[1]

ゲーテ

（国務大臣フォン・フォークト氏に捧げて
――一八一六年九月二十七日の祝賀に際し）

（1）「国務大臣フォン・フォークト氏に捧げて――一八一六年九月二十七日の祝賀に際し」と題するゲーテの詩の一行。ハンブルク版ゲーテ全集第一巻三四四ページに全詩が掲げられている。フォン・フォークト氏とは、一七八〇年代頃からゲーテの公的業務の右腕となって活動したクリスティアン・ゴットロープ・フォン・フォークト（一七四三―一八一九年）のことで、彼は有能な役人であるとともに、学問や芸術の造詣も深く、この詩は彼の多年の協力と活動に感謝し、ゲーテが記念として捧げた詩である。各八行四段から成り、第一段はイルメナウの鉱山の開発に関係した内容であるが、第一段六行目にこの一句がある。

第一巻　表象としての世界の第一考察

根拠の原理に従う表象、すなわち経験と科学との客観

幼さを脱却せよ、友よ、目をさませ！

ジャン＝ジャック・ルソー（『新エロイーズ』第五部書簡一）

第一節

「世界はわたしの表象 Vorstellung（目前に見るように心に思い描くこと。心像、想像、観念など広い意味をふくむ）である」——

これは、生きて、認識をいとなむものすべてに関して当てはまるひとつの真理である。ところがこの真理を、反省的に、ならびに抽象的に真理として意識することのできるのはもっぱら人間だけである。人間がこれをほんとうに意識するとして、そのときに人間には、哲学的思慮が芽生えはじめているのである。哲学的思慮が芽生えたあかつきに、人間にとって明らかになり、確かになってくるのは、人間は太陽も知らないし大地も知らないこと、人間が知っているのはいつもただ太陽を見る眼にすぎず、大地を感じる手にすぎないこと、人間を取り巻いている世界はただ表象として存在するにすぎないこと、すなわち世界は、世界とは別のもの、人間自身であるところの表象する当のもの、ひとえにそれとの関係において存在するにすぎないことである。——

なんらかの先天的《ア・プリオリ》な真理ということが言えるとすれば、右に述べた真理がそれに当たる。というのは、右の真理は、およそありとあらゆる経験、考えられるかぎりの経験の形式を言い表わしているのであって、それとは別の形式、時間とか空間とか因果性とかいう形式よりもはるかに普遍的な形式を言い表わしているからである。いいかえれば、時間とか空間とか因果性とかいう諸形式はいずれもみな右に述べたこの形式をすでに前提としているからに外ならない。これら諸形式の各々は、「根拠の原理」（ショーペンハウアーの先行論文『根拠の原理の四つの根について』に述べられている）が特殊な形態をとったものだとわれわれは先行論文においてすでに認めておいた通りだが、したがってこれら（時間とか空間とか因果性とかいう）諸形式の各々は、表象のなかの特殊な一部門とみなされるにすぎないであろう。とすれば、これに反して、表象のすべての部門に共通する形式は、主観と客観とへの分裂ということになってくる。表象がいかなる種類のものであれ、抽象的な表象であろうと直観的な表象であろうと、また純粋な表象であろうと経験的な表象であろうと、ともかくなんらかの表象が可能でありそして考えることのできるものであるための唯一の形式は、この主観と客観とへの分裂である。——

したがって以下に述べる真理ほど確実で、いっさい他の真理に依存せず、また証明を要しないものもない。すなわちその真理とは、認識に対して存在するところのいっさい、だからこの全世界ということになるが、これはじつは主観との関係における客観にすぎず、眺める者あっての眺められた世界、一言でいえば、表象にすぎないという真理なのである。当然のことながら、今述べているこのことは（ほかのすべての真理のもととなっている真理であるから）、現在に当てはまるだけでなく過去や、どんな未来にも、遠いものにも近いものにも、ひとしく当てはまる。なぜならば、（現在とか過去とか未来とかそして遠近といった）すべてのものの区別のもとをなしている時間や空間そのものに、今述べていることが当てはまるからである。いやしくもこの世界に属しているもの、また属することができるものはことごとく、主観による以上のような制約をいやでもおうでも背負わされているのであって、世界に属するすべてのものはただ主観に対して存在するにすぎない。世界は表象である。

このような真理はなにもとくべつ目新しいとはいえない。すでにデカルトが出発点となしていた懐疑的な考えのなかにもこれはあった。しかしこれをはじめに明白に言い出したのはバークリ（一六八五―一七五三年。通常ロックとヒュームの中間に位置する英国の唯心論的哲学者）で、バークリのこれ以外の教えというのは今ではどうやら立ちいかなくなっているが、これだけで彼が哲学上にかち得た功績というものは不滅のものとなっている。カントの第一の過ちはこの原則を見落としたことだが、この点については付録（本書の付録『カント哲学批判』）でくわしく述べておいた。——

それはそうとしてこの根本真理は、インドの賢者たちがじつはとうの昔に見抜いていたところであって、ヴャーサ[1] Vyasa の創始とされているヴェーダーンタ哲学[2]（一世紀ごろのインド六派哲学の一つで、ウパニシャッドの中心観念である梵の研究を主題とした哲学。訳注参照）の基本をなす命題として世に現われているのだが、ウィリアム・ジョーンズ[3]（十八世紀英国のインド司政官で、事実上西欧におけるインド学の創始者。訳注参照）は彼の最後の論文『アジア人の哲学について』（『アジア研究』第四巻一六四ページ」のなかでこのことを次のように裏書きしている。——「ヴェーダーンタ学派の基本教義は、物質の存在を否定することにあるのではない。すなわちその固体性、不可入性、延長性の存在を否定することにあるのではない〔これをまで否定するとしたらそれは狂気の沙汰であろう〕。ただ、物質に関するありふれた考えを訂正することにある。物質は心の知覚から独立した本質をけっしてもっていないこと、あるものが存在するということと、あるものを知覚できるということとは、たがいに交換のきく用語であるといったこと、これを主張することにある」——

以上のことばは、経験的実在性と先験的観念性との相互共存をじゅうぶんに言い表わしているのである。

こういうわけだから、われわれは本書のこの第一巻では、もっぱら今述べておいた側面からのみ、つまり世界が表象であるという範囲に限って、世界を見ていくことにしたい。けれども、世界に対するこのような見方は、真理であることには変わりはないが、じつは一面的な見方なのである。したがってなにか気まぐれな抽象によってこういう見方がふと思い浮かんだということではないのかと、誰にしても世界を自分の単なる表象として仮定してみるとなれば、そういうぐあいに内心の抵抗を思い知らされるであろうが、さりとて、他方では、もはやかかる仮定からは二度と逃れることは誰にもできなくなっている。で、右の見方の一面性は、本書の次の巻がもうひとつ別の真理を述べることによって補うことになろう。その真理はわれわれがこの第一巻で出発点としている真理ほど直接的に確実なことではない。これよりもっと深い研究と、もっと困難な抽象と、異なるものの分離や同じものの結合といった作業をおこなうことではじめてこの二番目の真理に達するであろう。――この二番目の真理はきわめて厳粛であって、なにびとにも恐ろしい、というほどではなくても、いぶかしい、と思われるに違いないひとつの真理なのである。すなわちなにびとも次のように言うことができるし、また言わなくてはならない、「世界はわたしの意志である」Die Welt ist mein Wille と。

しかしこの二番目の真理を論ずる段階にいたるまでは、つまりこの第一巻では、さしあたりよそ見をしないで、われわれが出発点としている世界の側面、世界の認識可能な側面のみを見ていくことが必要であって、したがって、ともあれ目の前にあるありとあらゆる客観を抵抗心なしでひたすら表象として見ていくこと、そしてこれを単なる表象と名づけることが必要であろう。その場合に自分の身体でさえも〔後に詳しく述べるが〕その例外ではない。――

第一巻を述べる際、目をつぶって考察からはずしておくのは、それこそ世界のもう一つの側面を決定するもので、やがてなにびとにもはっきり分かってくるとは思うが、それはすなわち意志にほかならないのである。なぜならば、世界は一面では、徹頭徹尾、表象であるが、他面では、徹頭徹尾、意志であるからだ。この両者のいずれでもなく、客観それ自体であるというような実在は〔カントの物自体などというのも残念ながら彼の手にかかってそういうしろものになり果ててしまったが〕、夢想の怪物であって、そんなものを仮定するのは、哲学上の鬼火である。

(1) ヴャーサはヴェーダを編輯し、マハーバーラタならびに十八プラーナの作者と一般に考えられているインドの古聖。しかしヴャーサ Vyasa は固有名詞ではなく、語源的には編輯者・編纂者の意味であるから、ヴェーダーンタ哲学の実際の始祖はバーダラーヤナに帰せられるべきだと考える学者の方が、現代では多い。

(2) ヴェーダーンタとは「ヴェーダの最終」という意味である。ウパニシャッドはヴェーダ聖典の最終部に当たることから、ウパニシャッドを研究する学派がヴェーダーンタとよばれたのである。

(3) ウィリアム・ジョーンズ卿(一七四六—九四年)は英国のインド司政官で、一七八四年「ベンガル・王立アジア協会」を設立し、西欧における十九世紀のインド研究に、画期的な展開をうながす原動力となった。五世紀ごろの詩人カーリダーサの戯曲『シャクンタラー』を英訳し、これが後に独訳され、ゲーテやヘルダーに大きな刺戟を与え、ゲーテ『ファウスト』にはインド戯曲の様式の影響があるといわれる。また、司政官として自ら『マヌ法典』を英訳し、後世その仏訳はニーチェの『権力への意志』に影響を与えた。古代インドの梵語(サンスクリット)がギリシア語やラテン語と血縁関係にあることを最初に指摘したのも彼で、後年ドイツで印欧比較言語学が成立するきっかけをなした。このように西欧における本格的なインド研究の先駆をなしたジョーンズと、これを継承したH・T・コールブルック(一七六五—一八三七年)、この二人の英国人の著書を、ショーペンハウアーは本書のなかでたびたび引用している。

第二節

すべてを認識するが、なにびとからも認識されないもの、これが主観である。それゆえ主観は、世界の担い手であり、主観は現象しているすべてのものを、すなわちすべての客観を成り立たせている普遍的な前提条件である。なにしろ存在するものは、主観に対して存在するにすぎないからである。誰にしてもこのような主観として自分自身を納得しているのではあるが、しかしそれは、自分が認識する立場にいるときに限られ、自分が認識される客観の立場にまわっているときには、その限りではない。しかしながら自分の身体にしてからがすでに客観である。だからわれわれは自分の身体をすらもこの見地からは表象と名づけるのである。もっとも身体だけは直接的な客観[1]とよばれるべきものなのではあるが、それにしてもさまざまな客観のなかのひとつの客観であることに変わりはなく、やはり客観の法則に支配されている。身体は、直観のほかのあらゆる対象と同じように、あらゆる認識の形式である時間と空間のうちにおかれている。この時間と空間という形式がものごとの数多性 Vielheit のもとをなしている。ところが主観、これは認識するものであって、けっして認識されないものであるから、これはやはり時間や空間といった形式のうちにはない。むしろ主観が、いつもすでに時間や空間といった形式そのものの前提となっているのである。だから主観には数多性も、またその反対の単一性もない。われわれは主観をけっして認識することはない。逆に主観とは、なにか認識するものがありさえすれば、それを認識するまさに当のものに外ならない。

　われわれはここで表象としての世界という観点でもっぱら考察をすすめているわけだが、この表象としての世界には、半分ずつを構成している二つの面があって、それは本質的で、必然的で、不可分な二面である。そのうちの一つは客観である。その形式は空間と時間であり、これによって数多性が生じる。しかし他の半面である主観は、空間と時間のうちにはない。なんとなれば主観はまったく分割できないもので、表象するいかなる生物 Wesen（ショーペンハウアーは表象する能力を眼をもつ動物に認め、植物には認めない。第七節、第十節参照）のうちにも、主観は全体として成り立っているからである。表象する生物がたった一つ居るだけでも、数百万の生物がその場に居合わせるのとまったく同じくらい完璧に、客観を通じて表象としての世界の全体像を補充するであろう。ということは、かりにそのたった一つの生物が消滅でもすれば、表象としての世界もまた同時に消滅するということなのだ。それゆえこの主客両面は切り離せないもので、この両面を切り離すことは思想にとってさえも不可能なことである。なぜなら主観と客観のうちのいずれか一方が意義をもち、存在をなしているのは、他の一つがあるがためであり、また他の一つに対してだからである。いずれか一方は、生じるのも滅びるのも、他の一つと一緒である。主客両面は、直かに境界を接している。客観の始まるところはすなわち主観の終わるところである。——

この境界線は両方に共通で、次のような事情のうちにその共通性が示されている。すなわち時間、空間、因果性のような、本質的でしたがって普遍的な客観の形式は、客観そのものを認識しないでも、ただ主観から出発しただけでも発見することができるしまた完全に認識することができるという事情、すなわちカントの言葉でいえば、これらの諸形式は先天的《ア・プリオリ》にわれわれの意識のうちに存在するという事情である。このことを発見したことこそがカントの主たる功績であり、またきわめて大きな功績であるといっていい。そこでわたしはこのカントの考えにさらに加えて次のように主張するのである。われわれがア・プリオリに自覚しているこうした客観の形式のすべてを共通に言い表わしているものが、「根拠の原理」Satz vom Grunde（根拠律、理由律等いろいろの訳語があるが、本書では根拠の原理で統一する）なのであり、われわれが純粋にア・プリオリに知っているものはすべて「根拠の原理」の内容に外ならず、またこの原理の自然の帰結に外ならず、それゆえア・プリオリに確実なわれわれの認識は、もともとこの「根拠の原理」のうちにことごとく言いつくされているのである。——『根拠の原理について』（先行論文『根拠の原理の四つの根について』を著者は略してこうよぶ。以下に同様の例あり）というわたしの論文のなかで、わたしはかねて詳しく述べておいたことだが、およそなんであれ可能な客観であれば、どれもみなこの原理に支配されていて、どの客観も他の客観に対して規定したり規定されたりし合いながら必然的な関係を結んでいるのである。このことはさらに広げて次のような事情に及んでいくであろう。存在するすべての客観は、それが客観でありそれ以外のなにものでもない以上は、おしなべてたった今わたしが述べたような客観相互の必然的な関係に還元されて、この関係においてしか成り立ち得ないものなのであって、したがってまったく相対的である。やがてそこから存在の多数相が生じるであろう。これもあの論文でひきつづき明らかにしておいたことだが、客観はその可能性に応じていくつかの部門（生成、認識、存在、行為の四部門）に分類され、「根拠の原理」の一般的な表現であるところの、右に述べたあの必然的な関係は、この分類された部門に応じていろいろに違った形態であらわれるのであり、これによって、さらにまた部門の正確な分類ということが確かめられるのである。——

以上はすでにあの論文で述べておいたことばかりで、本書ではいつも、あの論文で述べたことはすでに知られていて、読者の念頭にあることとして論を進めるようにしたい。あの論文で述べられていないことであれば、本書でぜひとも述べられるべき場所が得られることになるであろう。

〔1〕『根拠の原理について』第二版第二十二節。

第三節

われわれのすべての表象には、直観的と抽象的との二つの大きな区別がある。抽象的な表象は、種類がひとつあるだけで、これがすなわち概念である。この地上で概念をもっているのはただ人間だけであって、概念をもちうる能力が昔から理性と名づけられて、人間をあらゆる動物から区別してきたのである。[1] われわれはいずれ後の節（第九節参照）で、この抽象的な表象であるところの概念をそれだけ単独に見ていくことにして、今はまず、直観的な表象にかぎって論じることにしたい。――

　さてこの、直観的な表象が相手にしているのは肉眼で見える世界の全体、もしくは経験の総体のことであって、これには経験の可能性のもつ諸条件もふくまれている。第二節で述べたとおり、以下はカントの重要な発見といえるのだが、経験のこの諸条件、諸形式、つまり経験のどの知覚にも当てはまる普遍的なもの、経験のすべての現象のいずれにも均等に具わっているもの、すなわち時間と空間とは、それだけ切り離して、内容から独立させて、抽象的に考えることもできるけれど、それだけではなく、直接的にも直観することはできるのである。そしてこうした直接的な直観は、経験の反復を通して得られる借り物の幻影《ファンタスマ》のごときものではもとよりなく、経験からはじゅうぶんに独立しているので、むしろ逆に、経験の方が直観に依存していると言わなければならないほどである。というのも、空間と時間の特性は、ア・プリオリな直観に認識されて、雑多な経験に対して法則として当てはまるからであり、雑多な経験はどこにおいても法則に従った結果を示さざるを得ないからである。それゆえに、わたしは拙論『根拠の原理について』のなかで、純粋に、内容なしに直観される限りでの時間と空間とを、一種特別な、独立した表象の一部門として考えておいた。——

ところで、直観の普遍的な形式（時間と空間）は、それだけ切り離して、経験からは独立させて、直観的なのであって、その完全な合法則性にもとづいて、認識可能となるのであるから、その合法則性を基礎としているところの数学に、誤謬のあり得ようはずがない。カントによって発見された、直観の普遍的な形式のもつ以上のような性質は、まことに重要なものであるにしても、これに劣らず注目すべき特質が、（時間と空間という）この形式にはそなわっている。その特質というのは以下のことである。すなわち根拠の原理は、因果性ならびに動機づけの法則というかたちで経験を規定しているし、判断に根拠を与える法則というかたちで思考を規定している。このような根拠の原理が、ここ時間と空間にあっては、まったく特有な形態をなしてあらわれ出るのであって、それをわたしは存在の根拠と名づけておいたのだが、その特有な形態とは、時間にあっては瞬間と瞬間との継続ということであり、空間にあっては部分と部分とが相互に果てしなく規定し合っている位置のことである。

根拠の原理は、そのあらわれ出る形態がいかに多様であるにせよ、その内容は完全に同一である。このことをわたしの予備論文を読むことからはっきり分かった人であれば、次のことにもおそらく確信がもてるであろう。根拠の原理のいちばん奥にある肝心な点を見抜くには、そのとりどりの形態のなかのもっとも単純な形態をとりあげ、これをそのものとして認識することが大切だということである。われわれがこのもっとも単純な形態として認めてきたのは、時間である。──

時間においては、一瞬、一瞬はいずれもそれに先立つ一瞬を殺すというかたちで、つまり自分の父を殺す（ギリシア神話で、時間の神クロノスは自分の父を殺して王となった）というかたちでのみ存在し、そういう一瞬もまた次の一瞬によって同様にたちまち殺されてしまうのである。過去というも、未来というも〔その内容が継続することは別として〕、なにかある夢のようにまことにはかないものなのであるが、しかし現在というのは、この過去と未来の二つの間にあって、広袤《ひろがり》も持続ももたない境界線であるにすぎない。時間とまったく同様に、われわれは根拠の原理のあらゆるその他の形態のなかにも同じ虚無性《はかなさ》があることをあらためて認識し、すなわち時間と同じく空間もまた、空間と同じく空間と時間の両方にまたがって存在するいっさいのものもまた、つまり、原因や動機から生まれ出てくるようないっさいのものが、しょせん相対的な存在をそなえているにすぎず、それらはある他のもの、自分と似たようなもの、現にちょうど同じような仕方で成り立っているものと、たがいに相依り、かつ相俟ってようやく存立しているにすぎないことを見抜くであろう。──

このような見解の大本は古くからあった。ヘラクレイトスはこの見解をとって、万物の永遠の流転を悲しんだ。この見解の対象とするところを、プラトンは、たえず生成するがついに存在しないものだとして軽視した。これをスピノザは、ただ一つ存在し持続する唯一の実体の、単なる偶有性と名づけた。そしてカントはこの見解で認識されたものを単なる現象とよんで、物自体に対立させた。——

そしてさいごにインド人の太古の聖賢は次のように語っている。——

「やがては死すべき人間の眼を蔽って、それを通して人間に世界を見させているのは、マーヤー（梵語で虚妄、幻影のこと）である。欺瞞《まやかし》の面紗《ヴェール》である。世界はあるともいえないし、また、ないともいえない。なぜなら世界は夢に似ていて、旅人が遠くから見て水かと思う砂上の陽光のようなものだし、また旅人が蛇かと思う投げ棄てられた縄にも等しいからである」〔この種の比喩はヴェーダ(1)やプラーナ(2)のいたるところで無数にくりかえされている〕——

ところでこれらのひとびとが以上のように考え、説いていることは、本書がいままさに考察しつつある当面の問題に外ならない。すなわち根拠の原理に従う「表象としての世界」である。

〔1〕カントだけがこの理性の概念を混乱させた。この点については本書の付録ならびに拙著『倫理学の根本問題』のなかの「道徳の基礎」第六節第一版一四八―一五四ページを参照してもらいたい。

（1）ヴェーダは古代インドの、祭祀主義を中核として成立した宗教の聖典。成立年代は不確定だが、紀元前一五〇〇年から前五〇〇年の間に、その代表的部分は漸次成立をみた。ヴェーダは「知る」を意味する語根から造られた単語で、宗教的知識を表わし、後にこれを載せる聖典の総称となった。インダス文明を制圧し、五河地方（パンジャーブ）に達したアーリア人が、子孫の繁栄や家畜の増殖、降雨、豊作、長寿を祈り、戦闘における勝利を祈るときに祭礼を重視したが、その祭の神々への讃歌、祈禱句、呪句、さらにはまた祭式の規定やその意義の多様な解釈などを集大成したものが、ヴェーダ文献といわれる。そしてこのうちで一番さいごに、宇宙の原理としての梵（ブラフマン）についての哲学的思弁が成立し、これをウパニシャッドと称する。

（2）プラーナは古譚《たん》、もしくは古伝説の意味で、五—六世紀ごろに現在の形をとったインド教の伝承文献。したがってヴェーダよりも成立年代は新しいが、伝承としてはきわめて古い内容のものをも含んでいる。聖地や霊場を遍歴する吟遊詩人たちによって作られ、吟詠された。その内容は宇宙の創造、世界の周期的な帰滅と再建、神々ならびに聖仙の系譜、人類紀、王統の歴史という五つの項目から成るといわれるが、これ以外の主題についても述べられている。

第四節

根拠の原理が形をなすのは、純粋時間そのもののうちにおいてであり、根拠の原理のこの形態化がすべての勘定と計算の基礎となっている。このような形態化を認識した者は、もって時間の本質をも完全に認識したことになるであろう。時間とは、ほかでもない、根拠の原理のかかる形態化のことなのであって、それ以外の特性はもっていない。時間のうちにすがたをあらわす根拠の原理の形態とは、継続ということである。継続こそ時間の全本質である。——

　これに加えていうなら、根拠の原理は純粋に直観された単なる空間のなかを支配しているのであるが、このような根拠の原理を認識した者は、もって空間の本質を完全にきわめつくしたことになるであろう。なぜなら、空間とは、徹頭徹尾、その部分部分が混乱したまままじり合って交互に相限定し合うことの可能性、すなわち位置と称せられるものに外ならないからである。この位置を詳細にわたって検討し、そこから生じるさまざまな結果を適切な応用がきくよう抽象概念に託すること、これが幾何学全体の内容なのである。——

　さて、以上に見た時間と空間の場合と同様に、根拠の原理の形態化は、例の諸形式〔つまり時間と空間〕の内容を支配しているし、その中の知覚できるもの、つまり物質を支配している。このような形態化を認識した者、ということは因果の法則を認識した者のことだが、かれはこれをもって物質そのものの本質を完全に認識したことになるであろう。なぜなら、物質とは、徹頭徹尾、因果性以外のなにものでもないのであって、そんなことは、よく考えてみれば誰にだってただちに思い当たることであろう。すなわち、物質の存在とは、物質の働きWirken（作用、影響、活動）のことである。働きということを離れて、それとは別の物質の存在などは、考えてみることさえもできない。もっぱら働く（活動する）ものとしてのみ、物質は空間を充たし、時間を充たしているのだ。物質が直接の客観（身体のこと）に対して〔その直接の客観自体がすでに物質なのであるが〕、なんらかの働きかけ Einwirkung をおこなうことが、直観をひき起こすのであり、物質が存在するのはひとえにそのような直観の中だけである。これは次のように言いかえてもよい。なにか一つの物質的な客観がもう一つ別の客観に働きかけた結果が認められるのは、働きかけを受けた方の客観が、今度はいままでとは違った仕方で、直接の客観（身体のこと）に向かってあらためて働きかけをおこなった場合にのみ限られているのであって、結果が成立するのはもっぱらその場合だけである。したがって原因と結果 Wirkung とが、物質の全本質である。つまり、物質の存在とは、物質の働き Wirken のことである〔この点に関する詳細は拙論『根拠の原理について』第二十一節七七ページをみてもらいたい〕。以上のような次第だから、ドイツ語ですべての物質的なものの精髄を言い表わすのに現実性 Wirklichkeit ということばで呼んでいるのは、きわめて的確なのであって、このことばは実在性 Realität というよりもはるかによく特色を示している。[1] 物質が働きかけていく相手は、かならずまた物質なのである。つまり、物質の全存在と全本質とは、ひとえに物質の一つの部分が他の部分の中に引き起こすところの合法則的な変化にのみあるのであって、それゆえまったく相対的であって、物質の限界の内部にのみ妥当する関係に応じている。それはだからほかでもない、時間と空間の場合とまったく同様である。

しかしながら時間と空間とは、物質などがたとえなくても、それだけ単独に、それぞれ直観的に表象することができる。しかし物質の方は時間と空間がなくては表象できない。物質と切っても切れない形式が前提としてあるものは、はやくも空間であろう。そして働くことが、物質の全存在の本質をなしているのであるから、それはつねに変化に関係していて、必然的に時間の規定に関係していることになる。ところが、時間と空間は、それぞれ別々に物質の前提となるばかりではなくて、すでに述べたように、物質の本質は働きかけることに、因果性にあるのだから、時間と空間の両者があいまって、物質の本質を決定するのである。――

すなわち、(もしかりに時間と空間の両者がそれぞれ別々に物質にかかわっているという仮定のもとで)考えられる数え切れぬほどの現象や状態が、無限の空間のなかで、たがいに窮屈な思いをしないで並び合って存在でき、また無窮の時間のなかで、たがいに邪魔し合わないで相次いで連続することがかりにできるとしてみよう。そうした場合に、数え切れぬほどのその現象や状態の相互の必然的な関係、この関係に従って現象や状態を規定するところのなんらかの規則は、決して必然的なことではなくなるであろうし、いや、それどころではない、なにかに応用のきくことでさえなくなるであろう。とすれば、その結果、数えきれぬほどの現象や状態が空間の中で並び合って存在し、時間の中で相次いで変転しているにもかかわらず、時間と空間という両形式のおのおのが別々に他との連関なしに存立し経過するかぎりは、因果性などはまだまるで成り立たないであろうし、因果性が物質固有の本質を決定するのだから、物質もまたないわけであろう。――

ところが、因果の法則がその意味と必然性とを得るのは、もっぱら次のような事情によってなのである。変化の本質は、いろいろな状態それ自体の単なる移り変わりにあるのではなくて、むしろ、空間の中の同じ場所にいま一つの状態があり、その後ひきつづいてもう一つ別の状態があるということ、時間の中の同一のある一定時に、ここにこの状態があり、あそこにあの状態があるということ、そういう事情によってである。混乱している時間と空間とをこのように相互に制約しあうことのみが、規則に意味と同時に必然性とを与え、変化はその規則通りに発生せざるを得ない。因果の法則によって規定されるのは、だから、単なる時間の中でさまざまな状態が継続することではなくて、一定の空間に関連して、この継続が起こることなのである。さまざまな状態が一定の場所に存在することではなくて、一定の時間におけるこの場所に存在することなのである。したがって変化、すなわち因果律の通りに生ずる移り変わりは、いつでも空間の一定部分と、時間の一定部分とに、同時に、両者を一つに合わせて、関係している。それゆえに、因果性は空間と時間とを一つにするものである。われわれはしかし、働きかけることに、すなわち因果性に、物質の全本質があることをすでに発見しているわけだから、結果として、空間と時間とは物質の中でも一つになっていなくてはならない。いいかえれば、空間の特性と時間の特性とはどんなに相互にぶつかり合うものでも、物質は両方の特性を同時に具有していなくてはならないし、両者いずれか一方において単独では不可能なこと、時間の固定することのない流れと、空間の固定したまま変わらないかたさとを、物質は自分のなかで一つに統一しなければならない。物質は両方の特性から、無限の分割可能性を得ているのである。——

このことに応じて私たちは、まずまっ先に、時間のなかだけでも、空間のなかだけでも成り立たないような同時存在ということが、物質を通じて招来されることを知る。時間だけなら、並存ということを知らないし、空間だけなら、先、後、今の区別を知らない。——

しかし、さまざまな状態の同時存在こそが、現実なるものの本質を決定しているのである。なぜなら、同時存在によってはじめて、持続が可能になるからである。すなわち持続は、持続するものと同時に存在しているもう一つ別のものが（持続しないで）移り変わることにおいてのみ、それが持続であると認識できるからである。しかしまた、移り変わっていくもののうちにも持続しているものがあるからこそ、それを鏡にして、移り変わりの方はいまや変化の性格を得るのであり、すなわち、実体たる物質[2]は不変であるのに、その性質と形態とが変貌するという性格を得るのである。世界がもしも空間だけだとしたら、世界は固定したまま動かず、なんらの継起も、なんらの変化も、なんらの働きも起こらないことになろう。まさしく働きがなくなってしまえば、それと同時に物質の表象ということもなくなってしまう。これに対し、世界がもしも時間だけだとしたら、なにもかもが無常迅速で、なんらの固定も、なんらの並存も、したがってなんらの同時性も起こらないことになろう。その結果として、持続もないであろうし、そうなればやはり物質もありはしないことになろう。時間と空間の結合によってはじめて、物質が生じるのであり、すなわち同時存在があり得ることになり、これによって持続もあり得ることになり、この、持続があり得ることによってさらに、状態は変化しても実体は不変だということがあり得てくるのである。[3] 物質は、時間と空間の一体化を本質としているのだから、まず例外なく、両方の特徴をそなえている。物質が空間を基礎にしていることは、物質とは切っても切れない関係にある形態ということによってなかばは証明されているわけだが、しかし、〔移り変わりはもっぱら時間にのみ関わることだとしても、しかし時間のなかだけで他と関わりなしに存続するものなどはなにひとつないわけだから〕物質が空間を基礎とすることは、ことに物質の固定不変〔すなわち実体性〕ということによって証明されるのである。したがって、この物質の固定不変が先天的《ア・プリオリ》に確実であることは、空間がア・プリオリに確実であることから完全に導き出されるのである。[4] ところで一方、物質が時間を基礎にしていることは、質 Qualität（質・性質）ということ〔すなわち属性〕においてはっきり示されている。これがあるからこそ物質は現象するのである。この質ということは、端的にいって、つねに因果性であり、他の物質に及ぼす働きかけのことであり、したがって変化〔一つの時間概念〕に外ならないのである。しかるにこの働きかけることの合法則性は、つねに空間と時間の両方に同時に関係しているのであって、両方に関係するからこそ意味があるのである。この時刻のこの場所に、いかなる状態が発生しなければならないかということは、完全に因果の立法だけが及ぶところの規定である。物質の根本規定は、ア・プリオリにわれわれに知られているところの認識の諸形式から導き出されるのであるが、このことに基づいて、われわれは物質の次のようなある種の特性がア・プリオリであることを認めるものである。ある種の特性とは、第一に空間の充満、つまり不可入性、いいかえれば作用性ということ。第二には、延長性、無限の可分性、固定性、すなわち破壊不可能性ということ、そして最後に、可動性ということである。これに対して重力は、いかなる物質にも例外なくあるが、やはり後天《ア・ポステリオリ》的な認識に数え入れられるべきことだと思う。もっともカントは『自然科学の形而上学的基礎論』の七一ページ〔ローゼンクランツ版三七二ページ〕において、重力をア・プリオリに認識できるものとして立てているのだけれども。

　ところで、そもそも客観というものは、主観の表象として、主観に対応して存在するにすぎない。そうであるとすれば、さまざまな表象のうちのどんな特別な部門も、主観の中のこれと同じ特別な限定作用に対応して存在するにすぎない。主観の中のこの限定作用が認識能力とよばれる。無内容な形式としての時間そのもの、空間そのものも、主観の中のこの限定作用と相関的に対応しているが、カントはこれを純粋感性[1]（カント用語。訳注参照）と名づけた。感性ということばは物質を予想しているからあまり適切な表現とはいえないが、ともあれカントが先鞭をつけたことばであるからこの表現は保存しておいてもよいだろう。（ところでこの感性に対して）物質ないし因果性――この二つは同一であるから――が主観の側において相関的に対応しているものは、悟性である。悟性はそれ以外のなにものでもない。因果性を認識すること、これが悟性の唯一の機能であり、また悟性にのみある力である。きわめて大きい力で、包括するところも多く、種々さまざまに応用されるのだけれど、どういう現われ方をしようとも結局は同一であって、まごうかたなき悟性の力なのである。これを逆に言うならば、いっさいの因果性、したがっていっさいの物質、いいかえるなら現実の全体は、ただ悟性に対応し、悟性を手段とし、悟性の内部に存在しているにすぎないことになる。——

悟性の表現のうちで最初の、もっとも単純にして、かつ恒常的な表現は、現実世界の直観である。これは結果 Wirkung（作用、働き）から出発して原因を認識することにほかならないから、あらゆる直観は知的であるといえる。けれども、なにかしらある結果（もしくは作用、働き）が直接に認識され、それが出発点として役立つことがなければ、原因の認識にはとうてい至り得ないであろう。ところでこの出発点として役立つのは、動物の（人間も含む）身体に対する作用であろう。そのかぎりで、身体とは、主観にとって直接の客観である。あらゆる他の客観を直観することは、身体によって媒介されている。——

動物的な身体のおのおのが経験する諸変化は、直接的に認識される、すなわち、知覚されるのである。この結果 Wirkung がただちに原因に関係づけられることによって、その原因は一つの客観として直観されることになるのである。このような関係はなんら抽象的な概念を用いた推論ではない。反省によって起こるのではないし、恣意によって起こるのでもない。この関係は、直接的で、必然的で、そして確実である。この関係は純粋悟性(2)（カント用語。訳注参照）の認識の仕方なのであって、純粋悟性がなければそもそも直観は成り立たないであろう。（もしこの純粋悟性がないとしたら）直接の客観（身体のこと）の受けた変化についてのただぼんやりした、植物的な意識が残るだけであろう。そしてこの変化は、なにか苦痛なり情欲といったものとして意志に対して意味をもつ場合を除いて、それ以外は完全に無意味に、現われてはかつ消えてゆくだけであろう。しかし太陽が昇るとともに可視的な世界が立ち現われると同様に、悟性もまた、ただ一撃のもとに、その唯一単純な機能によって、ぼんやりした無表情な知覚を、直観に変えてしまうのである。眼、鼻、手が感じるもの、それは直観ではない。それは単なるデータ（材料）にすぎない。悟性が結果から原因へと移っていくことによってようやく、世界が立ち現われるのである。この世界は直観としての世界であって、形態としては休みなく移り変わりながらも、物質としては永久に持続しつつ空間にくりひろげられている。なぜなら、悟性が、空間と時間の両者を物質という表象のなかで、すなわち作用性 Wirksamkeit という表象のなかで結び合わせているからである。表象としてのこの世界は、悟性によってのみ存在するのであるが、同様にやはり悟性に対して存在するものでもある。——

わたしは『視覚と色彩について』という拙論の第一章ですでに次のようないきさつについて論

述しておいた。感覚が与えてくれる材料《データ》から悟性が直観をつくり出すのであるが、子供がこの直観を学びとるのは、さまざまな感覚によって同一の客観から受けとられたさまざまな印象を互いに比較することを通じてであり、ほかでもない、このいきさつによってのみ多くの感覚現象は説明がつく。二つの眼でものを見ても一つにしか見えないこと、前後に距離をずらした対象をじっと見つめたり横目でものを見たりするとものが二重に見えること、その他あらゆる感覚器官の突然の変化がひきおこす錯覚 Schein（仮象、すなわち悟性を惑わすもの。第六節終りの部分参照）もこのいきさつで説明できる。ただしこの重要な問題をわたしがいっそう詳細にわたって徹底的に扱ったのは『根拠の原理について』第二版第二十一節においてである。そこで述べておいたすべては本書でぜひとも述べられるべき場所がなくてはならないので、本来ならばここでもう一度くりかえされるべきことかと思う。しかしわたしは自分の書いたものを引用するのに他人のものを引用するのとほとんど同じくらいの嫌悪を感じているし、前の論文で述べたよりもうまく叙述できるとも考えていないので、本書で同じことをくりかえす代わりに、前の論文の参照を願っておくことにして、さらにこれは既知のことでもあると前提しておきたい。

子供たちとか生まれて初めて手術で眼が見えるようになった者とかがものを見るのを学習すること、二つの眼で二重に知覚されたものが一つにしか見えないこと、感覚器官が通例の位置からずれたときに一つのものが二つに見えたり二つに触覚されたりすること、さまざまな対象が眼球内では倒立像になっているのに現象するときには直立していること、眼の内部機能にすぎない色彩すなわち眼の働きの両極への配分にすぎない色彩が外的対象に移されていること、それからまたさいごに立体鏡《ステレオスコープ》――以上はことごとく、次のような事実を確実に、反論の余地のないたしかさで証明しているのである。すなわち、あらゆる直観は単に感覚的ではなく知的であること、つまり直観とは結果から原因を悟性的に純粋に認識することだということ、したがって因果律を前提としていること、これらを確実に、反論の余地のないたしかさで証明しているのである（カントと決定的に異なる主張である。訳注（2）参照）。あらゆる直観、したがってあらゆる経験は、その最初にしてかつ全体的な可能性からかんがえて、因果律の認識に依存しているのであって、これとは逆に、因果律の認識が、経験に依存しているのではない。ヒュームの懐疑主義はこの後者であった。それは本書の以上の叙述を通じてはじめて否定されているのである。なぜなら因果性の認識がいっさいの経験から独立していること、すなわち因果性の認識は先天性《アプリオリテート》を有していることは、いっさいの経験の方が因果性の認識に依存していることによってのみ説明できるからである。ところがこの説明が可能になるのは、わたしがここで述べ、また先ほど参照を願っておいた論文の中で詳しく述べておいた仕方によって、因果性の認識は直観そのものの中に――あらゆる経験は直観の領域にあるからだが――すでに含まれていることを証明することによってはじめて可能になるのである。さらに因果性の認識は経験との関係でいえば完全にア・プリオリに成り立つのであり、経験からは前提条件とされていて、経験を前提としているのではないこと、これを証明することによって可能になるのである。しかし以上はカントがすでに試みたような仕方では、つまり、わたしが『根拠の原理について』第二十三節で批判した仕方では、説明することができない。

〔1〕「ある種の事物に対しまさにぴったりという表現があるのは驚くべきことで、昔の人の言葉づかいはきわめて有効に多くのものの特色を表わしている」〔セネカ、書簡八一〕
〔2〕物質と実体とが同一であることは付録の中に詳しく述べておいた。
〔3〕これはまた、物質に関するカントの説明「物質は空間における可動性である」の論拠を示しているのである。なぜなら運動は時間と空間の結合においてのみ成り立つからである。
〔4〕カントが主張しているように時間の認識から導き出されるのではない。このことは付録で詳述されている。

(1) カントによれば、ものを直観する能力が感性である。これには五官にたよる経験的直観と、五官にたよらない先天的直観とがある。時間と空間という無内容な形式そのものに関わる直観は、五官を必要としない、経験にたよらない先天的直観であって、この能力をカントは「純粋感性」**die reine Sinnlichkeit** と名づけた。
(2) カントとショーペンハウアーの言葉の使い方が決定的に違う点である。カントは感性を直観の能力とし、悟性を思惟の能力としたが、ショーペンハウアーは悟性を直観の能力と考えている。カントによれば、悟性は人間が概念を用いて思惟する能力のことであるが、ショーペンハウアーによれば、概念を用いる人間の能力はもっぱら理性のみであるとされている。この違いは本書第一巻でくりかえし強調されていることが注目されなければならない。

ところでここで使われている「純粋悟性」der reine Verstand はもちろんカントから来たことばである。カントによれば雑多な現実をなんらかの概念で統一的にとらえるのが、悟性による思惟の働きである。だが概念といっても、経験世界の事物に現実に対応する概念もあれば、因果性のように、事物と事物との間に因果性という関係が考えられるだけで、現実の事物に対応を見出せない概念もある。カントは後者を、経験的な諸概念と区別して、純粋概念とよぶ。この純粋概念を用いて、さまざまな直観の内容を統一する能力を、カントは「純粋悟性」とよんだのである。

しかしショーペンハウアーの場合には、悟性は、カントの言うような意味には用いられておらず、なにかをぱっと見て悟るという直覚的・直観的な能力であると定められている。

第五節

しかし、直観を仲だちしているのは因果性の認識であるからといって、客観と主観との間に、因果の関係が成り立つという大きな誤解をしないように注意していただきたい。(因果つまり) 原因と結果との関係は、むしろ直接の客観と間接の客観との間にのみ、したがって、つねに客観同士の間でのみ成り立つことだからである。外界の実在性に関するばかげた論争は、ほかでもない、右の誤った前提 (客観と主観との間に因果の関係が成り立つという前提) に立っているのである。——

この論争においては、独断論と懐疑論とが対立していて、独断論の方は、あるときは実在論（客観を重視する）として、またあるときは観念論（主観を重視する）として姿をあらわす。そのうちで実在論は、客観を原因として立て、その結果を主観の中に入れる。反対にフィヒテ流の観念論は、客観を主観の結果としている。ところでこれはいくら厳重に言っても言いすぎることではないのだが、主観と客観との間には、根拠の原理に基づくどのような関係（ここでは因果の関係）もおよそ成り立たないのであるから、実在論と観念論の二つの主張のいずれもついぞ証明されたことはなく、こうして懐疑論がこの二つの独断論に対し攻撃をしかけて勝利を収めたのであった。——

これをいいかえれば、因果律は、すでに前提条件として直観と経験に先行していて、したがって因果律が〔ヒュームが考えたように〕直観と経験から学習して得られるようなものではあり得ないことと同様に、客観と主観は、すでに第一条件として一切の認識に先行し、したがって根拠の原理そのものにさえも先行しているということである。根拠の原理はあらゆる客観の形式にすぎぬからであり、客観が現象するときのごく普通の現われ方なのであって、しかも客観はいつでも主観を前提としているからである。だから主観と客観の間には原因と結果のどんな関係もあり得ない。根拠の原理の内容を、あらゆる客観の本質的な形式として、いいかえれば、あらゆる客観の一般的な存在の仕方として、客観それ自身に本来属しているなにものかとして描き出すこと、ほかでもない、これこそわたしが、拙論『根拠の原理について』によって果たそうとしている課題に外ならない。しかし客観はまた、そのようなものであるからして、いたるところで主観を自分に必要な相関者として前提しているともいえる。だから主観は、つねに根拠の原理の妥当する領域の外にとどまる。外界の実在性に関する論争は、まさしくこの根拠の原理の妥当する領域を誤って主観にまで押し拡げたことにあるので、このような誤解から出発したおかげで、論争は自らわけのわからぬ所に落ちこんでしまったのである。一方には表象を客観の結果とみなす実在論の立場に立つ独断論があって、表象と客観という究極においては一つであるこの両者を分けようとしている。この独断論は表象とまったく異なったなんらかの原因、つまり主観から独立した客観それ自体などを仮定しているが、こんなものは全然考えられない。なぜなら、これもまさしく客観である以上、例によって主観を前提としており、したがって所詮は、この主観の表象にとどまる以外にはないからである。以上のような実在論の立場に立つ独断論に対し、懐疑論は同じ誤った前提のもとで、次のように異を唱えている。人が表象と考えているものは所詮は結果にすぎず、けっして原因ではない、人が表象ということばで知るのは、所詮はさまざまな客観の存在なのではなく、客観の働きであるにすぎない。ところが働き（作用）ということは、存在とはおそらく似ても似つかぬものであろうし、それどころか、そもそも完全に誤って仮定されたものであろう。その理由は、因果律は、まず経験に基づいて初めて仮定されるものだからで、そして経験の実在性は、今度はまたこの因果律にもどってその基礎を得ているはずのものだからである、と懐疑論はこんな風に異を唱えている。——

さてこの点について、この独断論と懐疑論の両方に対して次のように教えてやることが必要であろう。まず第一に、客観と表象は同じものであること、第二に、直観的な客観という存在は、ほかでもない、その働きに外ならないということ、まさしく働き Wirken のうちに事物の現実性 Wirklichkeit があるのだということ、そしてさらに、主観の表象の外に客観が存在することを要求したり、事物の働きとはおよそ異なった事物の現実が存在することを要求したりするのは、まったく意味がなく、矛盾撞着であること、以上の理由から、客観が客観すなわち表象である限り、ある客観を直観し、その働きの仕方を認識することが、とりもなおさず客観そのものを汲み尽くすことにほかならないこと、等である。これ以外に認識にとって客観にはなにひとつ残されてはいないからである。そういうわけだから、この限りにおいて、時間と空間の中で直観された世界とは、純然たる因果性であることが判明するわけだが、それは完全に実在しており、文字通り姿を現わしたそのままのものであって、因果律に基づいて連関しながら、それは全面的に、なにひとつ隠し立てなく表象として姿をあらわす。これが、時間と空間の中で直観された世界の、経験的な実在性である。——

しかしまた他方、あらゆる因果性はただ悟性において、かつ悟性に対してのみ存在する。したがってこの現実的な、つまり働く世界の全体は、そのものとしてはいつも悟性に制約されていて、悟性なしでは無である。もとより、ただそのためばかりではなく、主観を欠いた客観などはそもそも矛盾なしでは考えられないしろものなのであるから、われわれは外的世界の実在性を主観からの独立性だと説明する独断論説（実在論の立場に立つ）に対しては、そんな外的世界の実在性などは断じて認められないと言ってやらねばなるまい。全客観界は、表象であり、表象以外のなにものでもなく、まさにそれだからこそ、どこまでも未来永劫にわたって主観に制約されているのである。これは、全客観界が先験的な観念性を有するのだという風に言いかえても同じことである。しかし、だからといって、全客観界は虚偽でも仮象でもない。それは存在しているありのままのものとして、つまり表象として、しかも根拠の原理が共通のきずなとなっている一つながりの表象として、現われるのである。全客観界はこういうものである以上は、健康な悟性にとっては、そのもっとも深い意義からいっても、理解可能なものであり、健康な悟性にとって、明瞭に意味のききとれる言葉を語っているといえる。客観界の実在性について論争するなどということは、詭弁によって歪められた精神だけが思いつくことであって、それはいつでも根拠の原理の誤用から生じることなのである。なるほど根拠の原理は、いかなる種類の表象であれ、表象すべてをたがいに結合している。しかし表象を主観と結びつけたりはしないし、主観でも客観でもないような、ただ単に客観にとって根拠であるにすぎないようなあるものと結びつけることも決してない。客観にとって根拠であるにすぎないようなあるものとは、似而非《えせ》概念である。なぜなら客観だけが根拠であって、しかもそれがまたしても客観の根拠をなすというのでは堂々めぐりだからである。——外的世界の実在性をめぐるこの問題のそもそものおこりをさらに詳しく調べていくと、以上見てきた通り、根拠の原理をその領域外のものに誤って適用したということのほかに、なおここには、根拠の原理のさまざまな形態[1]の特殊な混同があることが判明する。すなわち根拠の原理が概念ないしは抽象的な表象に関わるときにしかもち得ない形態が、直観的な表象に、実在的な客観に、移されたりする混同がその一つであるといえるし、生成の根拠よりほかにもち得ないような客観が、認識の根拠を要求しているという混同も、そうした例の一つであるといえる。根拠の原理が、抽象的な表象、つまり結合し合ってさいごに判断になった概念を支配していることはいうまでもないが、その支配の仕方は、ひとつひとつの判断が、判断以外のなにごとかと関係することによって、つまり判断がそこへいつも溯っていかねばならぬ認識根拠と関係することによって、ここで真理とよばれるその価値、その妥当性、その全存在を手に入れるのだという、そういう支配の仕方なのである。これに対し、根拠の原理はまた、実在的な客観を、つまり直観的な表象をも支配しているけれど、この場合には認識する根拠の原理としてではなしに、生成する根拠の原理として、つまり因果律として支配するのである。いいかえれば、実在的な客観のひとつひとつは、いずれもそれが生成したものだという理由で、なんらかの原因から結果として派生したものだという理由で、それだけで早くも根拠の原理に対し負債を支払いずみなのだといっていい。だからこの場合には、認識根拠を要求するのは妥当とはいえず、意味もない。これはまったく別の部門の客観に属する要求だからである。そういう次第だから、人がこの直観的な世界に立ち止まっているかぎりは、直観的な世界は、観察者に対しなんの躊躇も疑念も起こさせはしないのである。直観的な世界には、誤謬もなければ、真理もない。誤謬だの、真理だのは、抽象の領域に、反省の領域に追い払われている。この直観的な世界では、そもそも感覚と悟性に対して世界は開かれっぱなしになっている。世界はあるがままのものに対して、直観的な表象に対して、素朴な真実さをもって自分を投げ出している。そしてこの直観的な表象は、因果性のきずなにしばられつつ法則的に展開しているのである。

このようにして外界の実在性をめぐる問題は、われわれのこれまでの考察が示しているとおり、問題それ自体の誤解にまでいたりつくような理性の惑乱に端を発しているのであって、そのかぎりで、問題それ自体の、その内容を啓発してやれば、それだけで問題はただちに解答されてしまうといったていのことである。外界の実在性をめぐるこの問題は、根拠の原理の本質そのもの、主観と客観との関係、感性的な直観の本当の性質といったことを問いただしてしまえば、もうその後には、ほかならぬ問題に意味がなくなってしまうのだから、おのずと問題は解消されてしまうに違いないようなことであった。——

ところがもう一つ別の起源をもった問題がまだ残っているのである。それはこれまで述べてきた純粋に思弁的な起源とはまったく別の、なるほどあいかわらず思弁的な意図で提出されはするものの、がんらい経験的なもう一つの起源をもった問題なのである。そして、これは経験的であるという意義からいって、前の思弁的な意義におけるよりもはるかに分かりやすい意味合いを帯びているといえよう。すなわち、次のような意味合いを帯びている。われわれはたびたび夢を見る。ひょっとするとこの人生の全体がひとつの夢なのではないだろうか？――さらにはっきり言えば、けじめとなるひとつの明確な目じるしが、夢と現実との間にあるのだろうか？　幻影《まぼろし》と実在の客観との間にあるのだろうか？――

夢の中の直観の方が現実の直観よりも生き生きとした所がないし、明瞭さにも欠けているとの申し立ては、およそ考慮に値しない。夢と現実という二つを並べて比較した者はまだ一人もいないからで、比較できるのはせいぜい夢の記憶と目の前の現実とであろう。――

カントはこの問題を次のように解決している。「実生活と夢とを区別するのは、因果律に基づいた表象相互の連関があるかないかである」――カントはこう言っているけれども、夢の中だってすべての個物は、実生活におけると同じようにいろいろな形態で現われた根拠の原理に従って連関しているのである。そしてこの連関が途切れるのは、わずかに実生活と夢との間、さらに個個の夢同士の間にすぎないのだ。だからカントの解答は、せめて次のように言いかえたらよいかもしれない。長い夢〔実生活のこと〕は根拠の原理に従った一貫した連関を自らのうちに含んでいるが、しかしそれはひとつひとつの短い夢と連関するのではない。長い夢、短い夢のどちらもそれぞれのうちに同じ連関をもっているのだけれども。言いかえれば、長い夢と短い夢との間には当然連絡の橋が断ち切られていて、両者を区別するのはこの点においてである。――

しかしそうは言っても、あることが夢であったのかそれとも実際に起こったことかを、このような目じるしに応じていちいちつぶさに調べるのは、大変に困難であり、しばしば不可能であろう。われわれはかつて体験した出来事といま目の前にあるただ今の瞬間との間の因果関係の環をひとつひとつ追跡することができないからといって、体験した出来事をあれは夢であったとあっさり言い切ったりはしないものだからだ。だからふつうこのようなつぶさな調べ方は、実際の生活では、夢と現実とを区別するのにあまり役立たない。夢と現実とを区別する唯一のけじめとなる明確な目じるしは、実際上は、自分はいまは目が醒めているのだという完全に経験的なしるし以外のなにものでもないのである。この、目が醒めているというしるしで、夢の中の出来事と白昼の出来事との間の因果関係に、はっきりと感知できる中断が生じるのである。ホッブズが『リヴァイアサン』第二章でおこなった指摘は、これに対する立派な証拠を提供している。すなわち、われわれがそうするつもりはなくて昼間の服を着たまま寝た場合とか、しかしまたとくに、なにかの企図や計画でわれわれの頭がいっぱいになっていて、覚醒時と同時に夢の中までわれわれの心が占領されているような事態になったときとか、こうした場合には、われわれはしばらくあとになってから、とかく夢を現実のことのように思ったりしやすいのである。こういうケースでは、自分はいま目が醒めているのだということは、眠り込んでいる場合と同じようにほとんど識別されない。夢は現実と融け合って、現実とごちゃ混ぜになっている。こうした際でも、カントのもち出した例の目じるしを応用することはもちろんまだ出来ないわけではない。しかし、よくあることだが、ある出来事が夢であったのか実際に起こったことであったのかは、現在との因果関係が有る無しを後になってどうにもつきとめようのない場合だとしたら、永遠に未決のままに残されざるを得ないであろう。――

さて、こうした次第で、実生活と夢との間の密接な類縁性ということが実際にわれわれの身近にありありと感じられてくる。それに、この類縁性については過去の多くの偉大なひとびとが認め、かつ唱えてきたことでもあるから、われわれはいま、実生活と夢とは似ているなどと告白することをべつに恥ずかしいとは思わない。ヴェーダもプラーナも、マーヤーのヴェールと自らよんでいる現実世界の認識全体をあらわす上で、夢よりうまい比喩を知らないし、また夢ほどしばしば用いている比喩もほかにない。プラトンは、人間はただ夢のなかに暮らし、哲学者だけが目醒める努力をする、としばしば語っている。ピンダロス〔『ピュティア』八・一三五〕は、「人間は影の夢」と言い、ソポクレスは、

見れば、生きとし生けるわれらみな
虚幻《まぼろし》にしてはかなき影にほかならず。

〔『アイアス』一二五〕

と言っている。これと並んでもっとも堂々としているのはシェイクスピアである。

われらは夢と同じ糸で織られている
ささやかな一生は眠りによってその輪を閉じる。

〔『テンペスト』第四幕第一場〕

最後にカルデロンはこのような考え方にいたく感動し、いくぶんか形而上学的な趣きのある戯曲『人生は夢』のなかでこの考えを表明しようとした。

以上多くの詩人たちの章句をあげてみたが、今度はひとつわたしの思うところを〔次のような〕ある比喩に託して表現してみることをお許しいただきたい。実生活と一貫した夢とは、同じ一冊の本のページなのである。脈絡を辿って本を読むことが、現実生活とよばれるものにあたる。しかし毎回の読書時間〔一日〕が終わって、休養時間がやってきても、われわれはまだ漫然とページをぱらぱらさせたりしては、順序も連関も無視して、あるときはここ、あるときはそこという具合にページをめくってみたりするであろう。ときにはすでに読んだページであったり、あるいはまだ知らないページであったりはするが、しかしいずれにせよ同じ書物のページなのである。こんな風にばらばらに読んだページは、なるほど首尾一貫した通読とは連関性がない。しかし首尾一貫した読み方だって、要するにその全体はばらばらに読むときと同じように準備もなしに始まり、そして終わるものなのであり、だから所詮は、ばらばらのページの中のすこし大きなものと見なされるにすぎないことなのだと考えてみれば、ばらばらに読んだページがこれによって首尾一貫した通読よりもひどく見劣りがするということはない。

これと同じように、ひとつひとつの夢は、現実生活に一貫して流れている経験の連関に食いこんでこないという点で、現実生活から区別され、かつ、この区別をしるすのは目が醒めているというあの自覚だとしても、経験の連関がすでに現実生活の一貫した一部をなしているのは、ほかでもない、その形式としてなのである。だから現実生活と同じように、夢は夢でまたこれに対し自らのうちに立派な連関があることを示しているともいえる。いま両者の外部に判定の立場をとれば、夢と実生活というこの二つの本質にはなんら定まった区別は見出されず、人生は長い夢だという詩人たちの言葉を承認しないわけにはいかないだろう。

外界の実在性をめぐる問題には、以上見てきたような、これだけ独立で成り立っている、（夢という）経験的な起源のものがあるのだが、これから転じてあの思弁的な起源をいま一度振りかえってみるなら、われわれは次のようなことをすでに発見ずみであった。まず第一に、根拠の原理の誤用、主観と客観との間にも根拠の原理を適用したこと、それからつぎに、この原理のいろいろな形態の混同、すなわち生成の根拠の原理の妥当領域に認識の根拠の原理が移されたりした混同などに、この問題の思弁的な起源があったことは、なるほどたしかにわれわれの発見ずみのことであった。しかしそれにもかかわらず、外界の実在性をめぐるこの問題に、もし仮に、まるで真の内容がないのだとしたら、そして問題の一番深いところでなにかまっとうな思想や意味が本当の起源としてひそんでいるのでなかったとしたら、およそこの問題が哲学者たちの心をあれほどしつこく占領するようなことはあり得なかったろう。一番深いところに問題の本当の起源があって、したがってこの起源については、いよいよそれが反省され、表現を求める段に及んで、あのような倒錯した、自分でもわけのわからぬ形式や問いかけに迷い込んでいったと考えるべきだろう。わたしの見解によれば、いうまでもなくそうである。この問題は、これまで適切に表現されるすべを知らなかったが、わたしはこの問題の一番奥にある意味の、もっぱらそれだけの表現として、次のような表現を立ててみる。この直観的な世界は、わたしの表象であるということのほかに、さらに何であるのか？　わたしがわずか一度だけ意識し、しかも表象として意識しているこの世界は、わたしが二重に意識している自分の身体と同じように、一方では表象であり、他方では意志であるのか。この問いをもっとはっきり説明し、肯定の答えをすることが第二巻の内容となるであろう。そこから発生するさまざまな推論が、本書の残りの部分（第三巻、第四巻）を占めることになるであろう。

（1）人はいろいろな事物が現象する根拠を問うことができるし、また問わねばならないが、ショーペンハウアーは本書に先行する学位論文『根拠の原理の四つの根について』（一八一三年）において、事物が根拠の原理の四つの形態に従って現象することを論述した。一、生成の根拠の原理、すなわち因果の法則。二、認識の根拠の原理、すなわち論理法則。三、存在の根拠の原理（空間の位置と時間の継起とを定めている原理）、すなわち時間、空間の純粋直観。四、行為の根拠の原理、すなわち動機づけの法則。根拠の原理は、現象の世界を説明する原理でもあり、各種の科学の導きの糸をなしているのはこの原理の各形態である。

第六節

われわれはさしあたりこの第一巻においては、すべてをただ表象として、主観に対する客観として見ていくことにしていきたい。自分のこの身体をも、誰にとっても世界の直観の出発点となるであろうこの身体をも、われわれは他の実在的な客観と同じように、ただ認識可能かどうかという問題面から見ているにすぎない。つまり身体もやはりわれわれにとっては所詮はひとつの表象にすぎないのである。こう言えば、誰でも意識に抵抗を覚えよう。他の客観がただの表象だと説明されることにさえ早くも反対の意を示したくなったのだから、自分の身体までが所詮は表象にすぎないと定められたならば、各人の抵抗感はたしかにいっそう増すことだろう。なぜそうなるのかといえば、原因は次のようなところから来るようだ。誰にとっても物そのものが自分の身体としてあらわれるかぎりは、自分に対するその知られ方は直接的であるが、その他のいろいろな直観対象の中に、物が客観化されてあらわれるかぎり、それの知られ方は所詮は間接的でしかないからだ。——

しかしわれわれの研究が（本書の中で第二巻からさらに先へと）進んでいくにつれ、わたしがいまここで行なっている抽象作業、一面的な考察の仕方、本来相互に依存して成り立っているものらさし当たりは、誰しも覚えるであろうあの抵抗感は、これから先の考察が目下のわたしの考察（意志と表象のこと）の無理な分離が、あとでは止むを得ないことであったとわかってくるはずである。だかの一面性を補い、やがて世界の本質の完全な認識にいたりつくであろうという期待によって、とりあえずしばらくは抑え、鎮めておいてもらわなければならない。

そういうわけで、この節では、身体はわれわれにとって直接の客観である。主観の認識の出発点をなしている表象である。表象は、その直接に認識されたさまざまな変化とともに、因果律の適用に先行し、その適用のために最初のデータ（材料）を提供するものだからである。物質の本質は、前に述べたとおり、その働きにある。しかし結果と原因が存在するのは、ただ悟性に対してのみであり、悟性とは、結果と原因の主観の側における相関者にほかならない。しかし悟性のそもそもの出発点をなすなにか別のものがほかに存在しなければ、悟性が（結果と原因に）適用されるには至らないだろう。この別のものとは、たんなる感性的な感覚、身体が受ける変化の直接の意識のことであって、この意識があるおかげで、身体は、直接の客観といえるのである（前節の確認）。——

したがって、直観的な世界をわれわれが認識できるかいなかという可能性には次の二つの条件があることがわかる。第一の条件は、これを客観的に言い表わすと（人間の身体も物体として考えてみるならば、というほどの意味）、物体が相互に作用し、相互に相手に変化をひき起こさせる能力のことであって、これはあらゆる物体にそなわっている普遍的な特性だが、このような特性がなければ、動物の身体の感受力の助けをかりたにしても直観は可能にはならないであろう。しかしこの第一の条件を、かりに主観的に言い表わしたいと思えば、直観を可能にするのは、なにをおいてもまず悟性だとわれわれは言っておこう。なぜなら、因果律つまり原因と結果の可能性は、ただ悟性にのみ由来し、悟性にのみ当てはまるものだからで、したがって、直観的な世界は、悟性にとってのみ、また悟性を通じてのみ、成立するのである。ところでこれに対し、第二の条件は、動物としての身体の感受力のことであって、これはある物体が、主観にとっての直接の客観として成り立つ特性だと言いかえてもよい。感覚器官は自分に特別に合った外からの影響によって変化をこうむる。ただしこの外からの影響が苦痛も欲情もひき起こさないかぎり、すなわち意志に対しては直接の意味をもたないがそれでも知覚はされる、要するに認識にとってのみ存在するものであるかぎり、外からの影響によるこの単なる変化は、なるほどすでに表象とよぶことができよう。またそこまでの範囲内で、身体は直接に認識されるのである、つまり身体は直接的な客観である、とわたしは言っているわけであるが、ただしここで用いている客観という概念は、ことばの本来の意味に解されるべきではけっしてないだろう。なぜなら、身体のこうした直接の認識は、悟性の適用をまだ受けていない感性的な感覚なのであって、こうした直接の認識を通じて身体そのものがことばの本来の意味で客観としてそこにあるわけではなく、そこにあるのはようやく、身体に影響を及ぼしつつある物体であるからである。それというのも、ことばの本来の意味での客観の認識、すなわち空間における直観的な表象は、ただひたすら悟性によってのみ、また悟性にとってのみ存在し、悟性の適用以前にではなく、その適用の後にはじめて成立するものだからである。それゆえに身体が本来の意味での客観として、すなわち空間における直観的な表象として、他のすべての客観と同じように認識されるのは、身体の一部分の他の部分に対する影響に因果律を適用することによって、ようやく間接的にであって、それはつまり眼が身体を見たり、手が身体に触れたりといった方法によってなのである。であるから、単なる一般感情によっては、われわれには自分の身体の形もわからない。ひとえに認識によってのみ、表象においてのみ、すなわち脳髄のなかでのみ、自分の身体もはじめて延長したもの、四肢をもったもの、有機体的なものであるとわかってくるのである。生まれつきの盲人は、触覚の与えるデータ（材料）によって、ようやくすこしずつこの表象を手に入れるのである。手をもたない盲人は、自分の姿を知るようにはけっしてならないか、あるいはたかだか、彼に及ぼした別の物体の影響からだんだんに自分の姿を推論し、構成していくのであろう。だからわれわれが身体を直接の客観と名づけているにしても、それは以上のような制限つきで理解されなければならない。

それはとにかく、これまで述べてきたことによれば、動物としての身体（もちろん人間の身体も含む）とは、いっさいを認識し、まさしくそのためにけっして認識されない主体にとっては、直接の客体であり、すなわち世界を直観する出発点となるものである。それゆえに認識するということは、動物たることの本来の性格である。認識を条件としている、動機にもとづいた運動ということが、あわせて動物たることの性格であって、それは刺戟にもとづいた運動が、植物の性格であるのと同様である。しかし非有機物は、いちばん狭い意味に理解される厳密な原因によってひき起こされたところの運動以外にはまず運動をしない。こうしたことすべてに関して、わたしは拙論『根拠の原理について』第二版の第二十節、『倫理学』第一論文の三、そして『視覚と色彩について』第一節で、ここより詳しく論じておいたので、それらを参照してもらいたい。

以上述べてきたことから明らかになってきたのは、すべての動物は、もっとも不完全な動物でさえ悟性をもっているということである。なぜなら動物はすべて客観を認識し、この認識が動機となってかれらの運動をきめているからである。——

悟性はあらゆる動物、あらゆる人間にあって同じものであり、どこでも同じ簡単な形式をもっている。この形式とは、つまるところ因果性の認識、結果から原因へ、また原因から結果への移行ということで、それ以外のなにごとでもない。(悟性はどこでも同じだといっても) ただしかしその鋭さの程度はまちまちで、その認識領域のひろがっていく範囲は千差万別であり、しかも多様な段階に分かれている。せいぜい直接の客観と間接の客観との間の因果関係を認識できるにすぎない最低度(原始動物の場合)、これは身体がなんらかの作用を受けると、作用からその原因へと移行することで、原因を空間における客観として直観するに足りるていどの段階といっていい。このような最低度から始まって、単なる間接の客観の相互の因果関係を認識し、自然界における原因と結果のきわめてこみ入った連鎖を理解するところにまで行き着く、より高度の段階に及ぶのである。——

この高度の段階にしても、なお依然として悟性に属し、けっして理性に属しているのではないからだ。理性のつくる抽象概念は、いったん直接的に理解されたものを受けとって、定式化し、これを連結することには役立っても、理解そのものを引き出すことにはいっこう役立ちはしない。

すべての自然力と自然法則、この二つが表面に現われているすべての事例は、抽象的なかたちで、理性にとってだんだん反省化された意識の中に入っていくその前に、まず悟性によって直接に認識され、直覚的に把握されていなくてはならない。ロバート・フックが重力の法則を発見し、じつに多くの大きな現象をたった一つの法則に還元したのも、これは後にニュートンの計算でその正しさが確かめられたのだが、右に述べた悟性による直覚的で、直接的な把握なのであった。これとちょうど同じことは、酸素と自然界における酸素の重要な役割に関するラヴォアジエの発見についてもいえるし、ゲーテによる自然の色彩の成立様式の発見もそうであった。これらの発見はいずれにせよ、結果から原因へ向けて正確かつ直接にさかのぼる作業にほかならず、この作業が終わって、同じ種類のすべての原因のうちに現われる自然力は同一であるという認識が、すぐつづいて発生するのである。こうした洞察は、総体としてみれば、たんに程度のうえで違っているだけで、悟性の同じただ一つの機能の現われなのであり、動物にしたところで、この機能のおかげで、自分の身体に及ぼす原因を、空間における客観として認識しているのである。だとすれば、以上例にあげた大発見は、いずれもみな一つの、直接的な洞察なのであって、その点では直観やすべての悟性の表現と同じことであり、これは正真正銘、瞬間の作品、卓抜な着想、思いつきであって、抽象による長い推論の連鎖の産物なのではけっしてない。これに反して、推論の連鎖とは、直接的な悟性の認識を抽象的な概念のかたちにおさめて、理性のためにこれを定式化し、すなわちそれを明確化し、ということはこれを他人のために解釈し説明できるように役立てるものだといっていい。――

悟性の、間接的に認識された客観の因果関係を把握するときの、以上のごとき鋭利さは、ただ自然科学に応用されているだけではない。〔自然科学の諸発見はことごとく悟性のこの鋭利さのおかげをこうむってはいるのだが、〕それは実際生活にも応用されていて、これが怜悧さとよばれるものである。これに対し自然科学に応用された場合には、明察、透徹、聡明などといったことばでよばれる方がふさわしいだろう。厳密にみていけば、怜悧さは、意志のために奉仕する悟性をもっぱらさしている。しかしこれらいろいろな概念の境界にくっきりと線を引くわけにはどうしてもいかない。なぜなら、それは例外なく、空間における客観を認識する場合の、どんな動物のうちにだって働いている同じ悟性の、同じ一つの機能にほかならないからである。悟性のこの機能が最大に鋭利である場合には、たとえばこの機能は、自然現象のなかに任意な結果を見て、そこから未知の原因をきちんと探究し、こうして理性に自然法則という普遍的なとりきめを考える材料を与えたりするであろうし、あるいはまた、特定の目的をもった効果を出すべく、すでにわかっている原因を応用して、複雑で巧妙な機械を考案したりするであろう。さらにまた、悟性のこの機能が、（人間の心理的な）動機づけに応用されるなら、抜け目のないたくらみやはかりごとをぱっと見抜いて、これを失敗に終わらせたりもするだろうし、また逆に、自分から進んでしかるべき動機と、どの動機にもうかうか乗せられやすい人間たちとを適当に按配して、彼らをまったく意のままに、さながら梃子と歯車で機械を動かすように彼らを動かし、自分の目的に導くようなこともなし得るであろう。――

悟性の欠如は、ことばの本来の意味で愚鈍とよばれている。それは因果律の応用において鈍感だ、ということにほかならない。つまり原因と結果の、動機と行為の連鎖の直接的な把握に対する無能力である。愚か者には自然現象の連関が見抜けない。自然現象がおのずとそのままのかたちで現われる場合にせよ、あるいは意図的に操られ機械に支配されているような場合にせよ、そのつながりが見抜けないから、愚か者は魔術や奇跡を信じたがるのだ。また、雑多な人物たちが見かけの上では離れてべつべつに行動しているように見えても、実際には共謀連絡して行動していることに、愚か者は気がつかない。だから彼はやすやすと煙にまかれたり、たくらみに乗せられたりするのである。彼は他人から忠告を与えられたり、判断を示されたときに、裏に隠されている動機に気づかない。しかしいつでも彼に欠けているのはただ一つのこと、すなわち因果律を応用する鋭利、迅速、敏捷、つまり悟性の力である。――

愚鈍さについてわたしがいままでに出会った最大の、そしてここで考察されねばならぬという点で参考になる実例は、精神病院にいたおよそ十一歳になるまったく白痴の少年であった。この少年はことばを話したり聞きわけたりしたのだから、なるほど理性はもっていたようだ。だが悟性という点ではある種の動物よりも劣っていた。というのも、わたしが出かけて行くたびに、わたしの頸にかかっていた眼鏡の玉を彼はじっと見つめた。その玉には、部屋の窓と窓のうしろの木の梢が反射して映っていた。少年はこれを見るたびにきわめてけげんそうな様子をし、喜悦し、飽きることもなくびっくりしつつこれをまじまじと見るのだった。この少年は反射という、まったく直接的な因果性を理解していなかったからである。

悟性の鋭利さの度合は、人間でもまちまちであるが、種族の違う動物の間にあっては、なおさら大きな差異があろう。すべての動物には、たとえ植物にいちばん近い動物であろうと、悟性がある。直接の客観における結果から、原因とおぼしき間接の客観へ移行していくに足るだけの悟性、すなわちある客観を直観するに足るだけの、把握するに足るだけの悟性はすべての動物にある。動物たちをまさしく動物たらしめているのは、ほかでもない、客観のこの把握ということであって、これが動物たちに動機に従った運動の可能性を与え、これにより食糧を探し出したり、少なくとも食糧をぱっと摑まえたりする可能性を与えているのである。植物はそうではなく、刺戟に応じた運動しかできない。植物は刺戟が直接にどう作用してくるかをじっと待っているほかないし、さもなければしおれて枯れてしまうのであって、自分で刺戟の後を追いかけたり、刺戟を摑まえたりすることはできない。――

われわれはきわめて完全な動物のなかに、彼らの大変な聡明さを認めて感心することがある。

例えば犬、象、猿、狐などがそうであるが、ことに狐の怜悧さのことは、ビュフォン（一七〇七―一七八八年。『博物誌』四四巻を刊行し、生物進化の思想の先駆をなしたフランスの博物学者）がまことに卓抜に描写してくれている。これらのすぐれて怜悧な動物たちを手がかりにして、われわれは悟性がなんら理性の助けなしに、すなわち概念による抽象的な認識の助けなしにどれだけ多くのことをなし得るかをかなり細かに測定することができよう。――

しかしこの同じことを、われわれ人間を手がかりにしてこれと似たような仕方で認識することはできないのである。人間にあっては悟性と理性とがいつも相互に助け合っているからである。動物における悟性の現われ方がしばしばわれわれ人間の期待以上のこともあれば、期待以下のこともあるのはそのせいである。（ここでそうした二つの対立例をあげてみよう。）われわれ人間の期待以上である例は、われわれを驚嘆させるある象の聡明さである。この象はヨーロッパの旅行の途中すでに多くの橋を渡ってきたが、いつものように人間や馬が先に列をなして通っている橋にさしかかって、橋の構造が自分の重量には弱すぎるように思えたので、この橋に足を踏み入れるのを拒んだというのである。一方ではこういう象の聡明さがわれわれを驚嘆させるのであるが、他方われわれ人間の期待以下の例は、怜悧なはずのオランウータンがたき火を見つけて、これで身体を温めているのに、薪を加えてたき火を絶やさないよう守るということを知らないのが、われわれにはかえっていぶかしく思われるという例である。これは薪を加えることがすでに一つの熟慮を必要とすることの証拠といってよく、熟慮は抽象的な概念なしには成り立たないのである。動物にも因果の認識が普遍的な悟性の形式として内在し、それのみかア・プリオリなかたちでさえ内在していることは、完全に確実といっていいが、それは因果の認識が人間にとってと同様に動物にとっても、外界のいっさいの直観的な認識の先行条件をなしているという事情にたしかに由来しよう。しかし、これに対する特殊例をさらにもう一つ欲しいなら、犬の赤ん坊でさえ、いくらそうしたくても、机から跳び下りるようなことはあえてしないという例だけでも観察してみるがよい。犬の赤ん坊は、自分の体重のもたらす結果を予見しているからではあるが、それにしてもかかる特殊なケースを小犬は経験からすでに知っているわけではない。しかしながら動物の悟性を判定するに当たって、本能の現われであるものを悟性に帰することのないよう、われわれは警戒しなければならない。本能は悟性とも、また理性ともまったく違った性質のものである。しかし本能は、悟性と理性との二つを一体にした活動ときわめて類似した結果を生ずることがしばしばある。しかし本能のことはここで論究しようとは思わない。本書第二巻で自然の調和ないしはいわゆる自然の目的論を考察するに際して（第二十三節、第二十七節参照）本能を論ずるにふさわしい個所を見出すであろう。また続編第二十七章はわざわざ本能の論究のためにささげられたものである。

悟性の欠如は愚鈍 Dummheit と名づけておいた。あとの章でわれわれは、実際的なことへの理性の応用が欠けていることを、痴愚 Torheit とみなすであろう。同じようにまた、判断力の欠如を単純さの愚かさ Einfalt とよぶであろう。さいごに記憶の欠如は、部分的にせよ全面的にせよ、狂気 Wahnsinn とみなされるであろう。しかし、右にあげたいずれについても、それぞれの個所において検討することにしよう。——

理性によって正しく認識されたものが真理 Wahrheit であり、悟性によって正しく認識されたものが実在 Realität である。真理はすなわち、十分な根拠をそなえた抽象的な判断のことである〔拙論『根拠の原理について』第二十九節以下〕。実在はすなわち、直接的な客観における結果からその原因への正しい移行のことである。ところで、理性を惑わすものとして真理に対立しているのは、誤謬 Irrtum である。また、悟性を惑わすものとして、実在に対立しているのは、仮象 Schein である。これらすべてに関しては、拙論『視覚と色彩について』第一章の中で詳しく論究されているので、それを参照してもらいたい。——

仮象 Schein が生じるのは次のような場合である。同じ一つの結果が二つのまったく異なった原因によって引き起こされ、一方の原因は非常にひんぱんに結果をもたらしているのに、他方の原因はめったに結果をもたらしていない、といった場合である。結果がまったく同じであるから、この場合二つの原因のうちどちらの原因の方が結果をもたらしているのかを区別するデータ〔材料〕を、悟性はもっていない。悟性はそういう場合には、いつでもありふれた原因の方を仮定してしまう。そして、悟性の活動は反省的でもなければ論証的でもなく、それは一直線で、直接的なものなのであるから、こうしてわれわれの眼の前に直観された客観として、以上のような誤った原因が出現するのである。これが誤った仮象にほかならない。感覚器官が異常をきたした場合に、こうしたいきさつで二重視や二重触覚が生じるいきさつを、わたしは先述の『視覚と色彩について』の中で例示しておいたが、ほかならぬこのことではからずも、直観は悟性によってのみまた悟性にとってのみ存在する、という命題を明確に裏書きした結果となった。——

この悟性の迷妄の実例、もしくは仮象の実例としては、このほかに、水中にひたして棒が折れたようにみえることや、球面鏡に映る像が、表面が凸面の場合にはいくぶんか表面よりうしろに見え、凹面の場合にはずっと前方に見える、といったことがあげられる。月が、天頂にあるときより地平線に近いときの方が見かけの上で大きく見えるのも、仮象の例であって、視角のせいではない。なぜなら、測微計が証明していることだが、眼は天頂にある月の方を地平線に近い月よりもいくぶんか広い視角でとらえてさえいるからである。(だから仮象をひき起こすのは）視角ではなく、悟性であって、悟性は月や星が地平線の近くで弱い光を出す原因は、距離が遠いからであると想定して、月や星を地上のいろいろな事物と同じように空気の遠近法に基づいて測るために、地平線に近い月を天頂の月よりはるかに大きいと考えるようになるのだろう。これと同時に、空の円天井の広がりは頭上よりも地平線に近い方が大きく、つまりこの円天井は扁平になっていると考えるようになるのだろう。空気の遠近法をこれと同じく誤って適用して測定すると、高い山の頂上だけが澄んだ透明な空気を通して見えるような場合、われわれは山を実際よりも近くにあるように思い、山の高さを見そこなうことになる。例えばサランシから見たモンブランがそれである。——

このような錯覚を与える仮象は、いずれみな、目の前に直接の直観としてあらわれるのであって、理性のいかなる推論によっても、この直観が取り除かれることはあり得ない。理性の推論によって防止できるのは、（仮象ではなしに）わずかに誤謬にすぎず、誤謬とはすなわち、十分な根拠を欠いた判断のことで、正反対の真なる判断をもってきて、これを防止することができるだけである。だから、例えば、地平線近くで月や星の光が弱いわけは、距離が遠いからではなく、地平線近くでは濁った靄がかかっているためだ、という（別の真なる判断をもってきて）抽象的に認識することができるにすぎない。しかし抽象的にいかに認識したにしても、右にあげた実例のような場合に、仮象は厳として残っている。なぜなら、悟性は理性から完全かつ截然と区別されているものであって、理性とは、あとから人間にだけつけ加えられた認識能力なのである。人間にしたところで、理性的でないところがあるのは言うまでもない。理性がなし得るのはいつもただ知ることである。直観するのは悟性のみの働きであり、理性の影響は受けない。

第七節

これまで考察してきたことの全体にわたって、今なお気をつけておかなければならないのはおそらく次のような点であろう。これまでの考察で、われわれは客観からも主観からも出発しないで、表象から出発した。表象は客観と主観のこの両方をすでに含んでいて、両方を前提としている。客観と主観とへの分裂が、表象の最初の、もっとも普遍的な、そしてもっとも本質的な形式だからである。だからわれわれが（本書においてこれまでに）考察したのは、まず第一にこの形式そのものであり、そして第二に、この形式に従属しているその他の諸形式、時間、空間、および因果性であった。〔この第二においては、主として本書では予備論文の参照を願っておいた。〕時間、空間、および因果性という諸形式は、客観にのみ属している。しかしながら、これらの諸形式は、客観そのものにとって本質的なものであるが、ところがその客観はさらに主観そのものにとって本質的なものなのであるから、これらの諸形式は主観から出発しても発見できるのである。つまりア・プリオリに認識できる。時間、空間、および因果性は、そのかぎりにおいて主観と客観の両方の共通の境界とみなさるべきであろう。しかし予備論文において詳しく説明しておいたとおり、これらの諸形式はすべて、根拠の原理という一つの共通の表現に還元することができるのである（以上は本書においてこれまで考察されてきたことの再確認である）。

ところで以上のような手続きは、われわれの考察法を従来試みられたすべての哲学から徹底的に区別しているものだといっていい。従来のすべての哲学にあっては、客観から出発するか、主観から出発するかのいずれかであって、したがって一方を他方から、しかも根拠の原理にもとづいて説明しようとしてきた。われわれはこれに反し、根拠の原理の支配をわずか客観のみにとどめて、客観と主観との間の関係には、この支配を及ぼさないできている。――

現代にいたって成立しひろく有名になってきた同一哲学（シェリングの哲学を暗示している）は、客観と主観という今述べたこの対立にたずさわっていない（点で例外的な）哲学とみなすことができるかもしれない。同一哲学は、客観も主観もそもそもの最初の出発点とすることをせず、客観でも主観でもない、この両方の同一性をなしている第三の絶対者、これは理性＝直観というもので認識されるというのであるが、この第三の絶対者を最初の出発点としている。そのかぎりで（右の対立にたずさわっていない哲学であると一応はいえるかもしれないのだが）、そもそも理性＝直観なるものがわたしには完全に欠けているのであるから（ショーペンハウアーは悟性＝直観の立場に立つ）、わたしはこの哲学のたいそうに御立派な同一性だとか絶対者だとかに口出しするつもりはないのである。それでも、門外漢のわれわれにも公開されている、理性＝直観者流の記録調書をもとにして、この同一哲学といえども、右に述べた二つの誤謬の対立の、けっして例外となるものではないことは言っておかなければなるまい。――

この哲学は、思惟され得ずして単に知的に直観され得るところの、あるいはそれに自己沈潜することで経験されるべきところの、主客の同一性を出発点とするといいながら、結局はやはり、例の対立的な二つの誤謬を避け得てはいないで、むしろ、両者の誤謬を己れの中に合一してしまっている。それはこの哲学自身がやがて二つの部門に分流してしまうことで示されているといっていい。その二つの部門とはすなわち、先験的観念論（フィヒテ的立場に立っていたときのシェリングに同名の著書がある）と自然哲学（フィヒテから離れ自己を確立したシェリング哲学の代表的な立場）である。先験的観念論の方は、フィヒテ流の自我説であり、ために根拠の原理にもとづいて客観を主観によって産出させる、あるいは、主観から紡ぎ出させるのである。第二に自然哲学の方は、右と同じように今度は客観からしだいに主観を生ぜしめるのであって、そこで応用される方法は、構成とよばれるもののようである。わたしはこの構成とよばれる方法についてはあまり知らないのだが、それでもこれが、根拠の原理に従っていてこの原理が多様な形態をとった進歩の一つであるという程度にはわたしも知っている。構成のうちに含まれているなにやら深遠な知恵のことなら、わたしはもうあきらめてしまった。なにせ、理性＝直観なるものをまったく持ち合わせていないわたしには、この理性＝直観を前提としている講義などは、七つの封印をもって封ぜられた書物（「ヨハネ黙示録」五・一。不可解な書物の意）であるほかはない次第である。そしてまた事実そのとおりなのであって――これは語るも奇妙な話であるが――深遠なる知恵に満ち満ちたかの教えに接していると、いつもわたしには、驚嘆おくあたわざる、しかして、退屈このうえなき大駄法螺《だぼら》を聞いているとしか思われないほどである。

客観から出発するところの諸体系は、もとより、つねに全直観世界とその秩序とを問題としてきた。しかるに、それら諸体系が、出発点としてとりあげた客観は、必ずしも全直観世界であるとはかぎらないし、あるいはまた、その根本要素たる物質であるともかぎらない。むしろ、予備論文で示しておいた可能なる四部門の客観に応じて、諸体系の分類をおこなうことができよう。かくて、第一部門すなわち実在世界から出発したものに、タレスとイオニア学派、デモクリトス、エピクロス、ジョルダーノ・ブルーノとフランス唯物論者たちがある。第二部門すなわち抽象概念から出発したのは、スピノザ〔すなわち彼は、実体という、定義のうちにしか存在しない単なる抽象的な概念から出発した〕および彼以前ではエレア学派である。第三部門すなわち時間から、それゆえに数から出発したのは、ピュタゴラス学派と『易経』にみられるシナ哲学である。そして最後の第四部門すなわち認識を動機とする意志の働きから出発したのが、スコラ哲学者たちであって、彼らは世界の外にある人格的な一存在者の意志の働きによって世界は無から創造されたのだと教えている。

客観的な手続きがもっとも首尾一貫し広範囲に及んで押しすすめられるのは、それが本来の唯物論として登場した場合であるといっていい。唯物論は、物質を、それとともに時間と空間をも、それ自体で存立しているものと見なしている。そして主観への関係を無視してしまう。実際には、主観への関係のなかでのみ、こうしたすべてが存在しているにすぎないというのに。唯物論はさらに因果律をたのみの綱とすがって、これを手引きに前進し、因果律を単独に存立している事物の秩序、「永遠の真理」veritas aeterna と思いこんで、したがって悟性などを無視してしまう。実際には、因果性はただ悟性の中でのみ、悟性にとってのみ存在しているにすぎないというのに。——

こうして唯物論が見つけようとしているものは、物質の最初の、もっとも単純な状態なのである。これについて唯物論は、そこから出発して、単純な状態以外のすべての状態を説明していこうとするのである。単なる機械論から出発して、化学的現象へ、さらに陰陽両性へ、植物性、動物性へとだんだんに昇っていくのである。これがもしも成功したあかつきには、唯物論がこうして昇っていく鎖の最後の一環は、やがて動物の感受力ということになろう。つまり認識である。(唯物論が物質から出発してこうして昇っていって最後に認識能力に達するのであれば)認識とは、物質の単なる一変容にすぎないことになろうし、因果性によってひき起こされたところの物質の一状態として現われる、といった次第となるであろう。われわれがいま唯物論のあとにつき従って、直観的な表象をたよりに、ここまで辿りついて、唯物論と手をたずさえ、ついにその頂上に到着したならば、我慢に我慢していたオリュンポスの神々の猛烈な哄笑が、どっとおさえ切れぬ発作となってわき起こるのを感じるだろう。というのは、われわれはまるで夢からさめたように、たちまち次のことに気がついてしまうからだ。唯物論があんなにも苦心して作りあげた最後の結果たる認識能力は、単なる物質を手がかりに唯物論が出発点としたすでにあの最初の段階で、避けられない前提条件となっていたはずのものであった。われわれはあのときは、なるほど唯物論と一緒になって物質のことを考えたとうぬぼれてはいたものの、しかしよく考えてみれば、実際には、物質を表象する主観、物質を見る眼、物質に触れる手、そして物質を認識する悟性、よりほかのなにも考えていたわけではなかったことに気がつくであろう。こうして思いもかけず、じつに法外な「前件先取の誤謬」petitio principii が露見してしまったわけなのだ。なぜなら（唯物論が昇りつめた）鎖の最後の一環は、すでに最初の環が掛かっていた支点であり、鎖は円環であったことが突然わかったからである。唯物論者というものは、馬に乗って水中を泳ぎながら、馬の脚をもって馬をもち上げ、前の方にかぶさってくる自分の弁髪を引っぱって、自分の身体をもち上げようとするかのほら男爵ミュンヒハウゼンによく似ている。——

唯物論の根本的にばかばかしい点は、それが客観的なものから出発しながら客観的なものを究極的な説明のよりどころとしていることにある。この客観的なものが、頭のなかで考えられるだけの抽象的な物質の場合であろうと、すでに形式に移行した、経験的に与えられた質料、化学的な元素やその化合物のような場合であろうと、ばかばかしい点では同じことである。唯物論はこういった物質や元素を、それ自体として絶対的に存在するものと受けとって、そこから有機的な自然や、認識する主観までをも成り立たせようというわけである。これによって自然や主観をも完全に説明しようというわけである。

ところが実際はこうである。あらゆる客観的なものは、客観的なものであるからして、認識主観によって、その認識形式をも含めて、多様なかたちで制約を受けていて、主観の認識形式を前提としている。したがってすべて客観的なものは、主観を取り去って考えれば、消えてしまうものである。唯物論とはそれゆえに、われわれに直接的に与えられているものを、わざわざ間接的に与えられているものから説明しようとする試みである。すべての客観的なもの、延長を有するもの、働く（作用する）もの、つまり物質的なもの、これは唯物論がその説明のための確乎とした基礎と考えて、それに還元してしまえば〔とりわけこの還元が衝撃と反撥とに帰着するのであれば〕もうそれ以上は望むものはなにもない（と満足してしまう）のだが、このような物質的なものは――くりかえして言うが――さまざまな制約を受けきわめて間接的に与えられたもの、したがって単に相対的に存在するものにすぎない。なぜなら、物質的なものは、脳の機構と工程とを一度はくぐり抜けているからである。つまり時間、空間、因果性といった形式へ一度は入りこんでいるからである。この形式の力を借りて、物質的なものははじめて空間のなかで広がりをもち時間のなかで働くものとして示されるようになるのである。このようにして（間接的に）与えられたものから出発して、唯物論はいまや直接的に与えられたものたる表象〔物質的なものはこのなかにある」を説明しようというのであり、しまいには意志の世界をも説明しようとしている。むしろ、原因の糸に導かれて合法則的に現われる(物質的なものの)根本の諸力は、実をいえばこの意志の世界から説明されなければならないというのに。——

認識能力は物質の変容にすぎないなどと唯物論が主張するのであれば、いつも、これと対抗して、いっさいの物質は主観の認識の変容にすぎず、主観の表象であると、反対に主張することにも同等の権利があるといっていい。それでもすべての自然科学の目標と理想は唯物論を完璧に実行することにつきている。われわれはいまこの論述を通じて唯物論は明白に成り立たないことを認めているわけであるが、このことは、本書のこれから先の考察から明らかになるもう一つ別の真理を保証しているといえるだろう。すなわち、根拠の原理に導かれた体系的な認識と解される本来の意味での科学は、けっして究極の目標(今述べた唯物論の完璧な実行)には達しないであろうし、完全に満足のいく説明を与えることもやはりできないだろうという真理である。その理由は、科学は世界のもっとも内奥の本質にはけっして触れられないからだ。科学は表象を乗り超えることはできず、科学にできることは、畢竟、一つの表象の他の表象に対する関係を知ることを教えるという以上のことではあり得ない。

いかなる科学もかならず二つの重要な与件から出発する。その一つは、いつでも、なんらかの形態をとった根拠の原理であり、これは機関 Organon である。もう一つは、それぞれの科学の特殊な対象であって、これは問題Problemである。こうして例えば幾何学は問題として空間をもち、空間における存在の根拠を機関としてもっている。算術は問題として時間をもち、時間における存在の根拠を機関としてもっている。論理学は問題としては概念の結合そのものをもち、認識の根拠を機関としてもっている。歴史は大きな集団をなした人間の過去の行為を問題としてもち、動機づけの法則を機関としてもっている。――

ところで、自然科学は物質を問題としてもち、因果の法則を機関としてもっているのである。自然科学の目標と意図は、それゆえに、因果性に手引きされつつ、物質の雑多な状態を相互に還元させ、最後に一つの状態に還元すること、次にはまた、物質の雑多な状態の相互から導き出し、最後に一つの状態から導き出すことに外ならない。だから自然科学という分野においては物質の二つの状態が両極端として対立している。二つというのは主観にとっての直接の客観（身体のこと）のいちばん少ない物質の状態と、いちばん多い物質の状態という、この両極端であって、前者はもっとも生命を欠いた原材のままの物質といえる元素であり、後者は人間の有機体である。前者を探究する自然科学は化学であり、後者を探究する自然科学は生理学である。しかし今までのところこの両極の探究がきわみまで達せられたとはいえず、両極のあいだでいくらかの収穫があったというにすぎない。またこれからの見通しにもあまり望みはない。化学者たちは、物質の質的な分割は量的な分割のように無限に進むことはないだろうと前提して、現在およそ六十ほどしかない元素の数をますます減らそうとつとめている。この数が二になると、彼らはそれを一つに還元しようと思うであろう。なぜならこの同質性の法則をたどっていけば、物質の最初の化学的な状態を前提としないわけにはいかなくなってくるからである。物質の最初の化学的状態というのは、物質そのものにとって非本質的な単なる偶然の形式や質にすぎない他の状態すべてに先行し、物質そのものにのみ帰属している状態のことである。別の見地に立つならば、この物質の最初の状態は、これに働きかける第二の物質の状態がまだ生まれていなかったときに当たるのだから、どのようにして化学的変化をこうむることができたかというようなことになると、見とどけようがないのである。かくして化学的なものにおいても、エピクロスがかつて力学的なものにおいてぶつかったのと同じ当惑、唯一の原子がまずどうやって運動の原始的な方面から抜け出すようになったかを述べるだんになってぶつかったのと同じ当惑が生じるであろう。いや、この矛盾、ひとりでに生じてきて回避することも解消することもなしがたいこの矛盾は、もともと化学上の二律背反として提出することもできよう。このような矛盾が自然科学の両極の一方にあるのと同様に、もう一つの極（人間の有機体）にもこれに照応する対をなした矛盾が示されるのである。——

自然科学のこのもう一つの極をきわみまで達成することにも、同じようにほとんど望みはない。化学的なものは力学的なものに還元できないが、有機的なものも、化学的なものや電気的なものに還元することがとうてい不可能であることはますます分かってくるからである。しかし、それでもこの古い迷路を現代にあらためて歩む者は、彼らの先人たちがそうであったように、まもなく恥じ入りながら忍び足でひっそりもと来た道へ引き返すことだろう。この点については第二巻で詳しく論じるつもりである。いまここでは自然科学に固有の領域で自然科学の前に立ちふさがっている諸困難について、二、三言及してみたにすぎない。おまけに哲学としてみるなら、自然科学は唯物論ということになろう。しかし唯物論は、すでに見てきたとおり、誕生のときにすでに心臓に死を宿しているのである。唯物論は主観と認識の諸形式とを跳びこえてしまうからである。唯物論が出発点と考えたがる原材のままの物質（元素）においても、また、唯物論が到達点としようとしている有機物においても、主観と認識の諸形式が前提とされているというのに。なにしろ「主観がなければ客観はない」とは、あらゆる唯物論を永久に不可能にしてしまう命題である。太陽や遊星は、それを見る眼がなく、それを認識する悟性がなければ、なるほど言葉を使って言えはするが、しかしこのような場合の言葉とは、表象にとっては、鉄でできた木（それ自身で矛盾するもの）といったようなたぐいである。——

さて、以上のようなこととは別に、因果の法則とそれに従う自然の観察や研究を進めていくならば、必然的にわれわれは次のような確かな仮定に導かれていく。時間のなかでは、より高度に有機質をもつ物質の状態よりもつねに先に、原材のままの物質の状態が発生しているということ、つまり動物は人間より先に、魚は陸生動物より先に、植物はまた魚よりも先に、無機物はあらゆる有機物の前に存在していたということ、したがって根源的な物質の塊りが一連の長い変化の時期を経てきたあとにはじめて、最初の眼《まなこ》が見ひらかれるにいたったのだということである。それでも、見開かれたこの最初の眼に、たとえそれが昆虫の眼であっても、世界全体の存在が依存しているのであって、この最初の眼は、認識の必然的な媒介者であり、世界は（最初の眼のとらえた）認識に対してのみ、そしてこの認識のなかにのみ存在し、認識を欠いては、世界は考えることすらできない。なぜなら、世界とは端的にいって表象であり、世界は表象であるからして、自らの存在を担う者として認識する主観を必要とするからである。いや、けっしてそればかりではない。あの数え切れぬほどの変化に満たされ、物質が形態から形態へと昇っていき、そしてついに最初の認識する動物が生まれるに至る長い時間系列そのもの、この全時間そのものが、意識の同一性のなかでのみ考えられるものなのである。時間とは、諸表象についての意識の継続のことであり、認識するための意識の形式のことである。認識するためのこの形式ということを離れては、時間は完全にあらゆる意味を失い、まったく無となりはてる。――

こうしてわれわれは一方では、全世界の存在は最初の認識する生物、これがたとえどんなに不完全な生物であろうと、ともかくそれに必然的に依存していることを見てきたが、他方では、この最初の認識する動物の方も、彼に先立つ原因と結果の長い連鎖に依存しているのであって、最初の動物自身は小さい一環として長い鎖の中につながれているということをも、われわれは同じくらい必然的と見ているのである。この二つの見解は明らかに矛盾しているが、そのいずれにもわれわれは同じ必然性をもって導かれるのである。いうまでもなくこの二つの矛盾した見解を、またしてもわれわれの認識能力における二律背反とよぶこともできよう。そして、自然科学のさきに述べた第一の極（元素とそれを扱う化学）において発見された二律背反のもう一つの対として提出することができるであろう。他方において、カントの四つの二律背反は本書の付録である『カント哲学批判』のなかで、根拠のない詐欺であることが証明されるであろう。——

しかしながら右に述べてきた論述でわれわれについに必然的に明らかになったこの矛盾（二律背反）、これが解決を見出すのは、次の点においてである。カントの言葉をつかえば、時間、空間、因果性は物自体に属しているのではなしに、その現象に属しているにすぎず、時間、空間、因果性は現象の形式であること、これをわたしの言葉でいいかえれば、客観世界、つまり表象としての世界は、世界の唯一の側面ではなしに、世界の単に一つの、いわば外的な側面にほかならず、世界はなおもう一つ完全に別の側面をもち、その内奥の本質、その核心、物自体であるところのもう一つ別の側面をそなえているということ、ここにおいて右の矛盾は解決されるのである。世界のもう一つの側面、この物自体を、われわれは本書の第二巻において考察することになろうが、それを物自体の客観化のなかでのもっとも直接的な客観化のひそみにならって、意志と名づけることになろう。——

しかし、いまわれわれがここでもっぱら考察しているのは、表象としての世界の方であって、これはもちろん、最初の眼《まなこ》が見ひらかれたときをもってようやくにして始まるのである。認識というこの最初の眼を媒介することなくして、世界は存在し得ないし、またそれ以前にも世界は存在しなかった。いや、この最初の眼がなければ、すなわち認識を離れたところでは、以前ということもなかったし、時間もなかったのだ。が、だからといって、時間は始まりをもっているわけではない。すべての始まりは時間のなかにある。時間とは、認識することが可能になるためのもっとも普遍的な形式のことであり、いっさいの現象は因果性の絆《きずな》を手段として時間というこの形式にあてはまるのであるから、最初の認識とともに時間もまたあり、同時に、両側（過去と未来）に向かう時間はまったく無限となるであろう。このような最初の現在を満たしている現象は、無限に過去へ伸びていく一系列の現象に因果的に結びつけられ依存しているとみなければならないし、それでいて過去そのものが、最初の現在に制約されているのであって、それは逆に、最初の現在が過去に制約されているのと同じようなことである。その結果として、最初の現在も、またそれが由ってきたところの過去も、ともに認識する主観に依存しており、認識する主観がなければ無である。しかしまた次のようなことも必然性のもたらす事実である。この最初の現在は、最初の現在として立ち現われることはない。すなわち過去を母胎としてもたずに、時間の始源として立ち現われるということはない。そうではなく、この最初の現在は、時間のなかにおける存在の根拠に従った過去の継続として立ち現われるのだといっていい。だからまた、最初の現在を満たす現象もやはり、以前の、過去を満たしてきた諸状態のひき起こす結果として、因果の法則に従って立ち現われるのである（先述の矛盾、律背反の確認二）。――

神話的なこじつけを好むむきは、もっとも若い巨人族たるクロノス（ギリシア神話中の時の神。十二人の巨人族の最年少者）の誕生をもって、以上に表現してきたような、始源をもたない時間というものが出現した瞬間の特色を言い表わすものとみなすであろう。クロノスは自分の父を去勢してしまうので、彼とともに天地の生み出す生《なま》のままの作物（若い巨人族）はなくなり、それからは神々と人間の種族が舞台を占めるようになるのである。

われわれは客観から出発するさまざまな哲学体系のなかでもっとも徹底した体系たる唯物論の線にそって以上のような叙述に到達したわけであるが、この叙述は同時にまた、主観と客観は対立を解消しないままに、分かちがたく相互に依存し合っていることを明らかにするのに役立つ。このような認識に導かれていくと、われわれはやがて世界の内奥の本質、物自体を、もはや主観と客観という表象の二つの要素のどちらか一方に求めるのではなしに、表象とはまるきり別の要素の中に求めるようになろう。この別の要素（意志の世界）は、根源的で、本質的で、同時に解決しがたい対立（主観と客観という対立）を背負わされてはいない。

客観から出発して主観を成り立たせるこれまで論究してきた立場に対して、主観から出発してそこから客観を産み出そうとするもう一つの立場が対立している。従来の哲学においては前者の方がしばしばまた一般的におこなわれてきた。これに対して後者の例は、実際にはたった一つしか見出されない。しかもそれはごく最近の例、ヨーハン・ゴットリープ・フィヒテの贋《にせ》哲学である。それゆえこの点で一応は言及しておかなければならないのだが、彼の学説にはほんとうの価値と内容とが乏しく、いや、総じて詐欺にすぎなかったのだが、それでも鹿爪らしく深刻ぶった顔つきをしているし、慎重をきわめた口調で、かつ躍起となって熱烈に説いているし、弱い相手と見るや滔々とまくし立てる論争で自分を守って光を発することができ、ひとかどのものに思われてきたのである。しかしいっさいの外的影響をよせつけず、自分の目標、真理をまじろぎもせず見すえているまことの真剣さは、時流におもねるこの哲学者には、およそ同類のあらゆる哲学者と同様に、欠けていたのだ。もちろん彼にはこれは仕方のないことだった。——

すなわち哲学者というものは、いつでも混乱にぶつかって、これを切り抜けようとすることによって哲学者となるのであって、このような混乱はプラトンが「すぐれて哲学的な感情《パトス》」（『テアイテトス』一五五D）とよんでいる「驚き《タウマゼイン》」θαυμάζειν のことである。ところが哲学者のうちの本物と贋物とを区別するのもまさしくこの点なのであって、本物の哲学者は世界そのものを見すえることから混乱にみまわれるのであるが、贋の哲学者にとっては、これにひきかえ書物や出来合いの体系（を知ること）から混乱が生じるのである。実際またフィヒテの場合がそうであった。彼はカントの物自体に関することで哲学者になったというにすぎず、もし彼がカントの物自体を知らなかったとしたら、大変なレトリックの才能をもっていた男だから、別のことを企ててはるかに立派な成功を収めたであろうとは、きわめてありそうな話である。しかし彼が、彼を哲学者たらしめた書物の真意に、すなわち『純粋理性批判』に、いくらかでも深く立ち入っていたなら、おそらく次のことは理解したであろう。根拠の原理は、すべてのスコラ哲学者が望んでいるように、永遠の真理 varitas aeterna ではないこと、すなわち根拠の原理は世界より以前に、世界以外に、そして世界以上に無条件に当てはまるものではなく、それが空間や時間の必然的な結合としてあらわれるにせよ、因果律や認識の根拠の原理としてあらわれるにせよ、いずれにせよ現象においてのみ当てはまる相対的な、制約された妥当性しかもっていないこと。したがって世界の内奥の本質たる物自体はけっして根拠の原理を手引きにして発見することはできず、根拠の原理が導いてくれるいっさいは、それなりに依存的で、相対的で、いつでも現象にほかならず、物自体ではないということ。さらに根拠の原理は主観にはまったく触れ得ずして、客観の形式にすぎず、だからこそ客観は物自体とはいえないこと。客観とともにただちに主観が成立し、主観とともにただちに客観が成立するというような関係だということ。したがって客観の主観に対する、また主観の客観に対するどちらの関係も、一方が根拠で、他方がそれに帰結として後からつけ加えられるというようなものではないこと。カントの主要な学説をその精神に即していえばおよそ以上のようなことになる。――

しかしこれらのことにフィヒテはいささかも拘泥しなかった。彼にとって（カントの学説における）問題の中で唯一に関心を引いたことは、主観から出発することであった。これはなるほどカントが選んだ道ではあるが、客観から出発した従来の哲学が、そのことによって客観を物自体にしてしまった誤りを示すためにカントが選んだ道だったのである。しかしフィヒテは、主観から出発するというこのことをきわめて重大であると考え、あらゆるエピゴーネンの流儀にふさわしく、この点でカントを凌げばカントその人を凌駕することになるだろうと思い誤り、従来の哲学の独断論が客観の方角から出て犯した過ち、ほかならぬそのことでカントの批判を惹き起こした同じ過ちを、彼は今度は主観の方角においてくりかえすにいたったのである。その結果、大体においてなにひとつ変わったことはなく、古くからある根本誤謬――客観と主観の間に根拠と帰結の関係を仮定するという――は旧態依然たるものであって、そのため根拠の原理は今までと少しも変わることなく無条件の妥当性を保持することになり、物自体は、昔と違って客観の中にではなく、こんどは認識する主観の中に移されはしたものの、しかし昔とあいも変わらず、主観と客観のどちらも完全に相対的であるというそのことは、ついに認識されないままに終わった。主観と客観が完全に相対的であることは、物自体もしくは世界の内的本質を主観や客観の中に求めるべきではないことを、主観や客観にせよその他なににせよ関係的にのみ存在しているものの外部に求められなければならないことを、示しているのである。——

フィヒテにあっては、まるでカントなどまったくこの世にいなかったかのごとく、根拠の原理はいまだに相変わらず、かつてスコラ哲学者においてそうであったもの、永遠の真理 aeternae veritates（複数主格）にとどまっている。——

古代人の神々を支配したのがいまだに永遠の運命であったさまにも似て、スコラ哲学者たちの神を支配したものも、いまだにもろもろの永遠の真理であった。これは形而上学的、数学的、高次論理学的な真理、人によっては道徳律の妥当性でさえあった。このもろもろの永遠の真理だけは、なにものにも依存しないものであった。ただ神や世界が存在するのも永遠の真理の必然性によるのであった。こうしてフィヒテにあっては、永遠の真理とさだめられた根拠の原理に従って、自我が、世界の根拠となるのである。自我が、非我すなわち客観の根拠となるのであって、客観は自我の帰結、自我のこしらえ物となる。おそらくフィヒテは根拠をここから先はもう吟味も検査もしないよう警戒したのであろう。しかしフィヒテがそれを手引きにして蜘蛛《くも》から蜘蛛の巣をつむぎ出すように、自我から非我を生み出させる根拠の原理のその形態に、もしわたしが名前を告げよといわれたなら、それは空間における存在の、根拠の原理であるといってよいと思う。なぜなら、自我がおのれから非我を産み出し製造する（フィヒテの）あの演繹の仕方と方法、かつて書かれた書物のなかでもっとも無意味な、またそれだけでも退屈きわまる書物の内容を決めているあの厄介至極な演繹の仕方と方法にしても、存在の根拠の原理に関係をもつときだけは、やはりそれはそれなりに意味と重要性をそなえているからである。――

したがってフィヒテの哲学は、この点以外には言及の価値さえないしろものだが、太古からある唯物論の正反対がこんなに年を経て世に現われたという点でのみわずかにわれわれの興味を引くにすぎない。太古からある唯物論は、客観から出発することでもっとも首尾一貫していて、フィヒテの哲学が主観から出発することで首尾一貫していることと一幅対である。唯物論が見落したのは、いちばん単純な客観を立てることでそれだけでただちに主観をも立ててしまったと思いこんだことだが、フィヒテが見落したのもこれに似ていて、彼は主観〔彼がこれにどういう称号を与えるにせよ〕を立てることで、それだけではやくも客観を打ち立ててしまったと思いこんだこと――客観がなければ主観は考えられないから――だが、ただそれだけではない。彼が見落したのはこの外にも次のようなことがある。すべてア・プリオリな演繹、いや、一般に証明というものは何であれなんらかの必然性に支えられているが、しかしこの必然性はひとえに根拠の原理にのみ支えられていることを彼は見落している。なぜなら、必然的であるということと、任意の根拠から結論が出てくるということとは、相関概念だからである。(1) さらにフィヒテは次のようなことも見落している。根拠の原理は客観そのものの普遍的な形式にほかならぬし、だから客観をすでに前提としているとはいえ、客観の成り立つ以前や、客観の外に根拠の原理が有効にはたらいて、ひとまず客観を引きよせてみたり、自分の立法に従って客観を発生させたりすることはおよそできないということを彼は見落している。——

こういうわけで、一般に主観からの出発は、前に述べておいた客観からの出発と同じ過ちを共有しているのである。つまり、それ（主観もしくは客観）が最初に演繹すると称しているところのもの、自分の出発点と必然的に相関関係になっているもの（主観を出発とする場合には客観、客観を出発とする場合には主観）をまえもって仮定しておくという過ちを両者は共有している。

さて、本書がおこなっている手続きは、以上二つの、たがいに、対立したしくじり方とはまったく種類を異にして区別されるものである。われわれは客観からも主観からも出発しない。われわれは意識が最初の事実としてうけいれる表象を出発点としているからである。表象のいちばん初めの本質的な根本形式は主観と客観とへの分裂ということであり、客観の形式は、またしても多種多様な形態となってあらわれる根拠の原理である。根拠の原理のこれらの形態（第五節訳注(1)参照）は、ひとつひとつがそれぞれに固有の表象の部門を支配しているので、形態を認識することをもって部門全体の本質も認識したことになることは先に示してきたとおりである（第三節後半、第四節冒頭参照）。〔表象としての〕この部門とは、ほかでもない、形態そのものにほかならないからである。そういうわけで、時間とは、時間における存在の根拠すなわち継続ということ以外のなにものでもなく、空間とは、空間における根拠の原理すなわち位置ということ以外のなにものでもなく、物質とは因果性以外のなにものでもなく、また概念は〔次の節ですぐ明らかになるが〕認識根拠に対する関係以外のなにものでもない。表象としての世界が、このように全面にわたってあまねく相対的であることは、その普遍的な形式〔主観と客観〕からみても、またこれに従属した形式〔根拠の原理〕からみてもいえることで、表象の世界のこの相対性は、すでに述べたとおり、表象とはまったく異なった世界のもう一つ別の側面に世界の内奥の本質を求めるべきことをわれわれに示唆しているのである。本書の次の巻がいずれ、生物すべてにとって表象の世界と同じくらい直接的に、確実な事実として、このもう一つ別の世界の側面（意志のこと）を示すことになろう。

しかしそれに先だってなお、人間だけがそなえている表象の部門が考察されなければならない。人間だけがそなえているこの表象の部門が材料としているのは概念であり、その主観の側における相関物は、理性である。それはちょうど、今までの節で考察した表象が悟性と感性であったのと似ているが、悟性や感性はどんな動物にもそなわっているとみなければならない。[2]

〔1〕これに関しては『根拠の原理の四つの根について』第二版第四十九節を見てもらいたい。

〔2〕本書の以上までの最初の七節に必要なものは、補遺第一巻の最初の四節である。

第八節

みずからがみずからを擁護し保証している直観的で、そして直接的である表象の世界から、われわれは反省の世界へ、理性の抽象的で論証的な概念の世界へ筆を移していくことになるが、そのありさまはさながら、太陽の直接の光輝から出て、それを借りうけた月の反射の光に移っていくのに似ている。概念の世界が内容をそなえているのは、ただ直観的な認識のおかげであって、またこれと関係があるからにすぎない。――

われわれがただひたすら直観的に振舞っているかぎり、いっさいは明晰であり、堅牢であり、かつ、確実である。そこには問いもなければ、疑いもなく、そして迷いもない。そこで人は直観的である以上のことを欲しないし、またそれ以上のことはなし得ない。人は直観することに安んじていて、現在に満ち足りている。直観はみずからの分に満足している。だからまったく直観から出て直観にどこまでも忠実であったものは、ほんものの芸術作品のように、けっしてまやかしにはなり得ず、またいくらか時を経ても、反駁されるようなことも起こってはこない。なぜなら、そこにあるのは意見ではなく、事柄それ自体であるからだ。しかしながら、抽象的な認識が始まるとともに、つまり理性が始まるとともに、理論的なことにかけては、疑念や誤謬が始まり、実際的なことにかけては、心配や後悔が始まる。――

直観的な表象の世界においてほんのわずかな刹那だけ現実をゆがめるものが、仮象であるとすれば、抽象的な表象の世界では、幾千年にもわたって誤謬が支配的な力をふるうことがあり得るのである。誤謬が諸国民全体に対しその鉄の軛《くびき》を投げかけ、人類のもっとも高貴な活動を抑圧し、誤謬にあざむかれ得ない人をさえも、誤謬にあざむかれた人々が、すなわち誤謬の奴隷たちが、よってたかって鎖に繋いでしまうことが起こり得るのである。誤謬とは、あらゆる時代の賢者たちでさえ、戦って五分五分にはいかなかった敵なのであり、彼らがこの敵に勝って得たものだけが、人類の財産となったのであった。だから、誤謬の領域が横たわる土地に足を踏み入れるにあたっては、ただちに誤謬に注意をはらうのがよい。真理の利益は間接的で、予期せぬときに生まれることもあるから、真理の利益は見きわめがつかない、そういうときでも、真理は追跡されなければならないのだ、このようにしばしば言われてきたけれども、しかしわたしの見るところでは、ここでなお次のように言い足しておかなければなるまい。誤謬の損害もやはり非常に間接的で、いつか予期せぬときに生まれることもあるから、誤謬の損害もおよそ見きわめがつかない、そういうときでも、あらゆる誤謬をあばき立て、根絶やしにするようやはり同じように努力しておかなくてはならないのだ、と。なぜなら、誤謬はすべて自らのうちに毒を含んでいるからである。人間をこの地上の主人公に仕立て上げるのは精神であり、認識であるが、だとすれば、害のない誤謬などは存在しないし、まして尊い聖なる誤謬などはいっそう存在しない。わたしは誤謬との貴い困難な戦いになんらかの仕方でなんらかの案件において力と命を捧げている人々を慰めるために、ここで次のように重ねて言わずにはいられない気持なのである。なるほど真理がいまだ存在していない間は、誤謬はさながら夜中の梟《ふくろう》か蝙蝠《こうもり》のように勝手気ままな振舞いに及ぶかもしれない。しかし、いったん認識され、明瞭かつ完全に口に出して言った真理を、昔の誤謬がもう一度悠然とその広い場所を占めようとして、再び押しのけてしまう、そのようなことが起こるくらいなら、それくらいならむしろ、梟や蝙蝠どもが、（この真理という名の）太陽を逆戻りさせ、東の方へと追い払ってくれることを期待した方が、まだましかもしれないのだ。真理の勝利は困難で骨の折れるものだが、しかしそのかわりにひとたび獲得されたなら、もうふたたび奪いとられるということはない、これこそが真理の力である。

これまで考察してきた表象の世界は、その組み立て方からみて、客観に注目すれば時間と空間と物質とに、主観に注目すれば純粋な感性と悟性〔つまり因果性の認識〕に還元されてしまう世界である。このような表象のほかに、地上に住むものの中ではただ人間にのみ、もうひとつ別の認識力が発生した。一つのまったく新しい意識が出現したのだ。この意識は反省 Reflexion とよばれるもので、まことに的確な、予感に満ちた正しいよび方だと思う。なぜなら、これは実際には、あの直観的な認識の反射なのであり、その派生態ではあるけれども、それとは根本から異なった本性と性質とを帯びていて、直観的な認識のさまざまな形式というものを知らない。いっさいの客観を支配している根拠の原理といえども、ここでは完全に別の形をとっているからである。この新しい、能力《ポテンツ》のより高い意識は、いいかえればいっさいの直覚的なものの、非直観的な理性の概念における抽象的な反射、とでもいうべきものであるが、人間に思慮Besonnenheitを与えるのはもっぱらこれのみであって、反省の与えるこの思慮が、人間の意識を動物の意識から徹底して区別し、この思慮あるおかげで、地上における人間の行状の全体が、非理性的なその兄弟たち（動物のこと）の行状とはきわめて異なった様相をみせることになるのである。——

人間は力の点でも、苦悩の点でも、ひとしくこの非理性的な兄弟たちをしのいでいる。彼らはただ現在にしか生きない。しかし人間は現在と同時に未来にも、過去にも生きるのである。動物は瞬間の欲求を満足させている。しかし人間はきわめて技巧的な準備をととのえて、自分の未来を心配するし、それどころか自分の体験できない時代を心配することさえある。動物は瞬間の印象にとらえられ、直観的な動機の影響にすっかり身を奪われている。しかし人間を規定するのは抽象的な概念であって、これは目先のことに左右されない。人間はそれゆえに、よく練られた計画を実行したり、あるいはまた、環境や瞬間の偶然の印象に気をとられることなく、格率に従って行動したりする。だから、例えば従容として自身の死のために精巧な準備のできるのも人間であり、他人には探知できないほどに自分を擬装してみせたり、自分の秘密を墓場まで持っていったりできるのも人間なのである。そしてさいごに、彼は複数の動機の中から本当の一つの選択をする。（その選択のいきさつは次のようなものである。）たがいに並んで意識の中にありありと現前している複数の動機は、二つの動機が同時に成り立たないという認識をたずさえていて、そこで意志に及ぼす自分の力をたがいに比較測定してみることが——抽象的にすぎないとはいえ——可能となるのである。次の段階で、この比較測定にもとづいて、優勢な動機の方が決定を下すに及んで、これが意志の熟慮した上での決断ということになり、意志がどういう性状にあるかを告げ知らせる一つの確かなしるしとなるのである。これにひきくらべ、動物を規定しているのは目先の印象である。目の前の強制に対する怖れだけが動物の欲望をしずめることができる。ついにはその怖れは習慣になってしまい、そうなれば以降はただ、習慣として動物を規定する、これが調教である。——

動物は感じとり、そして見る。人間はこれ以外に考え、そして知る。なにかを欲するのは両者に共通する。動物が自分の感覚や気分を伝えるのは身振りと声によってである。人間が他人に思想を伝えるのは言葉によってであり、あるいは、思想を隠すのも言葉によってである。言葉は、人間の理性の最初の産物であり、その必然的な道具である。だからギリシア語やイタリア語では、言葉と理性は、同じ語で表わされる。すなわち ὁ λόγος と il discorso。（ドイツ語の）理性 Vernunft は、聴き取ることVernehmen からくるのであるが、これは単なる聞くことHören と同義語ではなく、言葉によって伝えられた思想内容に気がつく、というほどの意味である。理性はもっぱら言葉のたすけを借りて、そのもっとも重要な仕事をはたしていく。すなわち複数の個人の一致した行為、何千人もの計画的な協力、文明、国家、さらに学問、昔の経験の保存、共通のものの一つの概念への要約、真理の伝達、誤謬の伝播、思索と詩作、教義と迷信などをはたしていく。——

動物は死においてはじめて死を知る。人間は一刻一刻意識しながら死に近づいていく。このため、生命そのものにこのような不断の破滅の性格があることをはやくも見抜いていない人でさえ、ときとして生きることが気懸りとなる。人間が哲学と宗教をもっているのは主としてこのためにほかならない。とはいえ、自発的な正しい行ないや志操の高潔さなど、人間の行為においてわれわれがこの上なく高く評価するのも当然といってよい行ないを、哲学と宗教の二つがかつて産み出したことがあるのかどうか、これははっきりしないことだ。それどころか、さまざまな学派の哲学者たちの奇妙きてれつにして怪奇千万なる数々の御説、さまざまな宗派の僧侶たちの摩訶不思議にしてときに残忍でさえある諸慣行は、哲学と宗教にだけ所属しているところのそれら両者の確実な産物であり、この道での理性の生産品にほかならない。

このように多様で広範囲におよぶ諸現象はいずれも一つの共通の原理から派生したこと、人間が動物にまさっているあの特殊な精神力、理性 Vernunft, *ὁ λόγος, τὸ λογιστικόν, τὸ λόγιμον,* **ratio** とよばれる精神力から派生したことは、どの時代でも、どの民族でも一致した見解といっていい。人間は誰でもこの能力の現われを認識するすべをもよく心得ている。また、理性が人間のこれとは別の能力や性格とぶつかりながら現われ出てくる場面では、何が理性的であり、何が理性的でないかを言うすべも心得ていよう。そして最後に、どんなに賢い動物でも、動物は理性が欠けているために期待の出来ないものであることを知っていよう。——

哲学者たちの発言は、どの時代であれ、おおむね理性に関するこうした一般的な知識と一致している。そのうえ二、三の、理性のとくに重要な現われとして、情念と熱情の抑制、推論する能力、普遍的な原理を立てる能力、いっさいの経験に先立って確実な原理をさえ立てうる能力、等等を強調するであろう。それでいて理性の固有の性格に関する彼らのこうした説明は、ことごとく動揺していて、くっきりと規定されえず、散漫として統一も中心もなく、理性の現われの中からあるときはこれ、あるときはあれを強調して、ためにたがいに背反することも少なくない。おまけにその際、理性と啓示の対立という点から説明を始める者も多くなっている始末で、理性と啓示というような対立は哲学にはまったく無縁であり、混乱を助長することにしか役立ちはしない。——

まことに奇異なことではあるが、これまでどの哲学者も理性のあのような多種多様な現われのすべてを厳密に一つの簡単な機能に還元したことはなかった。もし理性を一つの機能に還元できれば、理性の現われのすべての中でこの機能はもう一度認められ、そこからすべての現われは説明でき、これにもとづいて、この機能は理性の本来の内的本質をきわめるものとなろう。なるほどかの優秀なロックが『人間悟性論』第二部第十一章の第十節及び第十一節において、人間と動物を区別する性格として、抽象的な普遍的な概念をあげているのはきわめて正しい。ライプニッツも、『人間悟性新論』第二部第十一章の第十節及び第十一節の中で、ロックに完全に同意しながらこのことをくりかえしている。けれども、ロックは第四部第十七章の第二節及び第三節で、理性のそもそもの説明に取りかかろうとする段に及ぶと、彼は理性のあの単純な主性格から完全に目を離してしまって、理性の断片的な派生的な現われに関してまことに動揺した、不明瞭かつ不完全な論述にまんまと落ち込んでしまったのである。ライプニッツもやはり彼の著作の中の右の場合とちょうど対応した個所で、だいたいにおいてロックと同じような状態になっているが、ただし混乱と不明瞭はロックよりもむしろ甚だしいくらいである。ところでカントが理性の本質に関する概念をいかにひどく混乱させ、かつ、贋造するにいたったかについては、私は付録の『カント哲学批判』の中で詳しく述べておいた。しかし、カント以降に出版された大量の哲学書をこの見地からひとわたりしらべてみる労を惜しまない者は、大思想家の犯した過失というものは、君主の犯した過失が国民全部によって償われるのにも似て、その有害な影響を世代全体に及ぼし、さらに数世紀にわたって広げることさえあり、ますます増大し、伝播して、ついに妖怪畸型のすがたに変わり果ててしまうさまを認めるであろう。これはすべてバークリが言うように、

「考える人は少ない。しかし誰もが意見をもとうとする」（『ハイラスとフィロヌスとの間の三つの対話』第二。ロンドン一七八四年刊、第一巻一六〇ページ）ことに由来しているといえよう。

悟性のもつ機能はただ一つだ。（くりかえすことになるが）因果の関係の直接の認識、これである。現実の世界の直観は、あらゆる怜悧さ、聡明さ、発明の才のように、それの応用はいかに多様であろうとも、まぎれもなく右の単純な機能の現われ以外のなにものでもない。これと同じく理性のもつ機能もやはり一つなのだ。概念の形成、これである。このただ一つの機能から、人間の生を動物の生から区別するところのこれまで縷々と述べてきたさまざまな現象が、まことに簡単に、そのまままったく自動的に説明されるであろう。時と所とを問わず、理性的とよばれたり非理性的とよばれたりしてきたことがらはすべて、この機能を応用するか、しないかの違いを意味しているにすぎない。[1]

〔1〕『根拠の原理について』第二版の第二十六、第二十七節が、この第八節と比較されなければならない。

第九節

概念は、これまでみてきた直観的な表象とはすっかり種類の違った、独特な一つの部門であって、人間の精神のなかにだけ存在している。それゆえ概念の本質に関して、直観的な、厳密に明証的な認識を手に入れることはけっしてできるものではなく、せいぜい抽象的な、論証的な認識しか手に入らない。概念が経験のなかで証明されたり、まるで直観的な客観と同じように眼の前に置かれたり、ありありと想像されたりするように要求することは、およそ辻褄の合わぬことであろう。ここで経験ということばで表わしているのは、まさしく直観的な表象にほかならない実在の外界のことである。概念は考えられるだけで、直観されることはない。概念によって人間がひき起こす結果だけが、本来の経験の対象となるものである。その対象にあたるものは言葉、よく考えられた計画的行動、そして学問であり、つづいて、これらすべてから生じるものである。――

この外的な経験の対象の一つである会話 Rede（話、談話、演説など）とは、まぎれもなく、任意の符号を最大の速度をもって微細なニュアンスにいたるまでもらさず伝える、非常に完璧な電信機にほかならない。しかしこの符号とは何を意味するのであろうか？　符号の解釈はどのようにしておこなわれるのであろうか？　他人が語っている間に、われわれは彼の話をただちに想像力《ファンタジー》のもろもろのイメージへ翻訳するのであろうか？　電光のように傍を疾駆し、運動するこれらの像《イメージ》は、奔流のように押し寄せてくる言葉の波とその文法的変化とに合わせて、連結され、改造され、そして彩色されるのであろうか？　もしそうだとしたら、他人の話を聞いたり、一冊の本を読んだりしているさなかのわれわれの頭の中は、何という騒乱になるであろう！　決してこういうことがおこなわれるわけではない。会話の意味は、通例、幻想《ファンタスメン》が介在してくることなどもなく、直接に聴きとられ、正確に、そして確実に把握されるのである。——

理性は理性に語りかけ、その領域を離れない。理性が伝えるもの受けとるものは抽象的な概念であり非直観的な表象である。これらの概念や表象はひとたび構成されると、比較的に数は少ないのであるが、それでも現実世界の数え切れぬほどの客観を包みこみ、含み、かつこれを代表するのである。動物はわれわれ人間と共通して、ものを言う器官をそなえ、直観的表象ももっているというのに、動物がけっして話すことも聴きとることもできないのはただ右の事情からのみ説明できることである。が、しかし言葉というものはすべて、表象のうちでも、主観上これと対応するのは理性であるというまったく独自の部門を表わすものなのであるから、動物にとってはなんの意味も価値もありはしないのである。言葉とは、われわれが理性に帰している他のいっさいの現象と同じく、人間を動物から区別しているすべてのものと同じく、その発生源としては唯一かつ単純なもの、すなわち概念、抽象的な、非直観的な、普遍的な表象、時間と空間の中ではけっして個別的にはならない表象によって説明することができる。ただし場合によっては、われわれは概念から直観に移行することがある。われわれは幻想《ファンタスメン》を形づくって、これを直観的な概念の代表とすることはあるが、けっして概念に適合した代表ではないのである。この点については拙論『根拠の原理について』第二十八節でとくに論究しておいたので、ここでは同じことをくりかえしたくない。そのとき述べたことと比較できるのは、ヒュームが彼の『哲学論文集』第十二論文の二四四ページで、またヘルダーが『批評の批評《メタクリティーク》』〔その他の点ではあまり良くない本〕の第一部二七四ページで言っていることである。――想像力《ファンタジー》と理性とが合体して可能になるプラトンのイデアのことは、本書第三巻の中心主題をかたちづくることになろう。

さて、概念はこうしたわけで、直観的な表象とは根本から異なっているけれども、それでもやはり直観的な表象に必然的に関係している。この関係がなければ、概念は無であろうし、したがってこの関係こそが概念というものの本質と存在を決めているのである。(概念によって成り立つ)反省とは、だからどうしても、みずからの原像をなす直観的な世界の模写であり、反覆である。もとより、完全に異質な素材をすっかり自分流儀につくり出した複製であるにしても。そういう理由からいって、概念はまことに的確に、表象の表象であると名づけることができよう。――

根拠の原理はここでもあいかわらずひとつの独自の姿をあらわしている。われわれがこれまで見てきたとおり、時間とは徹頭徹尾、継起ということであって、それ以外のなにものでもなく、空間とは徹頭徹尾、位置なのであって、それ以外のなにものでもなく、物質とは徹頭徹尾、因果性であって、やはりそれ以外のなにものでもないが、これほどに、根拠の原理が表象の一部門を支配する形態は、それが表象であるかぎり、つねにその部門の本質を厳密に言い当てて、あますところがないのである（第三節後半、第四節冒頭、第七節末尾参照）。だとすれば、概念、あるいは抽象的な表象の部門の、本質そのものは、ひとえに関係 Relation にあるといってよい。根拠の原理が、抽象的な表象のかたちで表現しているのは、関係である。関係は、認識の根拠に対する関係であるから、抽象的な表象は、もう一つ別の、認識の根拠となる表象との関わりのなかにのみその本質をそなえている。この、認識の根拠となるもう一つの表象は、なるほどさしあたりは、いま一度概念あるいは抽象的な表象であるかもしれない。そして、この概念でさえも、もう一度は、せいぜい、似たような抽象的な認識の根拠をもちうるだけかもしれない。しかしこういうことはそれほど無限につづくわけではない。さいごには、認識の根拠の一つながりの系列は、直観的な認識のうちに根拠をもつある概念をもって完結しなければならないのだ。なぜなら、反省の世界全体は、認識の根拠としては、直観的な世界を土台にしているからである。それゆえに、抽象的な表象の部門がその他の表象（の部門）に対し相違点をなすのは、その他の部門の表象にあっては、根拠の原理がいつもただ、同じ部門の別の表象に関係することを要求しているのにひきかえ、抽象的な表象にあっては、結局、自分とは別の部門の表象（直観的な表象）に関係することを要求している点にある。

たった今述べたとおり、直接的にではなく、一つまたは複数の別の概念の媒介によってかろうじて直観的世界に関わりをもつような概念はとくに abstracta（抽象的なもの）とよばれ、これに対し、直接的に直観的世界のなかにその根拠をもっているような概念は、concreta（具体的なもの）

とよばれてきた。しかしこの後者の呼び名は、それによって示される理解に本来の意味においてぴったりは合っていない。というのも、この後者もやはり、依然として abstracta なのであり、けっして直観的な表象ではないからだ。が、以上のような呼び名は、いずれにせよそれで言おうとしている区別のごくぼんやりした意識から出てきたものにすぎず、いまここで注釈をつけたことが分かっているのなら、このままにしておいても差し支えない。第一種の、顕著な意味における abstracta の実例は、「関係、美徳、研究、端緒」等々といった概念である。第二種の、あるいは不本意な呼び名であるところの concreta の実例は、「人間、石、馬」等々のような概念である。いささか図形的で、そのために冗談に堕した比喩と思われるであろうが、反省という名の建造物の、後者は一階、前者は二階なのだといえばあるいはぴったりした言い方になるかもしれない[1]。

概念が多くのものを自分のうちに包括していること、すなわち多くの直観的表象――それ自体も結局はふたたび抽象的表象かもしれぬ――が認識根拠として概念に関係していること、つまり人が概念によって表象を考えるということ、これは普通に言われているように、概念の本質的な特性ではなくて、派生的二次的な特性であって、可能性のうえからいえば、この特性はいつでも存在していなければならないはずのものなのだが、実際には必ずしもそうとは言えないものなのだ。この派生的二次的特性は、概念というものは表象の表象であること、つまりもう一つ別の表象に関係することでのみみずからの本質を得ているというような事情に由来している。しかも概念はもう一つ別のこの表象それ自身ではない。いや、この表象は大抵は別の部門の表象に属し、直観的表象でさえあるから、（概念の根拠をなす）この表象は時間、空間、その他の諸規定をもちうるし、概念の中に含めて一緒には考えられないさらに多くの関係面をもっていて、従って非本質的な点で異なっている複数の表象が同一概念によって考えられる、すなわち、複数の表象が同一概念のもとにくり入れられることが起こり得てくるのである。しかし同一概念がかく複数の事物について適用されるということは、なんら概念の本質的特性ではなくて偶然の特性であるにすぎない。それゆえにただ一つの実在の客観のみを考えさせる概念——しかしただ一つとはいってもこれも抽象的・普遍的な概念で、個別的・直観的な表象とはいえないのだが——そのような概念だって若干はありうるのである。例えば誰かある人が地理学でのみ知っているいずれかの町についての概念などがちょうどそれにあたる。この概念で考えられるのはこの一つの町であるにすぎないのに、この概念がその町とわずかの点で異なっているいくつかの町にもすべて当てはまるということが起こり得てくるだろう。こういうわけだから、概念が普遍性を得ているのは、一つの概念が複数の客観から抽象されて生まれているためではない。これとは逆である。概念は理性の抽象的表象なのであるから、普遍性——いいかえれば個別のものを限定しないこと——これが概念にとっては本質的になっているので、そのため種々さまざまなものが同一概念によって考えられることが起こり得てくるのである。

以上述べたところから明らかになるのは、概念はいずれも抽象的な非直観的な、したがってすき間なく限定されるわけにはいかない表象であるから、どの概念も外延や範囲とよばれるものをもっていることである。これは概念にたった一つの実在の客観が応じているにすぎないような場合にさえいえることである。そこで一般にわれわれの知るところ、どの概念の範囲も別の概念の及ぶ範囲とあるていどは共通するところをもっていて、甲の概念においてある部分は乙の概念において考えられるのと同じものが考えられているし、ふたたび乙の概念においてある部分は甲の部分において考えられるのと同じものが考えられている。甲乙両方は実際には異なった概念であるからには、両方もしくは少なくとも二つのうち一方が、他方のもっていないものを含んでいるわけで、それでも共通するところはあるのである。こうした関係はちょうど主語と述語の関係だといえばよい。このような関係を認識するのが、判断する urteilen とよばれる。——

空間的な図形でこの範囲を描いてみるのは、なかなか妙を得た思いつきである。こういう思いつきを最初にもったのは正方形を使ったゴットフリート・プルーケであろう。ランベルト（一七二八—一七七七年。ヨーハン・ハインリヒ。ドイツの著名な天文学者、物理学者、数学者）はその後ではあるが、まだ上下に配置した単なる線を利用するという段階であった。オイラー（一七〇七—八三年。レーオンハルト。解析学に体系を与え、函数の概念を初めて定立し、各種の数学記号を創始するなど広汎な業績を残したスイスの数学者、物理学者）がはじめて円を使って完全なところをやってみせた。概念と空間的図形との間に、これほどぴったり合ったアナロジーが成立するのは結局は何にもとづくのか、わたしはうまく言うことが出来ないが、いずれにせよ概念の関係がすべて、その可能性のうえからみても、すなわちア・プリオリにさえも、次のような図形によって具象的に描き出すことができるのは、論理学にとってはなはだ便利な事情といえる（左ページ、原書の挿図参照）。

（一）二つの概念の範囲がたがいにまったく等しい場合。例えば必然性という概念と、既知の理由から生じた結果という概念。Ruminantia（反芻類）とBisulca（偶蹄類）の概念。さらに脊椎動物と赤い血をもつ動物の概念〔しかしこれには環形動物の例もあるとして若干の反対があるかもしれない〕。以上はいずれも交換概念である。そこで、両方の概念を同時にあらわすただ一つの円が、この交換概念の図形となる（ショーペンハウアーはこの場合の図形を掲げていない。不必要だからであろう）。

（二）一つの概念の範囲がもう一つの概念の範囲をすっかり包みこんでいる場合。

（三）一つの範囲が二つまたはそれ以上の範囲を包みこんで、包みこまれた方はたがいに排除しあいながら、いっしょにこの範囲を満たしている場合。

（四）二つの範囲のおのおのがもう一つの範囲の一部を含んでいる場合。

（五）二つの範囲が三つ目の範囲の中にあって、しかもその範囲を満たしていない場合。

この最後の場合は、その範囲がたがいに直接には共通していないすべての概念にあてはまる。なぜなら、例外なく三番目の概念があって、これはしばしば非常に広い概念になるにしても、二つを包みこんでしまうからである。

概念の結びつきはすべて以上五つの場合に還元されるであろう。そして判断論の全体、すなわち判断の換位、換質換位、相互関係、選言〔これは第三の図形にもとづく〕は、この五つの場合から導き出されてくる。同じようにやはり、カントがいわゆる悟性のカテゴリーの基礎とみなした判断の諸性格も、ここから導かれてくる。ただし、単なる概念の組み合わせではなく、判断の組み合わせである仮言形式 hypothetische Form は例外だといっていい。さらに、様相 Modalität も除外例であって、この点については付録の『カント哲学批判』が、カテゴリーの基礎になっている判断の各特性について説明する際に一緒に説明をおこなっている。――

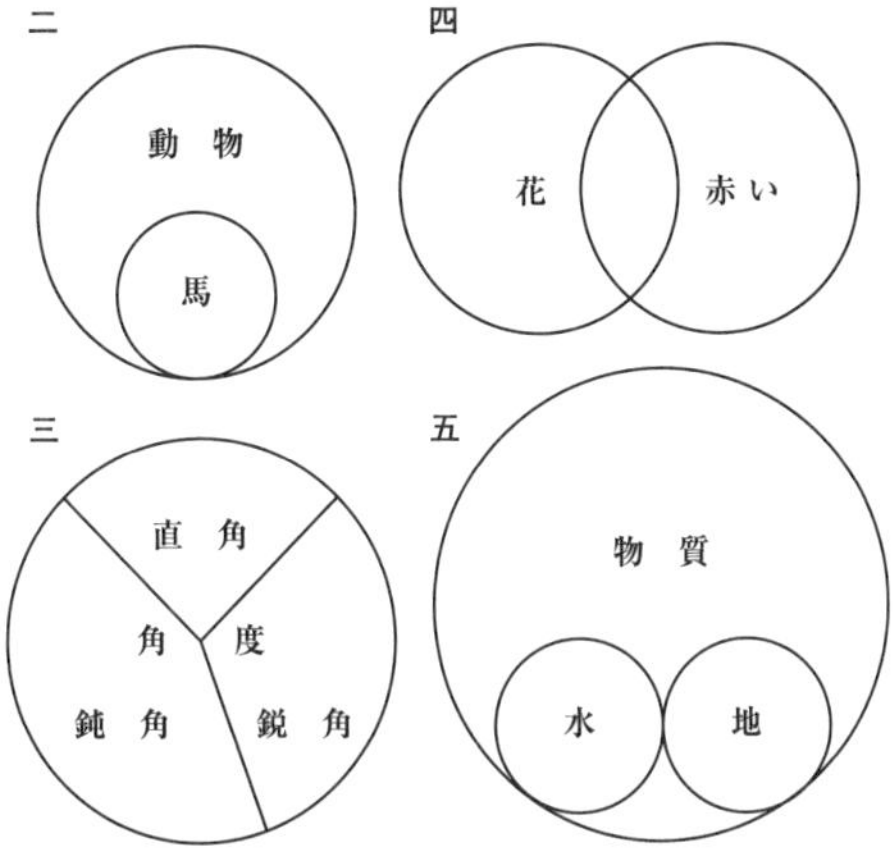

概念の範囲を示す原書の挿図。番号は本文との対応を示す。

右にあげた概念の組み合わせの可能な場合について、なお注意されなければならないことは、以上の五種の組み合わせの間でさらに多種多様な組み合わせが相互に考えられることである。例えば第四の図形と第二の図形との結合。甲の範囲を全部もしくは一部含む乙の範囲がさらに第三の丙の範囲によって全部もしくは一部包まれる場合にのみ、この三つの範囲は合同して第一格の推論(甲は乙なり、丙は甲なり、故に丙は乙なりという三段論法)をあらわす。すなわち、この推論は判断の組み合わせであって、それによって認識されるのは、乙の概念の中に全部もしくは一部含まれている甲の概念は、乙をさらに含むところの第三の丙の概念のうちに同様にして含まれているということ、およびその逆の、否定の場合である。否定の場合を形にして表わせば、いうまでもなく組み合わされた甲乙二つの範囲が第三の丙の範囲の中にない場合にいつに存している。(三つだけではなく)多くの範囲が以上のようにして相互に組み合わされていくと、推論の長い連鎖が成立するのである。——

これまでにも二、三の教科書の中でかなり上手に詳論されている概念のこの図式化を、判断論ならびに三段論法の基礎に据えることもできるわけで、そうすれば判断論や三段論法に関する講義をおこなうのはいとも易しく簡単になるだろう。なぜなら、判断論や三段論法のあらゆる規則は、そもそもの起こりからいえば、概念のこのような図式化を出発点にして洞察され、導き出され、そして説明されているものだからである。が、判断論や三段論法の規則などは無理をしてぜひとも記憶しなければならないというものではない。論理学は実際上の役に立つものではけっしてなく、哲学にとってせいぜい理論上の興味があるといった程度のものかもしれないからだ。論理学が理性的思考に対してもつ関係は、通奏低音《ゲネラルバス》が音楽に対してもつ関係に似ているとか、また、やや精密を欠いた言い方だが、論理学の理性的思考に対する関係は倫理学の美徳に対する関係、あるいは美学の芸術に対する関係にも似ている、などとよく言われたものであるが、しかし、この種の比較に対し考えておかなければならないことは、美学の研究によって芸術家になったものはいまだ一人もなく、倫理学の研究によって人が高貴なる性格になったというためしもまだないこと、そしてラモー（一六八三—一七六四年。ジャン・フィリップ。フランスの作曲家、近代的和声学を創始した音楽理論家。間接的にドイツ古典音楽の発展にも寄与した）よりずっと以前から正しくかつ美しい音楽は作曲されてきたし、人は不協和音に気づくのになにもわざわざ通奏低音《ゲネラルバス》に深く通じている必要はない、といったことなのだ。だから人は虚偽の推論にまどわされないために、論理学を知る必要がやはりないのもこれらの例と同じである。それでも認めなければならないことはある。たとえ音楽の作曲を評価するためにはたいして役立たなくとも、作曲を実際におこなううえで通奏低音がきわめて有益であるとしたなら、美学や、倫理学にしたところで、はるかに低い程度であっても、実行するということにかけては、主として消極的な有益さではあるが、いくらかは役に立つものなのであって、したがって美学や倫理学に実用上の価値などはまるでないと決めてしまうわけにもいかない。ところが論理学に関してはこのていどに誇るべきものさえないのである。——

論理学とは、誰でもが具体的にすでに知っていることに関する、抽象的な知識の謂《いい》にすぎない。人が誤った推論に同意しないですむためにべつに論理学を必要としないのと同じように、正しい推論をおこなうためにもまた、論理学の規則に助けを求める必要などはないのだ。もっとも学識ある論理学者といえども、自分で実際に思考する場合には、論理学の規則などはまったく無視しているものなのである。これは次のような事情から説明できる。——

科学というものはすべて、なにかある一種類の対象に関するところの、普遍的で、したがって抽象的な真理、法則、規則の一体系から成り立っている。そこで後からこの体系のもとへ現われ出てくる個別ケースは、こうなるとそのつど、最終的に有効とされるあの普遍的な知識に従って規定されるのである。なぜなら、普遍的なものを応用してしまう方が、後から現われ出た個別ケースだけを単独にもう一度初めから研究するよりははるかに容易だからである。普遍的・抽象的な認識は、いったん獲得してしまうと、いつでも、個別的なものを経験的に研究するよりもわれわれにとっては手近なものだからである。ところが論理学に関しては事情はちょうどその逆になっているといえよう。論理学とは、理性の処理方法に関する普遍的な知識のことで、この知識は理性の自己観察と、あらゆる内容の抽出とによって認識され、諸規則の形式に表現されたものなのである。ただしこの処理方法は理性にとっては必然的であり本質的であるから、理性は自分のしたい放題に任されても、どんなケースでもこの処理方法に違反することはないだろう。それゆえにいかなる特殊なケースでも、理性に任せてその本質のままに処理させる方が、外から与えられたよそよそしい法則の形で、この処理からやっと抽出された知識を、理性の前に突きつけるよりも、（第一に）はるかに容易であり、（第二に）はるかに確実なのである。（一）はるかに容易であるというわけは、他のあらゆる科学では個別的なケースを単独にそれ自体を通じて研究するよりも普遍的な規則を当てはめる方がとりつきやすいのであるが、理性の使用の場合にはこれとは逆で、われわれのなかにある思考するはたらきそのものがまさしく理性なのだから、理性自身が任意のケースごとに必要な処理をしていく方が、ここから抽象された普遍的な規則よりも、われわれにいっそうとりつきやすいものになっているからである。（二）はるかに確実であると言ったわけは、抽象的な知識ないしその適用には誤謬が発生しやすく、その確率は、理性にまかせた処理が理性の本質や本性にそむく事態の発生する程度より高いのである。他の科学においては個別ケースの真理を規則に照らして吟味するのであるが、これにひきかえ論理学においては、逆に規則をいつも個別ケースに照らして吟味しなければならないという奇妙な事態が生じるのはそのためである。もっとも練達の論理学者といえども、個別ケースに当たったとき、規則が言い表わしているのと違った仕方で推論していることに自分で気がつけば、彼はこの誤りを実際におこなっている推論のなかよりもむしろ規則のなかに見出すであろう。だから論理学を実用に供しようというのは、すでに個別において直接にわれわれが確実きわまりなく知り抜いていることを、言い知れぬほど苦労してやっと普遍的な規則から導き出そう、というようなことである。それはちょうど身体を動かすのにまず力学に相談し、物を食べて消化するのに生理学に相談する、というようなたぐいのことであろう。実用の目的のために論理学を学習しようとする者は、海狸《ビーバー》（自然に巣を作ることを知っている）に巣をつくることをわざわざ教え込む者に似ている。——

論理学とはかく実用上役に立たないものであるが、それにもかかわらずこれを保持しておかなければならないというのは、それが理性の組織と活動に関する特別な知識であって、哲学上の関心をひくものだからである。論理学は自己完結的な、単独に存立する、それ自体において完成し、まとまりをもち、完全に確実である学科として、他のあらゆる学問的教科から切り離して独立に扱われるべきだし、また同じようにして大学で教えられてしかるべきものである。しかし論理学が本来の価値をもってくるのは、認識の考察、しかも理性的・抽象的な認識の考察にあたって、哲学全体の連関のなかにおかれたときにはじめて起こる。だから論理学の講義は、実用をねらった学問の体裁をそれほどそなえるべきではないし、また判断の正しい置き換え、推論、等々のための剝《む》き出しに羅列された規則を含めばそれでよいというものでもない。論理学は、理性と概念の知識が認識されるよう、そしてまた認識の根拠の原理が詳しく考察されるよう、その方向をさらにいっそう目指したものでなくてはならない。なぜなら論理学とは、認識の根拠の原理の単なるパラフレーズのようなもので、しかもがんらい、判断に真実性を与える根拠が経験的でも形而上学的でもない場合、論理的もしくは高次論理学的 metalogisch であるような場合のためのパラフレーズだからである。したがって認識の根拠の原理と並んで、これと類縁性のある他の三つの思考の根本法則、あるいは高次論理学的な真理の判断が引き合いに出されなければならないであろう。じつにこのことからして徐々に理性の全技術が生まれてくることになる。本来の思考、すなわち判断することと推論すること、この本質は、右に暗示しておいた仕方で、概念のさまざまな範囲を空間図式にしたがって組み合わせることから明示することができるし、またこのことから、判断することと推論することの全規則は構成作用を通じて導き出すことができるのである。――

論理学を実用に役立てるただ一つの場合は、論争に際して、相手方に対し、その実際上の誤りというよりは故意になされたたぶらかしの偽論を、論理学の術語で名ざして指摘してやることくらいであろう。論理学の実用面をこんな風に押しのけてしまって、論理学を哲学の一章として全哲学と関連づけることをわたしは強調してきたわけであるが、こうしたからといって論理学の知識が現にあるよりも乏しいものになってよいというのではない。なぜなら今日では、概して粗野のままでありたくない者、無知蒙昧な大衆の中に数えられたくない者は誰でも、思弁哲学を勉強しておかなければならないといった時代だからである。この十九世紀は哲学の世紀であるからとのことで、だからといって世紀が哲学をわがものにしているとか、哲学が世紀の主力をなしているとか申すべきではなく、むしろこの世紀が哲学向きに成熟して、まさしくそのために哲学を必要としている時代だというほどの意味である。これは高度に教養が進んだしるしなのであり、加えて時代の文化の目盛りにおけるひとつの定点でさえある。[2]

論理学が実用上役に立たないことはかくのごとくであるが、それでも論理学が実用上の目的のために考案されたものであることをおそらく否定することは出来まい。論理学の発生をわたしは次のように説明してみる。エレア学派の人々やメガラ学派の人々やソフィストたちの間に論争を愛好する気持がしきりに勃興して、ついには嵩じてそれがほとんど病癖にまでなった頃のことである。どんな論争もたいてい混乱に陥り、間もなく彼らは混乱を一定の方法によって処理する必要を感じざるを得なくなり、処理をさばく手引きとして一つの学問的な弁証法が求められたのであった。論争であるからには、争っている当事者の両方がいずれかの命題について意見の一致を見なければならなかったし、さまざまな論点がその命題に還元されなければならないということが、当時、彼らがまっ先に気がつかざるを得なかった点であった。このように共通して承認された命題をとりあえず正式に命題として宣言し、これを討議の首位にすえることに、混乱を方法的に処理する出発点があった。ところが命題は最初のうちはたんに討議の材料に関係しただけであったが、間もなくひとびとに分かってきたのは、共通して承認された真理（命題）にさかのぼって各自の主張をそこから導き出そうとするときの方法と仕方のうちにも、一定の形式や法則が守られているということであった。この、一定の形式や方法は、討議に先立って協定をかわしたわけでもないのに、争いの的にはならなかったのである。このことから、一定の形式や法則とは、理性の本質のうちにある理性そのものの独特な行き方・働き方であり、これが討議の方式であらねばならぬことが分かってきたのであった。ところがこの方式にはとりたてて疑惑も不一致もみられなかったのに、誰かあるペダンティックなまでに組織的な頭脳の男が現われて、次のようにすれば、この方式は外観上も立派に見えるようになり、方法的な弁証法の完成品になるであろうという着想を思いついたのであった。すなわち理性そのものの合法則的な処理にほかならぬこの論争上の方式をも、以前同様に抽象的な命題のかたちで宣言すればよいだろう。以前に討議の材料に関して共通に承認された命題を討議の首位にすえたのと同様に、この命題をも論争そのものの規範《カノン》として設定すればよいだろう。そうすれば、人はいつでもこの規範《カノン》も振り返ってみて、これに依拠しなければならなくなるだろう、そういう着想を思いついたのだった。——

こうして、ひとびとが従来、さながら暗黙の同意によって守ってきたかあるいは本能的に実行してきたことを、今や意識的に、法則として承認し、これを正式に宣言しようとしたのであるが、これによって、矛盾原理、充足理由の原理、排中原理、総体及び皆無に関する原理 **dictum de omni et nullo** といったような、完成の度合に程度の差はあるにせよ、論理学の根本原理を示す表現がしだいに発見されていったのであった。そしてそれから、例えば三段論法の特別な規則、「単なる特殊あるいは否定の前提からはいかなる結論も得られない」**ex meris particularibus aut negativis nihil sequitur** とか、「帰結から理由への推論は有効ではない」**a rationato ad rationem non valet consequentia** 等々が発見されるにいたったのであろう。——

しかしここまでくるには長い間かかって非常に苦労してことはやっと成就したのであって、アリストテレス以前にはすべてがまだきわめて不完全であったことは、少なからぬプラトンの対話編中に論理学上の真理を示すのに無器用な回りくどいやり方がなされていることをみてもその一半が分かるだろう。しかしこのことが、長い時間と苦労の末であったことをいっそうよく分からせてくれるのは、セクストゥス・エンピリクス（二〇〇年ごろの懐疑哲学を説いたギリシアの哲学者・医学者）がわれわれに報告していることで、メガラ学派の人々がきわめて容易で簡単な論理学上の法則に関して争いに争いを重ね、面倒な方法でようやくそれを明瞭なものにするにいたったいきさつである〔セクストゥス・エンピリクス『数学者への反論』第八巻一一二ページ以降〕。手もとにある材料を蒐め、並べ、訂正して、これを比類ない高い程度に完成したのはアリストテレスであった。以上のような仕方でギリシア文化の歩みがいかにアリストテレスの仕事の準備となってこれを最後に招来したかを思うと、ペルシアの文人たちの主張するところに信を置く気にはなれないだろう。ペルシアの文人たちの主張にひどくとらわれたジョーンズ（ウィリアム・ジョーンズのこと。第一節訳注（3）参照）によれば、インド人の手で完成された論理学をカリステネスが見つけ出してきて、これを伯父に当たるアリストテレスに送ったとわれわれに報告している〔『アジア研究』第四巻一六三ページ〕。――

悲しむべき中世の時代には、スコラ哲学者たちの論争好きな、事実上の知識に乏しい、方式と用語とにのみ汲々としている精神には、アリストテレスの論理学はきわめて歓迎すべきものであったに違いなく、そのずたずたに寸断されたアラビア語訳においてすら、むさぼり読まれ、やがては一切知識の中心に祭り上げられたことは、容易に納得がいく。アリストテレスの論理学はなるほどその後威信の程度は衰えはしたが、それでも一つの独立している実用的な、非常に必要な学問としての信用を、今日にいたるまで保持してきているのである。われわれの時代には、がんらいその礎石を論理学からとってきたカント哲学が、ふたたび論理学に対する新たな関心をかき立てているのであるが、論理学は理性の本質を認識する手段であるという見地からすれば、それももとより当然のことといえるかもしれない。

いくつかの概念範囲の関係を精密に見て、第一の範囲が第二の範囲のなかにそっくり含まれ、第二の範囲がまた第三の範囲のなかに完全に含まれている場合にのみ、第一の範囲も第三の範囲のなかに完全に含まれていると承認されるのであり、こうしたプロセスを通じて正しい厳密な推論が成り立つ。これに反して説得術（弁論で人を説き伏せる方法・技術）を成り立たせている基礎は、これら概念の範囲の関係などをごくいいかげんに見ていくだけで、そしてそれから概念の範囲を自分の目論見《もくろみ》に合うように一方的に決めてしまうことにある。それも主として、考察中の概念の範囲の一部だけが甲の概念の範囲のなかにあり、その他の部分が乙の概念の範囲のなかにあるようなとき、弁論者の目論見に応じて、考察中の概念の範囲が、すっかりまるごと甲の範囲のなかにあると主張したり、あるいは乙の範囲のなかにあると主張したりするという風におこなわれるのである。例えば情熱について云々する場合に、情熱を世の中における最大の力、強大な原動力の概念のもとにくり入れることも、不合理の概念のもとにくり入れることも任意に可能であり、さらにこの不合理の概念を無気力もしくは虚弱の概念のもとにくり入れてしまうこともできるがごときである。この同じ手続きをいくらでもつづけることができ、およそ弁論の及ぶいかなる概念にもあらためてこれを適用できる。――

一つの概念の範囲のなかには、通常、若干数の他の概念の範囲と重なってくる部分がある。この後者（若干数の他の概念）のおのおのが前者（最初の一つの概念）の領域の一部を自分の領域上に含むことはもとよりだが、しかし自らはそれ以外になお多くの他の概念を包みこんでいるのである。ところが人は、この後者の概念の範囲の中からただ一つだけ――前者の概念をその中へくり入れたいと思う一つだけ――を取り出してこれに照明を当てて、それ以外の（なお多くの他の）概念の範囲をなおざりに付してしまうか、もしくは隠蔽しておく。がんらいすべての説得術、すべての巧妙な詭弁術はこうした手管に依っているのである。なぜなら、嘘言者 mentiens、隠蔽する者 velatus、両角ある者 cornutus（メガラ学派エウブリデスの用いた「陥穽推理」の名。虚偽、隠蔽、両刀論法の意）のような論理学上の手管は、実際に応用するうえでは明らかにあまりにも野蛮無作法なものといえるからである。――

およそすべての詭弁と説得の本質を以上のようにそれがおこなわれ得る究極の根拠にまでさかのぼって突きとめ、その根拠を概念の固有の性質、すなわち理性の認識の仕方のうちにあると指摘した者がこれまでにいたとは、寡聞にしてわたしは知らないが、わたしの講義の行きがかり上、たとえ簡単に分かってしまう問題だとはいえ、わたしはこの問題を後掲の図における図形によってさらに説明しておくことにしたい。この表でわたしが示そうと思っていることは、概念の諸範囲がたがいに多種多様に食いこみ合っているので、どの概念から出ようと、別のあれこれの概念に移行していく勝手気ままさに余地を与えていることである。ただわたしは、読者がこの表につりこまれて、このようなちょっとした付録的な説明に当然以上の重大な価値があるとは思わないことを望んでおきたい。――

わたしは説明のための例として旅行するという概念を選んでみた。旅行するという概念の範囲は、他の四つの領域内に食い込んでいる。説得者はその四つのうちのいずれへも任意に移ることができる。四つの概念はまたふたたび別の範囲に食い込んでいて、その多くは二つないし若干数の範囲に食い込んでいる。説得者は、そのどれか一つを通っていく道を随意に選んで、さながらそれが唯一の道であるかのごとくに言い、そしてしまいに旅行するのは善いというも悪いというもいずれに到達するにせよ、初めにあった自分の目論見次第である。ただし範囲から範囲を追いかけていく際、つねに中心〔与えられた主概念〕から周辺への同一方向を守っていくべきで、逆戻りしてはならない。――

こうした詭弁に着せる装いは、聴き手のどの弱点をつかむのが得であるかに応じて、立板に水

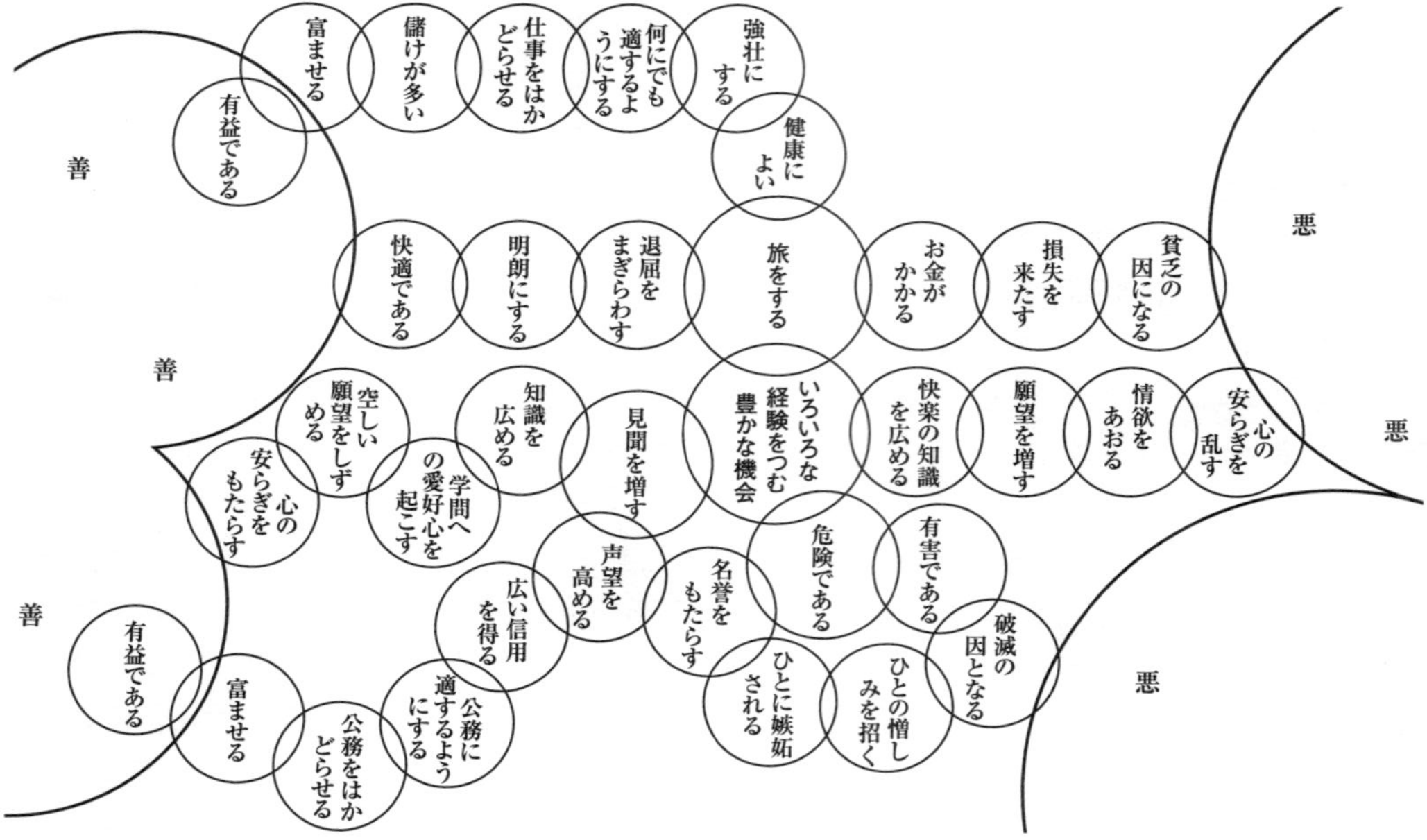
善
善
善
悪
悪
悪
有益である
富ませる
儲けが多い
仕事をはかどらせる
何にでも適するようにする
強壮にする
健康によい
快適である
明朗にする
退屈をまぎらわす
旅をする
お金がかかる
損失を来たす
貧乏の因になる
空しい願望をしずめる
心の安らぎをもたらす
学問への愛好心を起こす
知識を広める
見聞を増す
いろいろな経験をつむ豊かな機会
快楽の知識を広める
願望を増す
情欲をあおる
心の安らぎを乱す
声望を高める
広い信用を得る
名誉をもたらす
危険である
有害である
破滅の因となる
ひとの憎しみを招く
ひとに嫉妬される
公務に適するようにする
公務をはかどらせる
富ませる
有益である

を流すような演説にもなれば、厳密な推論形式にもなり得てくるのである。大抵の学問的論証、とりわけ哲学の論証などは、つまるところこの手のものとさして性質の異なるものではない。そうでなければ、これまでいろいろの時代に、あれほどにも多くのことが誤って仮定されたばかりでなく〔誤謬そのものは別の起源をもつから〕、一度は論証も証明もされたのに、後の世になって根本誤謬であったと判定されてしまうような場合がどうしてあれほどにも多く起こり得るのであろうか。例えばライプニッツ＝ヴォルフの哲学、プトレマイオスの天文学、シュタールの化学、ニュートンの色彩論、等々、等々[3]……。

〔1〕これに対しては続編の第五、第六章を参照。
〔2〕これに対しては続編の第九、第十章を参照。
〔3〕これに対しては続編の第十一章を参照。

第十節

以上論述してきたことを通じて、いよいよ次のような問題がわれわれには大切になってくる。その問題とは、いったいどのようにして確実性は達成されるのであろうか。判断はどのようにして基礎づけられるのであろうか。われわれが言葉ならびに思慮ある行動と並べて、理性の与えた三番目の長所として誇りに思っている知 Wissen と科学 Wissenschaft の本質はどこにあるのだろうか。

理性とは女性的な性格のものなのだ。理性は、自分が受け取った後でしかよそに与えることができない。理性が自分ひとりの力で手に入れているものは、せいぜいのところ自分で自分を操作する無内容な形式のみである。完全に純粋な理性認識としては、わたしが高次論理学的《メタローギッシュ》な真理をそれに付与した（論理学の）四つの原理、つまり同一原理、矛盾原理、排中原理、および認識の充足理由の原理のほかにはなにもないとさえいえるのである。なぜなら論理学の原理でもこの四つ以外のものとなると、すでにもう完全に純粋な理性認識であるとは言えなくなっているのである。四つ以外のものは、前節に述べたあの概念の範囲の関係や組み合わせを前提としているためである。概念一般が存在するにはそれに先立つ直観的表象があり、この直観的表象に対する関係が概念の全本質を決定しているのであるから、概念は直観的表象を前提としている（四つ以外のものはかく概念の組み合わせを前提とするので純粋な理性認識であるとは言えないわけである）。——しかしながらこの前提は概念の特定内容に及ぶものではなく、ただ一般的に概念の存在に及ぶだけであるから、やはり論理学はごく大まかにみれば純粋な理性学とみなされてよいものなのである。これに対し論理学以外の諸学問においては、理性が（概念ではなしに）直観的表象から内容をかち得ているといえる。例えば数学にあっては、いっさいの経験に先立って直観的に意識された空間と時間の関係から内容を得ている。また、純粋な自然学、これは自然の運行に関する、いっさいの経験に先立つわれわれの知識のことだが、この自然学において学問の内容は純粋悟性（カント用語。第四節訳注（2）参照）から生じている。すなわち因果律のア・プリオリな認識、ならびに空間と時間の純粋直観とこの因果律との結合から生じたものである。その他の学問のなかで、数学や自然学から転用されてこないようなものはすべて、経験に所属している。——

総じて知るとは、十分な認識根拠を判断の外のなにものかのうちに有している判断、すなわち真であるところの判断を、おのれの精神の力のうちにおさめ、自由自在にこれを再現し得るという意味である。だから抽象的な認識だけが、知、ということにほかならぬ。知が理性を条件とするのはそのためである。動物に関して、これを厳密に言えば、動物は直観的な認識をもっているし、またこの認識を記憶することもできるし、記憶があればこそ想像することもできるし、おまけにその証拠として動物は夢をみることもできるのであるが、動物がなにかを知る、などとわれわれは言うことは出来ない。意識 Bewußtsein という語は、知ること Wissen という語から取られたものであるけれども、知るとはいえない動物にも意識はあるとわれわれは考える。したがって意識の概念は、どんな種類の表象であろうと、表象するという概念と一致するのである。だからまた、植物には生命ありとされるが、植物に意識はないのである。——

そういうわけで、知るとは抽象的な意識のことであり、理性が総じて、概念とは別の仕方で認識されたものを、概念のなかに固定させることである。

第十一節

こうした見地から考えていくなら、さて、知とほんとうに対立しているものは、情Gefühlである。情（もしくは感情）に関する論考をここで挿しはさんでおかなければなるまい。――情ということばが示す概念は、どこまでもネガティヴな内容のみをおびている。意識の中にありありと浮かんでいるものが概念ではないこと、理性の抽象的認識ではないこと、といった（……でない、という）ネガティヴな内容のみをおびている。すなわち抽象的な理性認識に入らないものなら何であろうと、情という概念に入ってくるといっていい。この概念の並外れて広い範囲はそれゆえもっとも異質なものごとをさえも包み込んでいる。それら異質なものごとが抽象的概念ではないというただネガティヴな点で一致しているにすぎないことを認識しておかないと、どうしてこのような異質なものごとが集まって一緒になるのかがなんとも理解しがたいだろう。――

なぜなら、いろいろ相異なった要素や、たがいに敵対する要素までもが、情という概念のなかに安んじて並んでいるからである。例えば宗教的感情、肉欲の感情、道徳的な感情、触覚・苦痛・色彩感覚・音響感覚ならびに音の調和や不調和の感覚といった肉体的な感情、憎悪・嫌悪・自己満足・名誉・恥辱・正義・不正義の感情、真理の感情、美的な感情、力・弱さ・健康・友情・愛の感情等々。これらの相互の間には、ただ抽象的な理性認識ではないというネガティヴな共通点がある以外にはなにひとつ共通するところはないのである。しかしこのことがひときわ目立ってはっきりしているのは、空間的な関係のア・プリオリな直観的な認識でさえ、さらに加えて純粋悟性の認識までもがこの概念のなかに組み入れられ、人がいまようやくわずかに直覚的に意識しただけで、まだ抽象的な概念に置きかえていない（その直前の）あらゆる認識や真理について、人がそれらを感じる fühlen と言われるような場合があることとである。――

この点について、最近の書物のなかからの二、三の実例がわたしの説明のはっきりした証拠になると思われるから、わたしは解明の必要上、これらの実例を挙げておくことにしよう。ユークリッドのある独訳本の序文のなかで読んだ記憶があるのだが、幾何学の初心者には、まず図形を描かせておいて、それから証明を手がける段に進みなさい、と彼は教えている。そうすれば、初心者たちは完成された認識を証明によってまだ与えられないでいるうちに、すでにそれより前に、幾何学的な真理を感じるであろうから、というのである。――同じようなことだが、フリードリヒ・シュライエルマッヘルの『道徳説批判』のなかでも、論理的数学的な感情ということが扱われているし〔三三九ページ〕、また、二つの公式の同一性および差異性の感情ということも問題にされている〔三四二ページ〕。さらにテンネマンの『哲学史』第一巻三六一ページのなかでは、「ひとびとはこれらの詭弁の正しくないことを感じたが、しかし誤りを発見することはできなかった」という言い方がなされている。――

ところで情という概念を適切な見方から考察することもせずに、これにとって本質的ともいうべきあのネガティヴな目じるしを認識しないでおくと、その及ぶ範囲の並外れた広さと、単にネガティヴにすぎない、きわめて一方的に規定された、概念そのものの内容の乏しさのゆえに、情というこの概念は、たえず誤解と論争をひきおこすもとになるに違いない。われわれはドイツ語でなおこの他に感覚Empfindungというかなり似た意味のことばをもっているから、こっちの方は一段下の種類の肉体的感情をあらわす専用語によけておくと好都合であろう。しかし他のすべての概念とくらべてみても、はなはだ均衡を欠いた情というこの概念のそもそもの起こりは、疑いもなく次のような事情である。――

あらゆる概念は、といって語の表示するのはどのみち概念のみであるが、ただ理性に対してのみあり、理性を起点としているものである。したがって概念を用いるということは、はじめからある一面的な立場に立つということである。しかし一面的な立場に立っているからこそ、近いものは明瞭にうつり、積極的《ポジテイヴ》なものと定められるし、遠いものは混然とまじり合って一つになって、間もなくせいぜい消極的《ネガテイヴ》に考慮に入れられるにすぎなくなってくる。例えばどの国民も自分以外の国民をすべて外国人とよび、ギリシア人はあらゆる他国民を野蛮人《バルバロイ》、イギリス人はイギリスもしくはイギリス的でないものをひっくるめて大陸そして大陸的、信仰者は自分の宗派以外のものをすべて異端者または異教徒、貴族は他のすべての人を平民、学生は他のすべての人を俗物《フィリスター》とよぶがごときはその例である。このような一面性、これは自負心から生じるところの粗野な無知だということもできるが、いくら奇妙に聞こえようとも、これは理性が自ら招いた過ちなのである。というのは理性は直接に理性の表象の仕方に属していないもの、すなわち抽象的概念ではないあらゆる意識の変化形態を情という一つの概念のうちに包みこんでしまうからである。理性はこうした事態の罰を受け、これまで理性みずからの縄張りのうえで、誤解と混乱をくりかえすことで罪滅ぼしをしなければならない始末となった。特別な感情能力を提唱してみたり、それに関する理論を構成してみたりしてさえいるからである。理性には、自分のやっている遣り方を徹底した自己認識を通じてはっきりさせるということがこれまでになかったからであった。

第十二節

知、と矛盾対立するものとしてわたしは前節で、情、という概念を検討したわけであるが、ところで知は、既述のとおり、抽象的な認識、すなわち理性認識のことであった。しかしながら理性は、いつも要するに、理性とは別口から受け入れられたものをいま一度（理性の）認識の前に引き据えることをなし得るのみだから、がんらいがわれわれの認識を拡大する力はなく、認識にもう一つ別の形式を与えるだけである。それはつまり、直覚的に、具体性をもって認識されたものを、抽象的に、かつ一般的にあらためて認識させるのが理性だという意味である。——

こう言えば一見なんのことはないようにみえるが、ところがこのことは見かけよりはるかに重要なことなのである。なぜなら、認識の確実な保存、伝達の可能性、実際面への認識の確実かつ広汎な応用、こういったことすべては、認識がついには知になり、抽象的な認識になったということにいつにかかっているからである。ただ直覚しただけの認識は、しょせんはばらばらの事例に通用するにすぎず、もっとも卑近なものにしか及ぶことはなく、そのあたりを低迷している。感性と悟性は、がんらいが、現在ただいまの一つの客観を把握することがやっとだからである。息の長い入り組んだ計画的活動は、だから原理にもとづいていなければならないであろうし、抽象的な知に発し、かつこれによって導かれていかなければならないであろう。——

なるほど、例えば原因と結果の関係に関しては、それについて抽象的に思考されるよりも、悟性がいだく認識の方が、それなりにはるかに完全で、深く、徹底しているということは、それはそのとおりである。例えば梃子、滑車、歯車の働き方や、円天井がそれ自身で安定していることなどを、直観的に、直接かつ完全に認識するのは、ひとえに悟性である。しかしながら、先に述べたとおり、直接に目の前にあるものにしか及んでいかないという直覚的な認識の性格からいって、機械や建物を組み立てることにかけてはもう単なる悟性では十分とはいえなくなっている。むしろ、ここで理性が登場し、直観のかわりに抽象的な概念をさだめ、それを作業の規準としなければならない。この概念が正しかったならば、作業は成功するだろう。この例と同じことだが、放物線、双曲線、螺旋の本質と合法則性をわれわれが完全に認識するのは、(悟性による) 純粋な直観においてである。しかしながら、この認識から発して、これを現実の場に間違いなく応用するには、認識はあらかじめ抽象的な知になり変わっていなければならない。もちろん、そうなれば、直観性を失うことになるが、しかしそのかわりに抽象的な知の確実さと明確さとを手に入れることになるだろう。だから微分計算法は、曲線に関するわれわれの認識をがんらい拡大するものではない。微分計算法は曲線に関する単なる純粋直観がすでに含んでいる以上のものはなにも含んでいないのではあるが、しかし、微分計算法は認識の仕方を変え、直覚的な認識を抽象的なそれに変えたのであって、このことは応用にとってきわめて効果的なのである。――

ところでこれまで、直観的な認識と抽象的な認識とがはっきり区別されていなかったうちは、おそらく誰も気がつきようがなかったのであろうが、われわれの認識能力にはなお一つの特徴があって、これがいまここであらためて問題となってくるのである。それは、空間の関係は直接にそのままのかたちで抽象的な認識に移されることはあり得ないということで、そういう移しかえに適しているのは、ただ時間の大きさ、すなわち数だけだということである。数だけは、それにぴったり一致した抽象的な概念のかたちに表現されることが可能であるが、空間の大きさはそうはいかない。千という概念と十という概念とが異なっているのは、二つの時間的な量が直観しただけで異なっているからである。千という数においてわれわれは十の一定の倍数を考えるが、われわれがこの千を時間の中で任意に分解できる、つまり数えることができるのは、直観に対してである。しかし、一マイルという抽象的概念と、一フィートという抽象的概念の間では、これに関する直観的な表象がなければ、かつまた数のたすけを借りなければ、この大きさそのものにぴったり一致した正確な区別などはまったく存在しない。一マイルとか一フィートという抽象的概念のなかでは、一般にただ空間の大きさが考えられる。われわれが両者をじゅうぶんに区別しようというのであれば、空間的な直観にたすけを求めるか、早くも抽象的な認識の領域を離れてしまうか、それともこの区別を数によって考えてみるか、なんとしてもそのいずれかにならざるを得ないのである。だから空間的な関係から抽象的な認識を得ようとするのであれば、まずこれがいったんは時間の関係に、つまり数に移し変えられなければならないわけなのだ。算術 Arithmetik だけが一般的な大きさの理論であって、幾何学 Geometrie がそうでないというのは右の理由にもとづいている。幾何学に伝達の可能性、緻密な正確さ、実際面への応用可能性を与えようとしたなら、いったんは算術に翻訳されなければならない。なるほど（幾何学の）空間的な関係そのものは抽象的にも思考することができよう。例えば、「sin《サイン》は角度に比例して大きくなる」。ところがこの関係の（具体的な）大きさを述べようとすれば、数が必要となってくるのである。この必然性、つまり（空間の）諸関係のあいだの抽象的な認識〔すなわち単なる直観ではなく、知〕をもとうとすれば、三次元から成る空間を一次元しかもたぬ時間に翻訳しなければならないという必然性、これこそまさしく、数学をひどく厄介なものにしている当のものである。このことは、曲線をただ直観することと曲線を解析的に計算することとを比較してみればはっきりわかるし、また、三角形の各部分の変化する関係——対数表によって表現されている関係——をただ直観することと、三角函数の対数表そのものとを比較してみさえすれば、やはりはっきりわかることである。この場合、sin《サイン》が増大するにつれcos《コサイン》が減少するとか、ある角のcosは他の角のsinであるとか、両角の増大減少は反比例しているとか、等々は直観がひと目みただけで完全に、このうえない精確さでとらえてしまうことばかりだが、これを抽象的に表現するために、なんという途方もなく入り組んだ数の組織と、なんという面倒きわまる計算を必要としたことだろうか。それはつまりは時間がその一次元をもって空間の三次元を翻訳するために苦心惨憺しなければならないのだという風に言うこともできる。しかしながら応用という目的のために空間の関係を抽象的概念に託して貯えておこうとしたならば、これは避けられないことでもあるのだ。直接に空間の関係が抽象概念の中へ入ることは不可能なことで、数という純粋に時間的な大きさを媒介することでかろうじて入るのであって、数だけが直接に抽象的認識に順応している。さらに注目すべきことは、空間はいかにも非常によく直観に適していて、その三次元によって、複雑化した関係をすらも見渡しやすいようにするが、一方、抽象的認識にとらえられることを避けている。時間はこれとは逆に、いかにもやすやすと抽象的概念に入りはするが、一方、直観することはほとんどできかねるという事情である。これをいいかえれば、数をその固有の要素である単なる時間によって、空間のたすけを借りずに直観する場合には、われわれの直観はかろうじて十まではとどくが、それ以上になると、もはや数の直観的認識はわれわれにはなく、せいぜいわれわれはその抽象的な概念をもつだけである。これに対処すべくわれわれは、緻密に規定された抽象的概念を数詞や代数記号と組み合わせるのである。

ついでにここで注意しなければならないことは、多くのひとびとはただ直観的に認識されたものだけで満足しきっていることである。彼らの求めていることは、空間のなかに直観的に示されている存在の根拠と帰結である。空間に関する諸問題のユークリッドの証明とか、算術的な解答とかは、多くのひとびとに訴えかけるものがない。これに反しもっぱら応用と伝達とのために役に立つ抽象的な概念を求めるひとびとが別にいて、彼らは抽象的な公理、公式、長い推論の連鎖から成る証明、複雑をきわめた抽象作用をその記号に代表させている計算、これらをよく忍耐し記憶するひとびとである。後者にあたるひとびとは確実性を求め、前者にあたるひとびとは直観性を求めている。この差異はきわだって特色のあるものである。

知、すなわち抽象的認識は、伝達される可能性ならびに定型で保存される可能性に最大の価値をもっているのであって、それゆえにこそ、実用上はかりしれないほど重要となる。ある人は自然界の物体の変化と運動の因果連関について、単なる悟性による直接の直観的認識を手に入れれば、それですっかり満足していられるのだが、これが伝達に付されるためには、いったん概念のかたちで定型化された後の話である。前者の認識（単なる悟性による直観的認識）でも実用上十分だという場合がある。人がまるきり自分ひとりで実行を引き受ける場合、しかも直観的認識がまだなまなましさを保っている間に実行できる行動で引き受けるような場合がそれである。しかし他人の助力を必要としたり、自分でやるにしてもいろいろ違った時間に始められる行動、したがってよく練られた計画を必要としているような場合は、その例ではない。──

こういう次第だから、例えば練習をつんだ撞球家は弾力のある物体相互の衝突し合う法則について、ただ悟性だけにたのみ、ただ直接の直観に対してのみ、完全な知識 Kenntnis をもつことができるし、球を突くにはそれでまったく十分である。これに反し物体相互の衝突し合う法則についての本来の知 Wissen、すなわち抽象的な認識をそなえているのは、数学を修めた学者だけである。機械を組み立てるに対してさえ、単なる直覚的な悟性認識だけで十分な場合がある。学問はまるでなくても才能のある職工にしばしば見られるように、その機械の発明者として自分ひとりで組み立てを実行するような場合がそれである。これに反して、複数の人間が一緒になって機械を造るとか、家を建てるとか、メカニックな操作をおこなうに当たり、いろいろな違った時間に活動を始めることが必要になるやいなや、これを指導する人は抽象的に計画を立てておかなくてはならないであろう。こうした共同的な活動は理性の助けをまってはじめて可能となるのである。――

ところが奇妙なことには、前者の活動の場面、つまり人が独りきりで間断なく連続する行為においてあることを成就しなくてはならないような場面で、知、理性の応用、反省作用などはときとしてその人の活動の障害になることがあるかもしれない。例えばほかならぬ撞球《ビリヤード》がそうであり、フェンシング、楽器の調律、歌唱でもそうである。こうした場合には直観的表象が活動を直接に導いていくことが必要であって、反省をめぐらせてばかりいると注意を散らし、人間を混乱させ、活動を不安定にする。考えることにまことに慣れていない野蛮人や未開人が、反省的なヨーロッパ人の及びもつかない確実さと素早さで、動物と格闘したり矢を射当てたりする等の、多くの身体運動をおこなうのはそのためである。ヨーロッパ人は熟慮あるおかげでぐらついたりためらったりする。なぜなら反省的なヨーロッパ人は、正しい場所や正しい時点を正しくない両翼の極端から等距離をとることで見出そうとするが、未開の自然人は、反省の回り道などをしないで直かに正しい場所や正しい時点をぴったりと言い当てる。これと同様な例として、わたしが剃刀を当てるべき角度を何度何分であると抽象的に述べることができたとしても、もしわたしがその角度を直覚的に知っていないならば、つまり角度をさだめる呼吸をのみこんでいないならば、わたしにはなんの役にも立ちはしないのである。さらに似たあり方の例として、理性を用いることがかえって障害になるのは人相を見る場合で、これも直かに悟性によっておこなわれなければならないことである。表情、すなわち顔相の意味は、ただ感じられるだけだと言われているが、ひっきょう、抽象概念には入らないものである。人は誰でも自分なりの直接の直覚的な観相学をもっているものだが、なかには『もののしるし』signatura rerum（ヤーコプ・ベーメの一六二二年の著作名）を他の誰よりもいっそう明瞭に見分ける人がいる。しかし教えたり学んだりする抽象的な観相学は実現されない。なぜなら人相のこまやかなニュアンスは概念の手のとどき得ないほど微妙だからである。抽象的な知が人相のこまやかなニュアンスに対してもつ関係は、寄せ石細工画《モザイク》がヴァン・デル・ヴェルフト（未詳。ただし十七—十八世紀オランダの肖像画・風俗画家にヴァン・デル・ヴェルフ兄弟がいる）やデンナー（一六八五—一七四九年。バルタザール。ドイツ宮廷で人気のあった肖像画家で、老人の頭部の皺、細毛、毛穴などを緻密に再現した）の絵に対するような関係であって、寄せ石細工画がどんなに繊細であろうとも、やはり石と石との境界はつねに残っているから、寄せ石細工画《モザイク》には一つの色合から他の色合へ色が連続して移行していくということがあり得ない。概念もこれと同様に、硬直し、くっきりした境界線をそなえているので、ことこまかな規定によってどんなに微妙に分割されようとも、概念は直観的なもの（具象的なもの）の微細な変化形態をとらえるにはつねに至らない。微細な変化

形態こそ、ほかでもない、ここで例にとった観相学にとって大切なものである。(1)

概念は右に述べた性質のために、モザイク絵画の石に似たものとなり、直観はいつまでたっても概念の漸近線にとどまるほかないが、概念のこの性質が、芸術の分野では概念によって良い仕事がなされないことの理由でもある。歌い手や優れた楽師が反省に導かれて演奏しようとするといつでも死んだ演奏になる。同じことは作曲家、画家、のみならず詩人にも当てはまる。つねに芸術にとって概念は不毛である。概念は芸術の技巧の方面で多少の導きとなるかもしれないが、概念の本領は、科学である。なぜほんものの芸術は直観的な認識から生まれ、けっして概念から生まれないのか、これは第三巻でもっとくわしく研究することになろう。——

人間の立居振舞に関しても、交際で快適な人間的魅力を発揮することに関しても、概念はせいぜい消極的に役立つだけであって、利己心《エゴイズム》や野獣性のあらあらしい爆発をおさえるていどである。まことに、慇懃鄭重さは、概念のなせる賞讃すべき業《わざ》といえよう。けれども立居振舞における人の心を魅きつけるもの、優雅なもの、人に気持のいい印象を与えるもの、情愛がこまやかで親切心にあふれているもの、これらは概念から生じたものであってはならない。さもないと、

下心があると感づけば、いやな気持になる。

(ゲーテ『タッソー』第二幕第一場)

擬装はすべて反省の業である。しかし擬装は永くいつまでもあばかれずに持ちこたえられるものではない。セネカは『慈悲について』という本の中で「誰も永くは仮面をつけてはいられない。仮装されたものはすぐに己れの本性へと立ちもどる」（第一巻一・六）と述べているが、擬装はたとえつけていたところで、たいていは見破られてしまい、所期の効果はまと外れになる。生命が衝迫的にもり上がった潮時において、迅速な決心、大胆な行動、す早い確かな採択を必要とするようなときには、なるほど理性はぜひ働かなくてはなるまいが、しかし理性が主導権を握って、しかるべきものを悟性が直覚的・直接的に見つけ出し同時にこれを採択するのを理性にかき乱し妨げられて、ついに不決断がひき起こされるようなことになると、なにもかもがたやすく台無しになってしまうのである。

最後に徳性と神聖さも反省からではなしに、意志の内奥の深みと認識に対するその関係から生じるものである。この点は本書の別の個所で論じるべきであるから（第四巻の中心主題）、次に述べるのは、ここでこれだけのことは言っておきたいということに限りたい。倫理的なものに関する教義《ドグマ》はあらゆる国民の理性において同一であり得ても、各個人における行動はそれとは違うこともあり得るし、正反対の場合すらある。すなわち行動は、人も言うように、感情に即しておこなわれる。これこそまさしく概念に即したものではなく、つまり倫理の内容に即したものではないということだ。教義《ドグマ》に没頭するのは閑暇《ひま》のある理性のやることである。行動は結局のところ教義に左右されず、わが道を行く。大抵は抽象的な格率に従うことなく、まだ言葉になっていない格率に従う。このような言葉になっていない格率を表現したものこそ、ほかならぬ人間の全身全霊なのである。それゆえ、諸民族の宗教的教義がどんなに多種多様であろうとも、やはりすべての民族にあって、善行は言いしれぬ満足をともない、悪行ははてしのない嫌悪につきまとわれるものである。どんな嘲りも善行の満足を動揺させることはないし、また懺悔聴聞僧がいかに赦してくれても、悪行の嫌悪から人を解放することもない。しかしそれだからといって、有徳の行ないを実行するにあたって理性の適用が必要であることを否定すべきではない。ただ理性が有徳の行ないの泉ではないというだけのことである。むしろ理性の機能は一段下位にあたるもので、この機能はいったんきめた決心を守らせ、格率を突きつけ、一時の弱みに反抗させ、首尾一貫した行動をとらせることにある。芸術においてもまた、理性は結局同じ役目を演じているのであって、大体において理性はなにもはたすことはできないが、芸術制作を最後まで実行することを支援してくれるものなのである。芸術の守護神は必ずどの時刻《とき》にも意のままになるとはかぎらないものなのに、作品の方はあらゆる部分が完全で、しかも一つの全体として渾然円やかなものに仕上がっていなくてはならないという、まさしくそれ以外の理由ではない。[2]

〔1〕それゆえに、観相学は二、三のごく一般的な規則をかかげるのに止まって、それ以上には確かさを

もっておこなえることはなにもないとわたしは考えている。ここでいう一般的な規則とは、例えば額と眼のなかには知性的なものが、口と顔の下半分には倫理的なもの、つまり意志の表われが読みとれる。——額と眼とは二つを相互に重ね合わせて解釈されるのであって、一方だけを見て、他を見ないでは、半分しかわからない。——天才は必ず美しくせりあがった、高くて、広い額をもっているが、そういう額をもっているからといって必ずしも天才とはいえない場合もしばしばある。——才知ある様子からは才知を推し量ることができるが、その人の容貌が醜ければ醜いほどいっそう確かにそれができるのである。愚かな様子からは愚鈍を推し量ることができるが、容貌が美しければ美しいほどいっそう確かにそれができるのである。というのも美は〔個人ではなく〕人類の典型にふさわしい以上、それ自体としてすでに精神の明澄さの表情を帯びており、醜さの場合は事情がその反対になるから、等々。

〔2〕この点については続編の第七章を参照。

第十三節

抽象的な知は直観的な表象を反射したものであり、直観的な表象をもとにしてはいるけれども、しかしどの場合にも直観的な表象の代理をつとめることができるほどに両者は一致しているわけではない、というようなことは、理性を使用することの利害得失をとことん考えてみれば、明らかになるはずである。抽象的な知は、直観的な表象に、むしろけっして厳密には一致しないものである。われわれがすでに承知しているとおり、人間のなす仕事の中の多くはたしかに理性と熟慮をへた処置との助けによってのみ成就されるのであるが、しかしなかにはこれらを使用しない方がかえってうまくいくという仕事も若干あるのはそのせいである。――

ほかでもない、この不一致のために、直観的な認識と抽象的な認識とが随分と接近していながら、それはたかだか寄せ石細工《モザイク》が絵画に似ているといった程度の近づきでしかないわけだが、両者のこの不一致が、次に述べる一つの注目すべき現象の理由にもなっている。――

それは理性とまったく同様に、もっぱら人間の本性に特有の現象、これまでいろいろに説明が試みられてどれもみな不十分であったというしろもの、わたしが言うのは笑い das Lachen のことである。笑いの起源を尋ねてみれば（直観的な認識と抽象的な認識との不一致によって笑いが生じると今述べたが）、笑いについてここで論議することは論文の歩みを止めることにはなるけれども、起源がそういうわけなら、本論のこの場所でわれわれは笑いの論議を避けるわけにはいかない。――

笑いが生じるのはいつでも、ある概念と、なんらかの点でこの概念を通じて考えられていた実在の客観との間に、とつぜんに不一致が知覚されるためにほかならず、笑いそのものがまさにこの不一致の表現なのである。この不一致がしばしば発生するケースといえば、二つまたは若干数の実在の客観が一つの概念を通じて考えられ、この一つの概念の同一性が（複数の）客観に転用されることによってである。ところで転用されたあとでしばらくして、ともかく客観どうしがたがいに全く相違しているために、概念が客観とぴったり重なり合うのはそれぞれの客観の中の一面においてでしかないことが目立ってくるであろう。しかし客観の中の一面が概念に正しく包括されても、概念に対し不一致である面がにわかに知覚されるというような、ただ一つの実在の客観がじつにしばしば存在する。一方においてこのように複数の現実が概念に包括されることが正しければ正しいほど、他面からいえば、概念とこの現実との不整合が大きくきわ立ったものであればあるほど、（概念と現実との）この対立から生じるおかしさ das Lächerliche の効果もそれだけ強い。したがって、すべての笑いは、逆説的な、それゆえ思いがけない（概念による現実の）包括をきっかけに起こるものである。この包括が言葉で表わされようと、行為で表わされようと、それは同じことである。要するに以上がおかしさの正しい説明である。

おかしさの実例としていろいろな逸話を出して、以上の説明を解明して時間を費やすようなことはここではしないでおこう。わたしの説明はしごく簡単でわかりやすいから、およそそのようなことは必要ではない。読者が思い出すどんなおかしなことも、わたしの説明を例証していくのにすべてひとしなみに役に立つからである。とはいうものの、おかしさには二種類があって、ほかでもなく今述べた説明からこの二種類が生じるのであるが、おかしさのこの二種類を展開していけばおのずとわたしの説明の正しかったことは裏書きされ、解明されるようになるであろう。すなわち、（二種類のうちの第一は）認識において二つまたは若干数の非常に異なった実在の客観が（概念よりも）先行し、いいかえれば直観的表象が（抽象的表象よりも）先行してしまって、二つまたは若干数の客観を包むような概念の統一性によってこれらばらばらの客観が恣意的に一つのものだと思われてしまう場合であるが、この種のおかしさが機知 Witz とよばれるものである。（二種類のうちの第二は）これとは逆に認識のうちに（実在の客観ではなく）概念がまず先に存在していて、さて概念から出発して実在性へ、実在性に対する働きかけへ、つまり行動へとだんだんに移っていく場合である。この場合、実在の客観の方はいつもは相互に根本的に相異なっているのに、このときだけはその一概念の中で考えられているために、同じ仕方で見られたり、取り扱われたりしているうちに、ついに、いつもの大きな差異があからさまになってきて行為者を驚かせかつあきれさせるにいたるのである。このような種類のおかしさは、阿呆 Narrheit（痴愚、愚行の意）とよばれるものである。したがってすべてのおかしさは、客観どうしの食い違いから概念の同一性の方に向かって進んだか、それともその逆であったかにそれぞれ応じて、機知をそなえた着想であるか、阿呆な行動であるかのいずれかになるであろう。前者はいつも随意に生じる。後者はつねに不随意に、外から強制されて生じる。ところでこの出発点を逆転するように見せかけて、機知を阿呆のようにカモフラージュするのが宮廷道化師や道化役者の芸というものである。この手の人物は、客観どうしの差異を十分に意識していながら、これら客観を密かな機知をもって一つの概念に統一しておいて、さてそれから、今のこうした概念から出発してあらためて客観どうしの差異に気がついてみせて、自分があらかじめ準備しておいた驚きを引き出してみせるのである。——

以上述べたような、おかしさに関しての簡単ではあるが十分な理論からして明らかになるのは、最後に出した道化役者の場合はひとまず別として、機知はつねに言葉で表わされねばならず、それに対して阿呆はたいてい行為で表わされねばならない、という対照である。もっとも、阿呆が言葉で表わされる場合もあるにはある。つまり、阿呆が実際に行為をしてしまうのではなくて、ただ意図だけを表明するような場合、あるいはまた、単なる判断や意見のかたちで表わされるような場合がそれである。

ペダンテリー Pedanterie（杓子定規で小さいことにこせこせこだわり、つまらぬことを誇示する小人のこと）もまた阿呆の一つである。自分の力によって達成した理解には安心のできないところがあるために、自分の理解にまかせてしまっては一々の場合に正当なことを直かに識りうるやいなや覚束ないので、そこで理解の後ろ立てに理性を頼んできて、あらゆる場合に理性を利用する。いいかえれば、いつでも一般的な概念や、規則や、格率をたてにし、実生活においても芸術においても、いやそればかりか徳義ある善い行ないをしようとするような場合にさえも厳格にこれらにしがみつこうとする。ペダンテリーに特有の、形式に拘泥し、良い恰好ぶり、言葉や表現にこだわるということが、ここから生まれるのであり、ペダンテリーにあってはこれら形式、恰好、言葉や表現などが事柄の本質にとって代わっている。ところが、こういう事情であるから間もなく、概念と実際との合わないところが出てきて、概念はけっして個々の具体的なところまで降りていかず、概念の一般性とその硬直した規定性はけっして現実の微妙なニュアンスの差と多様な変容のすがたにぴったり重なり合わないことが、明らかとなってくる。だからペダンテリーの徒が一般的な格率をもって人生に処してもいつも足りないところが出てきて、彼は愚かで、野暮で、役に立たない。芸術に対して概念は用をなさないから、このような人が芸術に携わるならば、生気のない、あぶら気のない、いやに恰好めかしたアナクロニズムの出来損いを作り出すであろう。——

徳義という点においてさえ、正しくあるいは気高く行動しようとする計画がいつでも抽象的な格率に従って実行されるとはかぎっていない。多くの場合に事情は無限に細かなニュアンスをもって異なっているので、正しいことの選択は直かに（選択を行なう人の）性格にもとづいていることが必要となってくる。単に抽象的な格率を適用していたのでは、格率は半ばしか該当しないものであるから、かえって誤った結果を生ずることがあるし、そもそも抽象的な格率なんてものは実行不可能だといっていい。なぜなら、抽象的な格率というものは、それを実行しようとする個人の性格に合わないことが多く、また、個人の性格（がはたす役割）を完全に否定してしまうことなどはできない相談だからである。そういうわけで、ここから不都合を来たすことが多い。(この点で)カントが世間にひろめているのは道徳的なペダンテリーであるという非難はおそらく免れ難いであろう。カントはいささかの傾向性も一時的な感情の興奮をも伴わない純粋に理性的かつ抽象的格率から行為がおこなわれることを、道徳的な価値を行為がもつための条件とみなしている。『良心のとがめ』という題名のシラーの教訓詩が言わんとするところは、まさしくこの、カントに対する右の非難である(この問題は第六十七節で再度徹底的に論じられる)。——ことに政治的な案件において、空論家とか理論家とか学者とかいえば、それはペダンテリーの徒という意味であって、物事をたぶん抽象的には知っているが、具体的には知らない人たちのことである。抽象というのは細かな諸規定を取り除いて考えることにおいて成り立つ。ところが実際問題ではこの細かな諸規定こそきわめて大切なものである。

わたしの理論を完全にするために、さらに述べておかなければならないのは機知の一つの亜種といってよい言葉の洒落 Wortspiel、すなわち calembourg[1](フランス語)、pun(英語)のことである。このほか言葉のきわどい使い方、フランス語でいえば l'équivoque(わざと二重の意味に受けとられる言い回しを使う言葉の戯れ)、その主な用い方は猥褻《わいせつ》〔猥談《わいだん》〕であるが、これも今述べた言葉の洒落のうちの一つに加えることができる。機知は、(前に述べたとおり)大変に異なった二つの実在の客観を無理やりに一つの概念の下にくり入れるときに成立するのであるが、言葉の洒落の方は、(これとは対照的に)二つの異なった概念を偶然を利用して一つの語 Wort の下にくり入れるときに生まれるのである。この場合にも、機知の場合と同じようなコントラストの妙がみられるけれども、この言葉の洒落の場合は物事の本質から出ているのではなくて名付け方の偶然から出ているにすぎないから、コントラストの妙もずっと気の抜けた薄っぺらなものにとどまるのである。機知の場合には、概念は一つで、実物がそれに対し多様になっている。しかし言葉の洒落の場合には、概念は多様で、それに対し実物は一つであって、また言葉の音も一つの方に属している。言葉の洒落と機知との関係は、さながら逆倒した上向きの円錐形の双曲線と、下向きの円錐形の双曲線との関係のようなものだと言うなら、いささか勿体ぶった比喩ということになるであろうか。しかし言葉の誤解から出る洒落、すなわち **quid pro quo**[2]（とり違え、勘違い）は、思わず口から出てしまった洒落 **calembourg** であって、このような誤解と洒落との関係は、阿呆と機知との関係とちょうどぴったり同じだといっていい。だから阿呆な奴と同じように耳の遠い人も笑いの材料を提供せざるを得ないのである。そこで下手な喜劇作家は、阿呆のかわりに耳の遠い人を用いれば、笑いを引き起こすことができるというわけである。

わたしは以上、笑いを単に心的な面から観察してきたにすぎない。身体の方面からの観察に関しては、『余録《パレルガ》』[1]第二巻第六章第九十六節一三四ページ〔初版〕で述べてあるからそれを参照してもらいたい。

〔1〕この点に関しては続編の第八章を参照。

（1）calembourg は、ある音、または一群の音に与えられる異なった解釈に基づく言葉のたわむれ、あそびのこと。例えば une personne alité（床についた人）と une personnalité（人格、個性）の音はどちらも [ynpɛrsɔnalite] である。――『ラルース』より。

（2）quid pro quo は、ある物、またはある人を、他の物または他の人ととり違えること。その用例は、「この喜劇は一連の夫と恋人の quidproquo の上に成り立っている」Cette comédie repose sur une série de quidproquos entre le mari et l'amant. ――『ラルース』より。

第十四節

一方においては理性の認識方法、知、概念があり、他方においては純粋に感性的な数学的な直観における直接の認識や、悟性による把握ということがあった。これら両者間の区別や関係は、以上のようにわれわれが多方面から考察を重ねてきたことによって十分に明白になったものと思う。さらにわれわれは論述のついでに感情と笑いとのことを挿話的に述べておいた。われわれの認識方法の注目すべき関係を考察するに当たって、感情と笑いとに触れることはどうしても避けるわけにはいかなかった。――

さて、いよいよわたしはもとの文脈にもどって、理性が言葉と思慮ある行動に次いで人間に与えたところの第三の特徴である科学 Wissenschaft について、さらに論述をすすめていくことにしよう。ここでわれわれがおこなうべき科学の一般的な考察は一つはその形式に関し、一つはその判断の基礎づけに関し、最後にはその実質に関するものになろう。

純粋論理学の基礎を除いて、その他の知識は一般に理性から出るのではない。知識は理性とは別途に、直観的な認識として得られ、そのあとまったく異なった認識方法、すなわち抽象的な認識方法にだんだんに移っていって、さいごに理性のなかに貯蔵されるにいたるのである。以上はすでに検討ずみである。あらゆる知識、すなわち抽象的な意識にまで高められた認識のことだが、この知識と本来の科学との関係は、断片と（統一のとれた）全体との関係のようなものである。誰でも人間は目の前に現われる個々の事物を観察し、経験して、それでいろいろな事柄についてあるていどの知識を手に入れている。しかしそのうちある種の対象に関し完全な抽象的認識を得ようとしてこれを自分の任務と考える者だけが科学を目指して努力するのである。彼がその、ある種の対象をえり分けることができるのはもっぱら概念の助けを通してである。それゆえいかなる科学の戸口にも、それぞれあるなんらかの一概念が置かれているのであって、この概念の助けをかりて森羅万象の中から一部分が抜き出されて考えられ、一部分についての抽象的な完全な認識をそれぞれの科学が約束している。例えば、空間関係の概念、無機物相互の影響作用の概念、動植物の性状に関する概念、地球表面の漸次的な変化の概念、人類全体の変化に関する概念、言語構造の概念、等々である。（これらが各科学の戸口に置かれているのである。）――

もしいま科学が自分の対象について知識を得ようとして、右の各概念によって考えられた事柄を一つ一つ研究して次第に全体を認識するという方法に頼ろうとするならば、いかなる人間の記憶もこれには不十分であろうし、またすべてを完全に研究しつくしたという確信はついに得られないであろう。そこで科学は以前に述べた、相互に包み合うところの概念の範囲の特性（第九節参照）を利用して、自分の研究している対象の概念のなかで、なるべく大きな概念圏に主としてあたっていく必要がある。科学は概念の範囲の相互の関係を規定しておくことによって、まさしくそのことによって、概念の範囲の内部で考えられたことはすべて同時に一般に規定されているし、概念の範囲をしだいに狭めていくようにえり分ける手段を通じて、概念の範囲の内部で考えられたことをだんだんに精密に規定していくことが可能である。こうして一つの科学がその対象を完全に包みこむことができるようになるのである。このように普遍から出て特殊に進んでいく科学の認識の行き方は、科学が普通の知識と違う点である。したがって体系的な形式は、科学の本質的で固有な特徴であるといっていい。あらゆる科学の概念の範囲のなかでももっとも普遍的な範囲を相互に結び合わせること、すなわちいっさいの科学の最高原理を知ることが、科学を修得するための避けることのできない条件となっている。この最高の原理から出てさらに特殊な原理へと遠くまで進んでいこうというのならそれは各自の勝手である。特殊な原理へと進むことは学識の周囲をひろげることではあるが、学識の根柢性を深めることにはならない。――

他のすべての原理を服従させる上級原理の数は、種々異なった科学において種々異なっているので、ある種の科学では上下従属の関係が多く、他のある種の科学では左右並列の関係が多いというかたちになっている。前者は判断力を多く要し、後者は多く記憶力に訴える科学である。スコラ哲学者たちもすでに承知していたことであるが、[1] 推論というものは二つの前提を必要とするから、いかなる科学もただ一つの究極的な最高原理から出発することはできず、いくつかの前提、少なくみつもっても二つの前提をもたなければならない。本来の分類的な科学、すなわち動物学、植物学は上下従属の関係をいちばん多くもっている。さらに少数の根本力にすべての無機的な作用を還元している限りでは、物理学も化学も上下従属の関係をいちばん多くもっている。これに反して歴史はもともといかなる上下の従属関係をも有していない。なぜなら、歴史における普遍的な原理といえばただもろもろの主要時代を見渡すことであるが、しかしこの主要時代からはばらばらの特殊な出来事を導き出すことはできず、特殊な出来事は主要時代に対して、時間的に上下従属しているだけで、概念的には左右並列しているにすぎないからである。それゆえ歴史というのは、厳密にみれば、なるほど知識ではあるが、科学ではない。――

数学においてはもとよりユークリッド風に扱っていけば、公理というものが、証明することのできない唯一の最高原理であって、すべての証明は（上から順々に下へと）段階をなして厳密にこの公理に従属しているといえる。しかしながらこのような扱い方は数学本来のものではない。実際どの定理もその度にそれぞれ一つの新しい空間的な構成に着手しているからである。このようにして出来た空間的な構成は、そのものとしては今まであった構成からは独立していて、また本来既成のものとは全然無関係に、それ自身からして、すなわち空間の純粋直観において認識され得るのである。空間の純粋直観においては、どんなに錯綜をきわめた構成といえども、がんらいが公理と同じように直接的に明白であるといっていい。だがこの点について詳しく述べるのは後にゆずる。いずれにしても、すべての数学的な原理は、どこまでも一つの普遍的な真理であり、無数の個別の事例に妥当している。単純な原理から複雑な原理〔結局はこれも単純な原理に還元できるのだが〕へと段階的に進んでいくことが、数学の本質をなすものである。したがって数学はどの点からみても科学である。――

科学そのものの完全性、すなわち形式面からみた完全性は、できるだけ諸原理の上下従属関係が多く、左右並列関係が少ないことにある。したがって一般に科学的である才能とは、いろいろな概念の範囲を諸規定に応じて上下従属の関係に置きかえる能力のことである。それはプラトンがくりかえし勧告しているように、単に一つの普遍が上にあって、その下に直接に限りない多様なものが頭を並べて置かれているということで科学が成り立つためではなく、最高に普遍的なものから特殊なものにいたるまで、知識がいろいろな中間概念をへて、だんだんに細かになっていく規定に応じて区分けされて下降していくことである。カントの表現に従えば等質性 Homogenität の法則と特殊化 Spezifikation の法則とを一様に満足させることにあたる。——

ところで、これが本来の科学の完全さをなすものであるなら、ここから明らかになるのは、科学の目的は確実性の大にあるのではないということである。確実性だけならば、きわめて支離滅裂な認識でさえこれをもっていることがあるからである。だから科学の目的は確実性ではなくて、知識の形式によって知識を容易ならしめること、またこれによって知識に完全さの可能性を与えることにほかならない。それゆえ、より大きな確実性にこそ認識の科学性の本質があるのだといら意見は広く行き渡ってはいるが、本末を顚倒した意見である。また同様に、ここから出てきた主張で、数学と論理学とはその十全な先天《アプリオリテート》性のゆえに論駁の余地のない認識の確実性をそなえているから、この二つだけが本来の意味の科学であるというのも間違った主張である。両者に関し確実性という長所そのものは否認しようもないが、ただ、確実性はなんら科学性であることの特別のあかしにはならない。科学性とみなされるものの本質は、確実性にあるのではなく、普遍から特殊に段階的に下降していくことをもといにしている体系的な認識形式にあるのである。——

以上のように普遍から特殊へと進む科学固有の認識の道は、先行原理からの演繹、すなわち証明による基礎づけが科学にあってはきわめて多いという結果をもたらすであろう。そしてこのことがきっかけで、証明されたものだけが完全に真理であり、どの真理も証明を必要とするというあの古くからある誤謬が生じたのである。ところが実際はむしろその反対で、証明というのはいずれにせよ、証明されざる真理を必要としている。すなわち証明されざる真理が究極には証明を支え、あるいはまた証明の証明を再び支えているからである。（証明にたよらず）直かに基礎づけられた真理が証明によって基礎づけられた真理よりも勝っているのは、水源からの水は水道からの水より勝っているのと同じである。数学の基礎をなしているような純粋なア・プリオリな直観、その他の諸科学の基礎をなしているような経験的なア・ポステリオリな直観、これがあらゆる真理の源泉であり、あらゆる科学の基礎である。〔論理学だけが例外と考えられるのは、論理学は理性の非直観的な、しかし直接的な知識に、それ自身の法則によって基礎づけられているからである。〕証明をくぐり抜けた判断でもなければ、その判断の証明でもなくて、直観から直かに汲み出された判断、証明のかわりに直観に基礎をもった判断、これこそ宇宙における太陽にも比べるべき科学における太陽である。このような判断からすべての光が流れ出し、それ以外の判断はここからの反射のおかげで光を発しているからである。直かに直観にもとづいて、この土台をなす判断の真理を基礎づけること、見きわめがたいほど数多い実物の中から科学のこのような礎石となるものをつかみ出すこと、これこそ判断力の仕事である。――

判断力とは、直観的に認識されたものを正しくまた精しく抽象的な意識に移し変える能力のことであり、したがって理性と悟性とを仲立ちするもののことである。一個人における通常の程度を越えた、すぐれたこの判断力の強さだけが、科学を実際に躍進させることができるのである。しかし原理から原理を推論したり、証明したり、結論づけたりするようなことは、健全な理性をそなえているものなら誰にだってできる。これに反して直観的に認識されたものを反省に役立つようにふさわしい概念に組み込んで定着させること、その結果一方では、多数の実在の客観に共通するところを一つの概念で考え、他方では、多数の実在の客観で相違しているところを多数の概念によって考えること、それゆえ相違は部分的な一致にもかかわらずやはり相違として、しかし次には再び、同一のものは部分的な相違にもかかわらずやはり同一として認識し思考すること、しかも以上のようなことを当面問題となっている目的と配慮とにそのつど従っておこなうこと、これらすべてが判断力の仕事なのである。判断力の欠如は、愚か Einfalt である。愚かな人はこの関係を見誤って、ある点において同一であるものを部分的もしくは相対的な相違であると見誤ることもあろうし、また相対的もしくは部分的に相違しているものを同一であると見誤ることもあろう。それはともかく、以上の判断力の説明に対しても、反省的な判断力と、包括的な判断力との二つに分けているカントの分類を応用することができる。直観的な客観から概念へ向かって移っていく場合は反省的な判断力であり、概念から直観的な客観へ向かって移っていく場合が包括的な判断力である。どちらの場合にもつねに判断力は悟性による直観的な認識と、理性による反省的な認識との間を仲立ちしている。――

およそただ無条件に推論によってのみ引き出せるような真理があろうはずはない。もっぱら推論に頼って真理を基礎づけなければならないという、そのような必然性はしょせん相対的でしかないし、いや、主観的でさえある。証明というものはしょせん推論であるから、一つの新しい真理のために求めるべき最初のものは、証明ではなしに、直接の明証 Evidenz である。ただ、この直接の明証がない場合にのみ、差し当たり証明がおこなわれなければならないまでである。いずれの科学でも隅から隅まで証明され得るものではない。建物が空中に浮かんでいるわけにはいかないように、どんな証明も（土台として）さいごには直観的なものにさかのぼる、すなわちもはや証明のきかないぎりぎりのものへともどっていかなければならない。なぜなら、反省の世界は究極において直観の世界にもとづいていて、ここに根を下ろしているからである。ぎりぎりの究極的な、すなわち根源的な明証は、直観的な明証ということになる。これは明証ということばがすでに明かしている（Evidenz は「見る」videre に由来しドイツ語の直観する anschauen も「見る」の意）。明証とは要するに経験的な明証であるか、さもなければ、可能性として考えられる経験の条件をア・プリオリに直観することに基づいているか、二つのうちのいずれかである。二つの場合のいずれにおいても明証が与えてくれるのは、内在的な認識であって、けっして超越的な認識ではない。概念が価値と存在をそなえているのは、なんらかの直観的な表象との関係においてであって、たとえ間接的な関係であったにしてもそうである。(たった今述べた)概念について妥当することは、概念から組み立てられている判断についても、また科学全体についても妥当することである。そういうわけだから、推論をつうじて発見され、証明をへて伝達された真理であっても、推論や証明をたとえ欠いても、なんらかの仕方で直接に認識することが可能であるに違いない。われわれが推論の鎖をたどってようやくに達するような複雑な数学の定理の場合にはこのことはたしかにもっとも難しいだろう。例えばピュタゴラスの定理から出発していくつもの推論を手段にして、いろいろな円の弧に対する弦と接線を計算するような場合には、直接の認識はもっとも難しいだろう。しかしたとえこのような真理であっても、本質からいってもっぱら抽象的な命題にのみもとづいているということはあり得ない。この真理の基本になっている空間的な関係は、純粋直観に対してはア・プリオリに強調することができていなくてはならないので、したがってこの真理をたとえ抽象的に言い表わしてもそれは直接的な(直観に)根拠をもっているのである。しかし数学における証明については、このあと詳しく論ずることにする。

なるほど世間でしばしば声高に論じられているのは、科学というものは隅から隅まで確実な前提から出た正しい推論に基づいているので文句なしに真理であるという考えである。しかしながら、純粋に論理的な推論の鎖をたどって得られるものは、前提がたとえどんなに真理であろうとも、前提の中にすでに完成して存在しているものの明瞭化と詳細化をしょせん越えることはないであろう。つまり前提の中に暗黙のうちに理解されていたことを表面化させるということにすぎないであろう。しかし世間で、確実な前提から出て、正しい推論に基づいているので文句なしに真理であると称讃されているのはとくに数学的な学問、なかでも天文学のことである。ところが天文学の確実性の原因となっているのは、天文学の基本にはア・プリオリに与えられた、したがって間違うことのあり得ない空間直観が存在しているということにほかならない。しかしあらゆる空間関係は、ア・プリオリな確実性を与えてくれる必然性〔存在の根拠〕をもって一つの関係から他の関係を推論していき、したがって確実性をもって、空間関係は相互から導き出されてくるのである。以上は数学的な規定であるが、なおこのほかに天文学に入ってくるのは、質量と距離の二乗に厳密に比例して（正しくは、重力は質量に比例し距離の二乗に反比例する。ショーペンハウアーの誤記と思われる）作用するところの唯一の自然力、すなわち重力、そして最後に因果律から生ずるがゆえにア・プリオリに確実な慣性の法則であり、この法則は質量のおのおのに一たび与えられれば永久に続く運動という経験的所与をそなえている。以上が天文学の全材料であって、その簡素であることと確実であることによって動かぬ結果にいたるのであり、研究対象の広大で重要であるおかげで大変に興味深い結果にも達するのである。例えば、もしわたしが「ある惑星の質量」と「惑星とその衛星との距離」とを知れば、ケプラーの第二法則（第二法則—太陽から惑星に引いた動径は同じ時間に同じ面積を描く。第三法則—惑星の公転周期の二乗は太陽と惑星間の距離の三乗に比例する。ショーペンハウアーは第三法則を第二と誤記していると思う）によって、衛星の周期を確実に推定することができるのである。このケプラーの法則の基礎は、かくかくの距離がある場合にはかくかくの速度がなければ、衛星を惑星に引きつけながら惑星〔の引力圏内〕へ落ちこむのを防ぐことはできない、というようなことである。――

以上のように幾何学の基礎にのみ立って、すなわちあるア・プリオリな直観を介して、なおそのうえ自然法則をこれに応用して、そこで推論をもってすると、〔天文学の場合には〕遠大な結論が達せられる。この場合、推論は一つ一つの直観的な把握から他の直観的な把握へのいわば橋渡しにすぎないために、これほど遠大な結論に導かれるのであるが、しかし〔直観をへずして〕もっぱら論理的な方法にたより単なる純粋な推論のみをもってすれば、同様な結論が得られるわけではない。――

ところで天文学上最初の根本的真理のそもそもの起こりはがんらい帰納 Induktion である。それは多くの直観において与えられたものを、直接に根拠のある正しい判断にまとめる作業である。この判断から後になって仮説 Hypothese がかたちづくられるのであって、仮説が経験によって裏書きされ、これで最初の判断は証明され、帰納は完全さに近づいていく。例えば惑星の見かけ上の運行は経験的に認識されている。この運行〔惑星軌道〕の空間的な関係について多くの誤った仮説が立てられたあと、結局は正しい仮説が発見され、ついでその運行が従う法則〔ケプラーの法則〕、最後には運行の原因〔万有引力〕も発見されて、こうして出現するあらゆる事例が仮説と一致し、またそれらの仮説から出た推論〔すなわち帰納〕と一致することが経験的に認識され、これが仮説全体に完全な確実さを与えてきたのであった。仮説を見つけ出すのは、与えられた事実を正しくとらえそのままに表現する判断力の仕事であったが、仮説が真理であることを裏書きするのは帰納、すなわち幾重もの直観であった。しかしこの真理は、われわれがかりに宇宙を自由に走りまわることができ、望遠鏡のような肉眼をもしも持つようであれば、たった一つの直観的な認識だけで、直接的に基礎づけることさえできるであろう。したがって推論は、ここ天文学の分野においても認識の二つとない重要な泉ではなく、実際にはいつも間に合わせの応急手段たるにすぎないものなのである。

最後に、種類の異なった第三の例をあげて、カントが『自然科学の形而上学的基礎論』において提出しているような真理、いわゆる形而上学的真理も、その明証 Evidenz を、けっして証明に負うものではないことを、さらに述べておこうと思う。ア・プリオリに確実なものをわれわれは直接に認識する。このことはいっさいの認識の形式としてわれわれは最大の必然性をもって知っている。例えば、物質は恒存する、すなわち生成することも消滅することもあり得ないことをわれわれは消極的な真理として直接に知っている。なぜなら空間と時間に関するわれわれの純粋直観は、運動が可能になることをわからせてくれるし、悟性は形と質との変化が可能になることを因果律によってわからせてくれるが、物質の生成・消滅を表象できる形式をわれわれはもち合わせてはいないからである。それゆえにこの真理（物質は恒存するという）は、あらゆる時代に、あらゆるところで、いかなる人にとっても明証的 evident であったし、ついぞ本気で疑われたことなどはなかったのであった。もしこの真理に対し、針の先を悠然と大股で歩いていくような困難きわまりないカント流の証明をもってする以外に、認識の根拠がないのだとしたら、事態はこうではあり得なかったであろう。いや、そのうえおまけに、わたしは〔付録で詳論したとおり〕カントの証明を誤りであると判定し、物質の恒常性は経験の可能性に時間が関与することからではなく、空間が関与することから導き出されるべきであることを示しておいた。この意味で形而上学的とよばれるすべての真理、すなわち認識の必然的で普遍的な諸形式の抽象的な表現、これに対する本来の基礎づけは再び抽象的な命題のなかにはあり得ない。むしろ本来の基礎づけは、ア・プリオリに知らされている表象の諸形式の直接の意識のなかにあり、これはいかなる反論のおそれもない無条件に明白な apodiktisch 立言によって知らされている。けれどもこのような（明白な）真理を証明するということになれば、その証明は、およそ疑われたことのないなんらかの真理のなかに、証明されるべき真理がすでに部分として、もしくは前提としてすでに含まれていることを指摘することだけで成り立ち得るのである。こうしてわたしは、前に示しておいたことだが（第四節、第五節参照）、例えばあらゆる経験的な直観はすでに因果律の適用を含んでいるのであり、したがって因果律の認識はあらゆる経験の条件であるが、だからといってヒュームが主張したように、因果律の認識は経験によってはじめて与えられたり、経験を条件としているようなものではあり得ない。——

総じて証明というものは、学びたい人々のためというより、むしろ論争したい人々のためのものである。論争したがる人々は、直接的に見抜かれたような根拠を頑固に否定する。ただ、真理はあらゆる面からみて首尾一貫しているものだから、論争好きの人々には次のように言ってやらねばなるまい。彼らが、ある形態のもとで直接的に否定しているものを、彼らは別の形態のもとで間接的に承認しているはずであって、したがって否定されたものと承認されたものの間に論理的にいって必然的な連関があるのだ、と。

しかし以上のほかになお、多くの命題の真理がただ論理的にのみ基礎づけられる場合がある。すなわち命題の他の命題に対する依存関係を通じて、したがって同時に証明として登場してくる推論を通じて基礎づけられる場合（これまで述べてきたこととは逆の事情）を必ず伴っているのは、科学の形式である。あらゆる特殊なものを普遍的なものに従属させつつ休みなく普遍的なものへ向かって上昇していく科学の形式である。しかしこの形式全体は、認識を容易なものにする手段にすぎず、より大きな確実性に到達するための手段ではないことを忘れてはならない。ある動物の性情を認識するのにそれの属する種 Spezies を起点とし、さらに属 Genus、科 Familie、目 Ordnung、綱 Klasse という順に普遍的なものへ上昇して認識する方が、そのつど任意の動物をそれ自体として単独に研究するよりははるかに容易である。しかし、このように推論によって演繹されたいっさいの命題の真理は、推論に基づかず、直観に基づくなんらかの真理にいつも制約されているにすぎず、結局これに依存している。この直観が、推論による演繹とつねに同じくらいわれわれにとって明白であるなら、われわれは断じて直観の方を優先採用すべきであろう。なぜなら、概念からの演繹は、先に示した（第九節参照）概念の範囲の多種多様な嚙み合いと、しばしば動揺するその内容規定のために、幾多の錯誤の危険にさらされているからであって、各種の誤れる教説や詭弁のこれほどにも多い証明がそのよい実例である。——

推論がたしかに十分に確実であるのは、形式の上からみてである。しかしこの形式は、形式の素材、すなわち概念によってきわめて不確実になる。その理由の一半は、概念の範囲がしばしば十分にくっきりした輪郭で規定されていないからであり、もう一つの理由としては、概念の範囲と範囲とがたがいに重なり合って、そのために一つの範囲が部分的に他の多くの範囲のなかに含まれ、こうして一つの範囲から気まま勝手に他の範囲のあれやこれやに移ることができるし、そこからまたさらに先へという具合に移ることができるからであって、これは第九節で描いてみせたとおりである。あるいはまた語をかえて言えば、小名辞 terminus minor そして中名辞 terminus medius も、別々の概念の下位に置かれることがいつも可能であるが、この別々の概念から任意に大名辞 terminus maior ないし中名辞を選ぶと、その選び方しだいで結論は違ったものになってくるのである。——

したがってどの場合にも、真理を証明することよりも、直接的な明証 Evidenz の方が優先採用されるべきである。後者をあまりに遠くから取り出してこなければならないような場合にのみ、証明が採用さるべきであって、どちらも同じように手近にあるか、直接的な明証の方がむしろ手近にあるような場合には、証明が採用されるべきではない。となると、演繹された科学的な認識よりも、どの個別ケースでも直接的な認識がわれわれに身近であるような論理学においては、実際においてわれわれは、自分の思考をいつもただ思考法則の直接的な認識に即して導いているのであって、論理学を利用してはいないことは、以前の節（第九節中頃参照）でわれわれが見てきたところである。〔2〕

〔1〕スアレス『形而上学論議』第三論議第三章第三節。
〔2〕これについては続編の第十二章を参照。

第十五節

さて、直観はあらゆる明証の第一の泉であり、直観に対し直接もしくは間接のいかんを問わず関係をもつことだけが絶対の真理になるということ、また、概念による媒介には多くの錯覚がつきものであるから、安全な道といえば今述べたこの絶対の真理にいたる至近の道にほかならないということ、以上がわれわれがこれまでに得た確信である。さてわれわれが、くりかえして言うが、この確信をもって、ユークリッドが科学として設定してから今日まで大体において変わらなかった数学のことを考えてみるなら、数学の歩む道は奇妙であり、いや、倒錯しているとさえ思わざるを得ないであろう。——

論理的な基礎づけをことごとく直観的な基礎づけに立ちかえらせることがわれわれの要求していることである。それなのに数学はたいへんに骨を折って、数学に特有な、随所ですぐ目の前にある直観的な明証を勝手にしりぞけて、これに論理的な明証をかわらせようとしているのである。これはいわば、松葉杖で歩くためにだれかが自分の足をわざわざ切断するような本末顚倒、あるいはまた、『感傷の勝利』（一七七七年作。青年ゲーテの笑劇）の王子が、ある劇場の舞台装飾が自然を模倣していてみごとだからといって、本物の美しい自然からわざわざ逃げ出してしまうようなことであると、認めざるを得ないであろう。——

ここでわたしは、かつて拙論『根拠の原理について』第六章で述べておいたことに、読者の注意をうながさずにはいられない。あそこで述べておいたことが読者の記憶になお新たであり、目の前にありありと髣髴していることをわたしはいま前提としている。そういうわけでわたしの所見をあそこで述べておいたことといま結びつけるにあたって、わたしは論理的に与えうる数学的な真理の単なる認識の根拠と、直観によってのみ認識できる空間と時間の部分どうしの直接的な連関、すなわち存在の根拠と、この二つの根拠の間の相違についてあらためて論ずることはしないでおきたい。後者の、存在の根拠を洞察することがわれわれに本当の満足をあたえ、ものごとの大もとの知識をあたえてくれるのであるが、それに対し前者の、単なる認識の根拠は、いつだって表面にとどまっているだけである。しかも、前者のこの認識の根拠は、事態はかくかくであるという事実を知らせることはできても、事態はなぜかくかくであるかという理由を知らせることまではできない。ユークリッドが歩んだ道は認識の根拠の方の道であったからこれは科学にとっては明らかな損失であった。というのは、例えば彼は始めに、次のようなことをきっぱりと明示しておくべきであったのだ。三角形にあっては角と辺とがたがいに規定し合って、たがいに根拠と帰結の関係になっていること、それは根拠の原理が単なる空間において有する形式によるのであって、この形式は他のすべての場合と同じように三角形の場合にも、一つの三角形のかくあるのはそれと異なった他の三角形のかくあるのと全く同じであるがゆえに一方がかくあるのは他方がかくあるからだという必然性を与えてくれる形式にほかならないということ、（ユークリッドは以上のようなことをきっぱりと明示しておくべきであったのに）彼は（右のように）三角形の本質を根本的に洞察するかわりに、三角形に関する任意に選ばれた、若干のばらばらにつながりの切れた定理をかかげるばかりで、これら定理の論理的な認識の根拠を与えるのに、矛盾原理に従って論理的におこなわれる厄介きわまりない証明を用いるのである。それゆえにそこで得られるものは、これら空間の関係についての余すところのない認識ではなしに、関係の中から二、三の結果が気まま勝手に知らされるにすぎない。それはさながら、精巧な機械のいろいろな働きを見せてもらいながら、その内部のからくりや装置は見せてもらえないというような人の場合に当てはまる。誰にしてもこのときは矛盾原理にいやおうなく強制されているので、ユークリッドが証明していることはすべてそのとおりであると、認めないわけにはいかないであろう。しかしなぜそうであるかは分からせてもらえない。だから手品師の早業を見たあとのような、なにやら不愉快な感じがするのである。じっさい、ユークリッドの証明はたいてい手品の早業に驚くほど似ている。真理はほとんどいつでも裏口から入ってくる。つまり真理はなんらかの付随的な事情から偶然に生じるからである。間接的な証明なるものは、すべての戸口を次から次へと閉ざしていき、一つだけを開けておくのがしばしばであって、したがって人はただ仕方がなくてその一つの戸口から入らざるを得なくなるのである。ピュタゴラスの定理においても同様であるが、なぜであるか理由が分からぬままに線が引かれてしまうのはしばしばであって、そして後になってからその線が、不意に閉じられて、学習者の同意を得るための罠《わな》であったということが分かってしまうのであり、こうなると学習者は、内的連関の点ではまったく合点がいかないようなことをも、びっくりしながら承認せざるを得ないことになろう。そしてこのようにしてユークリッドを全部学習し終わっても、空間の関係の法則を本当に洞察することはできず、かわりに、それらの法則から生じる二、三の結果を暗記するだけということもあるほどである。ほんらい経験的であって科学的とはいえないこの種の認識は、病気とそれに対処する薬を知りながら両者の連関を知らない医者の認識のようなものである。しかしこういうことが起こるわけはすべて、ろくに考えもせずに、ある認識のあり方に固有の基礎づけと明証の仕方をしりぞけて、そのかわりに、その認識の本質にとって無関係なあり方をむりやり取り入れる結果なのである。――

しかしそれはともかく、こういうことを押し通したユークリッドのやり方というのは讃嘆に値するのであって、この讃嘆はじつに数世紀にわたってユークリッドに捧げられ、また広い範囲に行きわたったのである。そのため彼のごとき数学の扱い方があらゆる科学的な叙述の模範であると言われ、数学以外のいっさいの科学をこれにしたがってかたどるという努力もなされはしたが、しかし後の世には、なぜだかよく分からないままこの努力から遠ざかる者もいないわけではなかった。だが、われわれの目からみれば、数学におけるユークリッドのこの方法はきわめて光輝ある一個の倒錯としか思われないのだ。――

迷誤というものは、それが生活に関するものであれ、科学に関するものであれ、たぶんいつでもその時代を支配する哲学のなかにその理由を指摘することができるのであるが、ことに意図的、方法的におこなわれた迷誤、おまけに一般の拍手がこれにくわえられたような大きな迷誤についてはなおそうである。――

（その迷誤の歴史を振り返ってみよう。）まずエレア派が、直観されたもの〔ファイノメノン〕φαινόμενον と思考されたもの〔ヌーメノン〕[1] νούμενον との間の相違を発見した、いや、二つの間にひんぱんに起こる矛盾を発見したのだといえよう。そしてこの矛盾を彼らの哲学説のために、または詭弁法のためにも、多様に利用したのであった。このあと彼らに従ったのがメガラ派、弁証家、詭弁家《ソフィスト》、新アカデメイア学派、それに懐疑派であった。これらのひとびとは、仮象に注意を向けた。仮象すなわち感覚の錯覚、というよりはむしろ感覚の材料を直観に変えるところの悟性の錯覚に注意を向けた。この悟性の錯覚とは、たとえばわれわれをして水中の棒を折れたように見えさせるようなこと、理性からみればたしかにその実在性は認められない事物のことを指している（仮象、すなわち悟性の錯覚の実例については第六節終りの部分参照）。こうしてひとびとは、感性的な直観は無条件に信用できるものではないことがわかって、そこからあまりにも性急に結論をもとめ、真理を基礎づけるのは理性的・論理的思考だけであると結論したのであった。もっともプラトンは〔『パルメニデス』編で〕、またメガラ派、ピュロン、新アカデメイア学派は実例によって〔後にセクストゥス・エンピリクスのおこなったような仕方で〕、（感性的な直観ばかりではなしに）推論や概念もやはり誤謬を犯すことがあり、論過や詭弁におちいることさえあって、しかもこの場合の論過や詭弁は、感性的な直観における仮象よりもはるかに生じやすく、またはるかに解決しがたいものであることを明示していたのではあるが。——

名著のことば

ショーペンハウアー

意志と表象としての世界Ⅰ

「世界はわたしの表象である」――これは、生きて、認識をいとなむものすべてに関して当てはまるひとつの真理である（五ページ）

わたしの意識の外に世界が実在する、と主張してみても、そのことを確信するのもまたわたしの意識である。この言葉は、外から押しつけられるいかなる既成の価値をも疑う、という態度表明でもある。

過去というも、未来というも、なにかある夢のようにまことにはかないものなのである（一七ページ）

わたしは根拠の原理によって世界を認識する。時間とはこの根拠の原理の現れ方にすぎない。つまり、過去も未来もわたしの時間意識によって構成されたものであり、私自身と同じくはかないものである。

中公
クラシックス
W36

2004年8月
中央公論新社

である（三三九ページ）

認識はいかに関心から自由であるように見えても、実際は意志に奉仕し、意志の目的を実現するように定められたものである。

いっさいの目標がないということ、いっさいの限界がないということは、意志そのものの本質に属している。意志は終わるところを知らぬ努力である（三六六ページ）

意志は認識に何を欲しているかを示すが、その意志全体が欲する目標はない。いいかえれば、盲目的に、つねに何かを欲するという仕方で存在すること、すなわち生を欲するのである。

以上のような歴史をたどっているうちにいつしか、こうして経験主義との対立のうちに生じた合理主義がだんだんに優勢をかちとって、ユークリッドもこの合理主義にのっとって数学に手を加えていったのである。それゆえ公理だけはやむをえず直観的な明証〔ファイノメノン〕に頼っているが、それ以外のすべては推論〔ヌーメノン〕によって基礎づけられているのである。ユークリッドのこの方法は、いく世紀を通じてずっと支配的であったし、ア・プリオリな純粋な直観が、経験的な直観と区別されなかったかぎりにおいては、支配的でありつづける外はなかったものである。――

なるほどすでにユークリッドの注釈家プロクロスはこの二つの直観の区別を完全に認識していたらしく思われる。ケプラーがその著『世界の調和』においてラテン語に訳したプロクロスの章句からみてこのことは明らかである。しかしながらプロクロスは二つの直観の区別をあまり重要に考えないで、これだけ単独に提唱したので、世人の注目を引かず、一般に行きわたりもしなかった。そういうわけだから、二千年後になってようやく、カントの教え、すなわち、ヨーロッパ諸国民の知識、思考、活動に一大変化を惹き起こすべく運命づけられていたカントの教えがあらわれて、数学の分野においても一大変化を惹き起こすことになるのである。――

空間と時間の直観は経験的な直観とはすっかり異なること、感覚に与えられるいっさいの印象からもすっかり独立していること、印象を制約こそすれ印象に制約されることはないこと、すなわち空間と時間の直観はア・プリオリであること、したがって感覚上の錯覚のしのびこむすきがないこと、以上をわれわれがかの偉大な精神カントから学んだ後で、ようやくわれわれは、ユークリッドが数学を論理学的に取り扱ったのは余計な用心深さであり、健康な脚に松葉杖をつかせるようなことであったと明察することができるようになった。ユークリッドの扱い方は、夜なお明るい堅固な道を水かと思い、その中へ踏みこまぬように用心しつつ、わざわざそばの凸凹《でこぼこ》の土地をずっと辿っていき、ところどころで水辺に沿い行く思いなどして御満悦のていである旅人にさながら似ている。今はじめてわれわれは確信をもって主張することができるのだ。ある図形を直観してわれわれに必然的であると知らされるのは、紙の上におそらくは大変に不完全に描かれる図形からくるのではなしに、またその際われわれの考える抽象的な概念からくるのでもなく、あらゆる認識の形式、すなわちわれわれにア・プリオリに自覚された形式から直接的にくるものなのである。この形式とは、すなわち根拠の原理である。ここではこの形式は、空間という直観の形式のことであり、存在の根拠の原理にあたる。存在の根拠の原理の明証性 Evidenz と妥当性 Gültigkeit はきわめて広大にして直接的であり、そのていどは論理的確実性というあの認識の根拠の原理の明証性と妥当性となんら変わるところはない。だからわれわれは、論理的確実性の方だけを信用しようとつとめて、数学固有の領域を離れ、数学にはまったく関係のない領域、概念の領域において数学を確かめるようなことをする必要がないし、また、してはならないのだ。——

もし数学固有の地盤にわれわれが立ち止まっていれば、数学にあってはあるものがかくかくであるという事実に対する知と、なぜかくかくであるかという理由に対する知と、この二つの知が一つに合体しているという大きな利点が得られることになるであろう。ところがユークリッドはこの二つを完全に分離して、事実に対する知を認識させるだけで、理由に対する知を認識させない。しかしながらアリストテレスはその『分析論後書』一・二七においていみじくも、「物のかくあるという事実と、なぜかくあるかという理由とを同時にわれわれに教えてくれる知は、事実と理由とを別に分けて教える知よりも、はるかに精密であり、はるかに卓越している」と述べている。そういえばなにしろ物理学においては、われわれはあるものがこうだという事実の認識が、なぜそうかという理由の認識と結合したときにだけ満足を覚えるものである。水銀がトリチェリー管の中で二十八インチの高さになるという事実は、水銀が空気の均衡圧力によって支えられるためだという理由がこれにつけ加わらなければ、ずさんな知識であろう。しかし数学においては、円の中で交わる二つの弦のおのおのがつくる線分はつねに等しい長方形を形づくるという円の「隠れた特性」qualitas occultaで、われわれは十分だといってよいのであろうか。それがかくある事実は、もちろんユークリッドが第三巻の命題三五で証明しているけれども、なぜかくあるかという理由はいまだ不確定である。これと同様にピュタゴラスの定理は直角三角形の「隠れた特性《クアリタス・オクルタ》」をわれわれに教えてくれているが、なぜかという理由になると、ユークリッドの勿体ぶった、いやむしろ狡猾でもある証明は、われわれを見棄ててしまうのだ。理解の助けになる、人のよく知っている、次の簡単な図形を一目見れば、ユークリッドの証明よりもずっとよく問題の肝心なところがわかり、この問題の必然性と、その性質が直角に依るものだということの確信が得られるであろう（左ページ、原書挿入の図解参照）。——

　直角三角形の直角をはさむ二辺が等しくない場合が考えられるにしても、この場合もやはり、総じてあらゆる可能な幾何学上の真理の場合と同じように、（図形を見てすぐわかる）こうした直観的な確信に導かれていくに違いない。その理由は、幾何学上の真理の発見は、いつでも右のような直観された必然性から出てきたもので、証明はあとになってやっと追加的に案出されたものだからである。したがって幾何学上の真理の必然性を直観的に認識するためには、それをはじめて発見した際の思考行程を分析しさえすればよい。——

　わたしが数学の講義のために望むのは総じて分析的方法であって、ユークリッドが用いたような綜合的な方法ではないのだ。もちろん、複雑をきわめた数学上の真理の場合には、分析的方法は非常に大きな困難を伴うであろうが、この困難は克服できないものではないと思う。ドイツではすでにあちこちで、数学の講義の仕方を変えて、どちらかといえばこの分析的方法を採用しはじめている。なかでもこれをもっとも思い切って実行したのはノルトハウゼン高等学校《ギムナジウム》の数学および物理の教官コザック氏である。氏は一八五二年四月六日の学校試験のプログラムに、わたしの原則に基づいて幾何学を扱ってみるという詳細な試みをつけ加えている。

数学の方法を改良するには、人は次のような偏見を捨てることがとりわけ必要だと思う。証明ずみの真理の方が直観的に認識された真理よりもなんらかの点ですぐれているという偏見、あるいは、矛盾原理に基づく論理学上の真理の方が直接に明証的 evident な形而上学的真理——空間の純粋直観もその一種である——よりもなんらかの点ですぐれているといった偏見である。

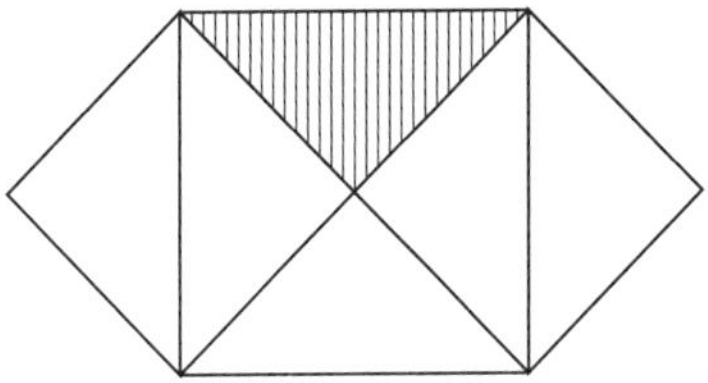
原書挿入のピュタゴラスの定理図解

もっとも確実にして、しかもいかなる場合にも説明のできないのは根拠の原理の内容である。なぜならば、根拠の原理はさまざまな形態をとってあらわれるが、われわれのあらゆる表象と認識との普遍的な形式を示すものだからである。すべて説明とは、この原理に還元することであり、説明とは総じてこの原理で表現された表象同士の連関を個別ケースごとに指摘することである。したがって、根拠の原理はあらゆる説明の根本であり、それゆえにそれ自身は説明されうるものではなく、また説明される必要もない。いかなる説明もすでにこの原理を前提としており、この原理によってのみ意味をかち得るからである。ところで、この根拠の原理のさまざまな形態の間には優劣の差はない。これは存在の根拠の原理、あるいは生成の根拠の原理、あるいは行為の根拠の原理、あるいは認識の根拠の原理として、いずれも等しく確実にして、立証不可能である（ショーペンハウアーの先行論文『根拠の原理の四つの根について』に述べられている）。――

根拠と帰結との関係は、根拠の原理があれこれのどのような形態をとろうとも、必然的な関係なのである。のみならずこの関係こそは一般に必然性の概念の根源でもあり、ならびにその唯一の意義でもある。まず根拠が与えられていて、そこから生じる帰結の必然性という以外にそもそも必然性はなく、また、帰結の必然性を招来しないような根拠というものもない。だから前提の中に与えられている認識の根拠から、結論として言い表わされる帰結の生じることが確かであるように、空間における存在の根拠が、空間におけるその帰結をもたらすことも同様に確かである。すなわちわたしがこの両者の関係を直観的に認識したならば、このときの確実性はなんらかの論理学的な確実性に勝るとも劣らない。しかし根拠と帰結とのこのような関係を表現したものが幾何学上の各定理 Lehrsatz であって、十二の公理 Axiom のうちのどれにもみな同様のことがいえる。つまり（根拠と帰結との関係の表現である以上）幾何学の定理は形而上学的な真理なのであって、形而上学的な真理である以上、矛盾原理そのものとまったく同様に直接的に確実である。矛盾原理は一つの高次論理学的《メタローギッシュ》な真理であり、論理学的な証明のすべての一般的な基礎をなしているものである。ある定理で言い表わされている空間関係の必然性を、すなわち直観的に示されているこの必然性を否定する者がもしあるとすれば、その人は同様な権利をもって公理を否定することができるし、また同様な権利をもって前提から推論する帰結をも、のみならず矛盾原理そのものをも否定することができるのである。というのは、これらのものはおしなべて証明不可能で、直接に明証的であり、ア・プリオリに認識することのできる諸関係だからである。こう考えれば、直観的に認識され得る空間関係の必然性を、あらためて論理学的な論証によって、矛盾原理から演繹してみようというようなことは、それはさながら、ある土地の直接の領主に他の者がその土地を領地として分与してやろうというようなこととなんら変わりがない。が、ユークリッドのやったのはまさしくこれである。彼は公理だけは仕方がなく直接の明証 Evidenz に基づかせているが、それにつづく幾何学上の真理となるとこれらはすべて論理学的に証明しているのである。証明は公理を前提としたうえで、（そのあとはさまざまなやり方になるが、）定理の中で立てられた仮定との一致から行なわれる場合もあれば、それ以前の定理との一致から行なわれる場合もある。あるいはまた、定理の正反対のものが仮定と矛盾することやさらに公理や以前の定理とも矛盾することから、そして定理の正反対のものは自己矛盾を犯すということから、証明が行なわれる場合もある。しかし、（ここでいっさいの前提とされている）公理そのものが、幾何学上のその他の各定理よりも直接の明証性を多くもっているわけのものではなく、公理は内容が少ないためにいっそう簡明になっているというだけのことにすぎない。

ある犯人を尋問するとき、われわれは犯人の供述を調書にとっておいて、供述の辻褄が合っていることから犯人が嘘をついていないことを判定していくであろう。これはしかし間に合わせの応急手段であって、もしも犯人の各供述の真実性をそれぞれ直かに調査することができるならば、なにもこんな間に合わせの手段に甘んじることはない。ことに犯人は最初から辻褄を合わせて嘘の供述をすることもあり得るからである。だが、ユークリッドが空間を探究した方法は、この間に合わせの方法なのである。なるほどユークリッドはその際、自然はいたるところで、従って自然の根本形式たる空間においても一貫して辻褄が合っていなければならないという正しい前提から出発してはいる。この正しい前提をいいかえれば、空間の各部分はたがいに根拠となり帰結となる関係であるから、空間上のたった一つの規定も、他のあらゆる空間上の規定と矛盾することなく存在する、ということと別様ではあり得ない。なるほどユークリッドはそういう正しい前提から出発はした。しかしこれは、いかにも厄介きわまる、満足のいかぬ回り道であって、間接的な認識を、同じほどに確実である直接的な認識よりも勝っているとみなしたり、さらに物がかくあるという事実の認識をなぜかくあるかという理由の認識から切り離して科学に大きな損害をもたらしたりして、最後に学習者に空間の諸法則を理解させることなく、のみならず学習者に事物の根拠と内的連関とを本当に探究するという習慣をもなくさせてしまい、かわりに、学習者をして物がかくあるという事実に関する歴史的な知に満足させるように導いていくものである。この方法は識別力を習練するのに適していると絶えず言われているが、しかしそれが言えるのはただ、生徒が推論においてつまり矛盾原理の応用において習練を積むということにすぎず、ことに、生徒の記憶力を張りつめさせて、互いに一致しているかどうかを比較すべきあらゆるデータを、記憶力のなかに留めておくようにするだけのことである。

ところで注目に値するのは、この証明方法は単に幾何学にのみ応用され、算術には応用されなかったことだ。むしろ算術では、真理は実際に、ただ直観によって照らし出されるのである。ここでいう直観とは、単に数えるということにすぎない。数を直観するとは、時間のみの中にあり、だから幾何学の図形のように感覚的な図式によっては代表され得ないから、次のような疑念、直観は経験的にすぎないから仮象に陥るすきがありはしないかという疑念は、算術においては一掃されている。幾何学においてはこのような疑念があったればこそ、論理学的な証明の仕方をその中へとりこむことができたのである。時間は一次元しかもたないから、数えることが、算術におけるただ一つの操作であり、他のすべての操作は、この数えることに還元されなければならない。数えるということは、なんといってもア・プリオリな直観にほかならないので、算術にあっては躊躇なくこれを証拠として引合いに出せばよく、ただこの数えるというア・プリオリな直観によってのみ、その他のもの、あらゆる計算、あらゆる方程式は最終的にたしかめられるのである。例えば、人は $\frac{(7+9)\times 8-2}{3}=42$ をことさら証明したりはしない。人は時間における純粋直観、すなわち数えることを、証拠として引合いに出すだろう。こうしてあらゆる個々の命題を公理としてしまうのである。幾何学の内容を満たしているのは証明であるが、以上のようなわけで、算術と代数学の全内容は、数えることを短縮するための単なる方法にすぎない。——

時間のなかで数を直接に直観するのは、たしかに、前にも述べたと思うが（第十二節参照）、だいたい十より先へはなかなか及ばないものである。それ以上になると、はやくも数に関する抽象概念が出てきて、これが言葉で定形化されて、直観の代わりをはたさなければならない。こうなると直観はもはや実際に行なわれるのではなくて、一定の記号で表わされるだけのものになる。が、たとえそうだとしても、比較的大きな数をつねに同数の小さな数で代表させる（たとえば$10000=10^4$）という数秩序の重要な補助手段を用いることで、あらゆる計算の直観的な明証は可能とされているのである。はなはだしく抽象の助けを借りるような場合でさえそうである。そういう場合には単に数だけではなく、不確定の量や、数値計算の操作全体 Operation（運算、演算。式の示すとおりに計算を進めること）が抽象的にのみ考えられ、この点で$\sqrt{\gamma}^{-b}$のような記号で表わされて、人にもはやいちいち運算をすすめることはなく、ただ暗示すればそれでよいことになる。

幾何学においても、算術におけると同じ権利ならびに同じ確実さをもって、真理をア・プリオリな純粋直観によって基礎づけたものにすることは可能かもしれない。実際、幾何学にその大なる明証性を与え、幾何学の命題の確かさを各人に意識させる土台となっているもののは、つねに、存在の根拠の原理に従って直観的に認識されたこの必然性なのであって、けっしてもったいぶった論理的証明ではない。論理的証明は、問題の核心とはいつもかかわりが薄く、大抵はすぐに忘れられるものだが、それでべつに確信が損われるということもない。また論理的証明は完全になくなってしまうこともあるかもしれないが、それでやはり幾何学の明証性 Evidenz がべつだん減ずるわけのものでもない。幾何学の明証性は論理的証明からはまったく独立したものである。論理的証明などというものはしょせん、前もって別種の認識によってすでに完全に確信の得られたことをいま一度証明するというにすぎないことなのだ。そのかぎりでは論理的証明とは、他人が殺した敵になお傷を負わせ、敵を仆したのは自分だと自慢する卑怯な兵士に似ているといえよう。(2)

あらゆる明証性の模範となり象徴となった数学の明証性 Evidenz は、その本質上、証明に基づくものではなく直接の直観に基づいていること、したがって他の場合と同じくここ数学においても、直接の直観こそいっさいの真理の究極の根拠であり、またその泉であることは、以上述べてきたことすべてによって、もはや疑う余地のないことだと思う。とはいえ数学の基礎をなしている直観は、他のいかなる直観よりも、したがって経験的な直観よりもはるかに勝っている。すなわち数学の基礎をなしている直観はア・プリオリであり、いつもただ部分的かつ継起的にしか与えられない経験のようなものには依存していないから、直観にとってはすべてが一目瞭然であって、任意に根拠からでも、帰結からでも出発することができるのである。――数学の基礎をなしているこの直観にあっては、根拠を起点として帰結が認識されるというプロセスをへているから、直観にはまったく誤りの生じようがない。このような認識のみが必然性を有するのである。たとえば（三角形などの）二辺の等しさは角の等しさのうちに根拠があるとして認識されるなどは、その例であろう。これにひきかえ、すべての経験的な直観、ならびに経験内容の最大の部分は、数学における直観とは逆に、帰結を起点として根拠へと進むのであって、この種の認識には誤りが生じないとはいえない。必然性というものは根拠が与えられているかぎり、帰結にもそなわっているものだからである。しかし（これとは逆に）、種々さまざまな根拠から同一の帰結が生じることもあり得るから、帰結を起点として根拠を認識する場合には必然性はそなわっていないのである。この後の方の認識の仕方はつねに帰納法 Induktion であるにすぎない。すなわち多くの帰結が集まっていて、一つの根拠を指し示しているので、そこから根拠は確実であると仮定されるのである。しかしあらゆる事例がもれなく集まっているなどはあり得ないから、帰納法にあっては真理といえども無条件に確実であるとはかならずしもいえないのだ。感性的な直観による認識とか、大部分の経験とかは、おおむねこの種の真理を有するにすぎない。ある感官の刺戟がきっかけとなって、結果から原因へと悟性による推論がおこなわれるのだが、そもそも根拠づけられたもの（結果）を起点として根拠（原因）を推論するのは確実なことではないから、誤れる仮象 Schein が感官の錯覚として生じ得るのであり、またしばしばこれが実際に生じることは、前に（第六節終りの部分）詳しく述べたとおりである。複数の感官もしくは五官ぜんぶが刺戟を受け、この刺戟が同一の原因を指し示している場合にはじめて、仮象Schein（悟性を惑わすもの）の生じる可能性は極端に小さなものとなってしまうが、それでもその可能性は絶無とはいえない。たとえば贋貨幣《にせがね》によって瞞される場合などでは、五官ぜんぶが瞞されてしまうからである。あらゆる経験的な認識、だから自然科学の全体もまた、右のケースにはいるのであって、自然科学のうちでも純粋な〔カントによれば形而上学的な〕部分だけは、その例に入らないといっていい。——

自然科学においても結果を起点として原因が認識される。自然に関する学問がすべて仮説に基づくのはそのためであるが、仮説はしばしば誤りであり、だんだんより正しい仮説に席をゆずるのである。特定の意図のもとに行なわれる実験にかぎって、原因を起点として結果が認識されるという確実な道を進む。しかし実験そのものはいくつもの仮説の結果ようやく企てられるものなのである。そういうわけで、自然科学のいかなる部門も、例えば物理学にしても、天文学にしても、生理学にしても、数学や論理学のように一挙にして発見されるようなことはあり得なかったのであって、出来上がるまでには幾世紀もの間の経験を蒐集し比較する必要があったし、また現にいまでもその必要がある。経験による確かめを幾重にも踏んでいくことではじめて、仮説の基礎をなす帰納は完全に近いものとなっていき、その結果、仮説は実用のために確実さの代わりをつとめるようになり、仮説を立てるうえで（しばしば誤りを重ねてきた）仮説の起源といえどもそれほど障害には思われなくなってくるのである。それはちょうど、幾何学の応用にとって、直線と曲線とが同一規準で測り難いことがそれほど障害にならないのと同じだし、算術にとって、対数《ロガリズム》の完全な正確さは達すべくもないことがそれほど障害にならないというのも結局は同じである。円の求積法や対数が無限分数によって少しずつ無限に正しさに近づけられていくのとちょうど同じように、幾多の経験を通じて、帰納は数学的明証に少しずつ近づけられ、——いいかえれば、帰結から根拠へ進む認識は、根拠から帰結へ進む認識に少しずつ近づけられていくという意味だが——そのありさまはなるほど無限に近づけられるとまではいえないにしても、錯覚の可能性が無視されてよいほどわずかなものになるところまでは近づけられるのである。そうはいってもやはり錯覚の可能性はなおのこる。例えば無数の（しかし限りのある）事例からありとあらゆる事例への推論、すなわち本来からいえば未知の根拠への推論——ありとあらゆる事例はこの未知の根拠に依存しているが——これもやはり帰納的な推論のうちにはいる。この種の推論のなかで、すべての人間は左側に心臓を持っているという推論ほど確かなものはないように思われるが、それでも（右に述べたように錯覚の可能性はなおのこるのであって）きわめて稀なまったく散発的な例外として、右側に心臓をもつ人間もいることはいるのである。——

感覚的な直観ならびに経験科学は、このように同じ種類の明証性をそなえている。数学、純粋自然科学、論理学がア・プリオリな認識として右に勝っているのは、あらゆる先天性《アプリオリテート》の基礎となる認識の形式面が後者には完全にそして同時に与えられているので、数学、純粋自然科学、論理学にあってはつねに根拠を起点とし帰結に進むことが出来るが、感覚的な直観ならびに経験科学にあっては、大抵はただ帰結を起点として根拠へ進むこととしかなし得ない、という点にもっぱらある。もっともその他の点では、（前者の）経験的な認識を導いてくれる生成の根拠の原理または因果の法則といえども、それ自体としては（後者の）ア・プリオリな諸科学がそれに従う根拠の原理の他の形態化と同じほどに確実なものである。——

概念に発した論理的証明もしくは推論もまた、ア・プリオリな直観による認識と同じように、根拠を起点として帰結へ進むという秀でた面をそなえているが、そのために概念に発した論理的証明や推論それ自体は、形式のうえからみれば誤りの生じようがない。証明というものが一般に非常に尊重されるに至ったのは、このことが大いに与《あずか》って力があったからである。ただし誤りの生じようなしとはこの場合は相対的なものだ。論理的証明や推論は科学の大前提のもとへと推論をすすめていくのであるが、この大前提は科学上の真理の全基本を含んでいるものであって、それはふたたび単に証明されればよいというものではなく、直観にもとづいていなくてはならない。この場合の直観は、右にあげたわずかなア・プリオリな科学（数学、純粋自然科学、論理学）においては純粋な直観であるといえるが、その他の経験科学においては、直観はつねに経験的であって、わずかに帰納によって普遍的なものにまで高められているのである。だから、経験科学において、普遍的なものにもとづいて個別的なものが証明されるにしても、その普遍的なものはふたたび個別的なものからみずからの真理性をかち得ているにすぎないのであって、普遍的なものとはいわば、集められた貯蔵品の倉庫にすぎず、みずから物を生産する大地ではない。

真理の基礎づけに関しては以上にとどめておきたい。――

誤謬 Irrtum（理性を惑わすものが誤謬、悟性を惑わすものは仮象。第六節参照）がどこから起こるかということとそれの生じる可能性については、プラトンが鳩小屋の話を出して、誤ってよその鳩をつかまえたようなものだ、云々という比喩的な解明をして以来〔『テアイテトス』一六七ページ以下〕、幾多の説明がこころみられてきてはいる。カントは対角線方向の運動という比喩をつかって、誤謬がどこから起こるかに関し漠然とした不明確な説明をおこなっているが、これは『純粋理性批判』第一版二九四ページと第五版三五〇ページにみいだされる。――

真理とはある判断がその認識根拠に対してもつ関係のことであるから、もちろんここでなんとしても問題になってくるのは、判断者が認識根拠をもっていると実際上は信じることができるのに、しかもこれをもたないのはどうしてであるか、すなわち誤謬、理性の迷妄はいかにして起こり得るかである。わたしの思うところではこの可能性はさきほど説明した仮象 Schein の、もしくは悟性の瞞しの可能性にきわめてよく似ている。私見では、いかなる誤謬も帰結を起点として根拠へ進む推論なのであって、このような推論は、帰結がその根拠をすでにもち得ていて、絶対に他の根拠をもち得ないときには妥当するが、それ以外の場合には妥当しないような推論である〔誤謬の説明がほかならぬ本書のこの個所でおこなわれるゆえんはここにある〕。——

誤謬を犯す人は次の二つの場合のいずれかである。まず第一の場合は、根拠をまったくもち得ない帰結になんらかの根拠を与えるので、彼は悟性の欠如、つまり原因と結果のつながりを直接に認識する能力の欠如を示すのである。第二の場合は、もっとひんぱんに起こるのであるが、彼は帰結に対しなるほどあり得そうな根拠を定めるものの、帰結を起点として根拠へと進むこの推論の大前提にさらにつけ加えて、当面の帰結はいつでも自分の指示した根拠からのみ成立するとなし、それには完全な帰納を経ることのみが彼にそういう資格を与えてくれるはずなのに、その手続きは実行せずして、ただちに帰納を前提としてしまうといった場合である。したがってこの際いつでもというような言い方は広汎にすぎた概念であって、その代わりにときどきとかたいていはとか言うだけならまだしも差し支えないだろう。ときどきとかたいていはとか言っているなら結論には問題がまだ残るわけであって、したがってそれだけでは誤りになりはしないのである。しかしながら誤謬を犯す人が上述のような行き方をするのは、性急すぎるせいか、何が起こり得るかについての知識が狭過ぎるため、なさねばならぬ帰納の必然性を心得ていないところからくるのである。——

誤謬はその点でも仮象にまったく似ている。両者はいずれも帰結を起点として根拠へ進む推論であって、仮象はいつでも因果性の法則に応じて、単なる悟性によって、つまり直接に直観そのもののなかでひき起こされるが、誤謬の方は、根拠の原理のあらゆる形式に応じて、理性によって、つまり本来の思考のなかでひき起こされるのである。もっとも、誤謬もまた仮象と同様に因果性の法則に応じて（悟性によって）ひき起こされることもきわめてしばしばある。次の三つの例がその証拠であって、以下は三種類の誤謬の典型もしくは代表とみなしてよいだろう。――

（一）感覚の仮象〔悟性の瞞し〕がきっかけとなる誤謬〔理性の瞞し〕。たとえばある絵画を高浮き彫りと見て、実際にそう思いこんでしまう場合。これは次のような大前提から出発した推論によって行なわれる。「暗灰色がところどころで濃淡を帯びながら白色に移っていくとすると、その原因はいつでも凹所と凸所とに光がまちまちに当たるためである。ergo（それゆえに）……」――

（二）「わたしの金庫に金がなくなっているとするなら、その原因はいつでもわたしの召使いが合鍵をもっていることにある。ergo（それゆえに）……」――

（三）「プリズムを通して屈折した、つまり上方もしくは下方へずれた太陽の像が、プリズムを通さないうちは円くそして白くみえたのに、今は細長くそして彩色されてみえるとすれば、その原因はかならず、光の中にはいろいろな色をもった、同時にいろいろに屈折する同質の光線がひそんでいて、これらの光線がいろいろの屈折率によって分かれて、今や細長くそして多様に彩色された像を示すのである。ergobibamus！（だから……あとはどうとでも言って下さい！）（ゲーテの詩の題。ワイマル版第一巻一四四ページ。各節ごとに反復されている語）」——

以上は、しばしば誤って一般化された仮説的な大前提から出た推論、帰結に対し根拠を仮定したために生じた大前提からおこなわれる推論であるが、誤謬が発生するのはいずれもこのような推論に原因があるとみなければならないであろう。それは単に計算の誤りなどではない。計算の誤りならもともと誤謬というべきではなく、単なる過失である。数の概念（代数記号など）のあらわしている数値操作（運算のこと）は、純粋な直観、数えることのうちではおこなわれず、それとは違った別種の直観だからである。

科学の内容一般に関していえば、これはもともとつねに、根拠の原理によってのみ有効であり意味のある「なぜに」Warumを手引きとした。根拠の原理に従った、世界の現象相互の関係にほかならない。この関係を指示することがすなわち説明である。説明はだから、二つの表象がそれの所属部門を支配している根拠の原理の形態化（時間→継起、空間→位置、物質→因果性、概念→関係。第三、四、七、九節既出）と相互に関係し合っていることを示すだけで、決してそれ以上に出るものではない。説明がこれだけのことをなし遂げてしまえば、もはやそれ以上に「なぜに」を問うことは不可能である。なぜなら指示された関係（表象と形態化との関係）は絶対に別様には表象されようのない関係、すなわちいっさいの認識の形式だからである。それゆえなぜ2＋2＝4であるかを問う人はいないし、三角形の角の等しさが辺の等しさを規定するのもなぜであるかは、問われない。あるいはまた、なにかある原因があればなぜそれにつづいて結果が起こるのか、また、前提の真理からなぜ結論の真理が明らかになるのか、などは誰も問題にはしないのである。——

これ以上なぜにを要求できない（ぎりぎりの）関係にまでさかのぼることのない説明はいずれも、「隠れた特性」qualitas occulta を仮定して、そこで立ちどまるほかないものである。だが、根源的な自然力はすべてこうした特性を秘めている。すべての自然科学上の説明は、結局は「隠れた特性」に立ちどまるほかないものであって、つまるところ奥底は全くの暗黒なのである（第二巻の中心主題）。自然科学の説明が、一つの石の内奥の本質をも、一人の人間の内奥の本質と同じように説明しないで放っておくほか仕方がないのはそのせいである。自然科学の説明は、人間の認識や行動（の謎）を釈明できないのと同様に、石の示す重さ、凝集力、化学的諸性質等々にやはり釈明を与えることはできない。こうして例えば重さもまた、「隠れた特性《クアリタス・オクルタ》」の一つであるといえる。重さは、取り除いて考えることもできるもので、認識の形式から一つの必然的なものとして発生するものではないからである。これに反し慣性の法則は必然的なものであって、これこそ因果の法則から帰結するものである。これを因果の法則に還元すれば一つの完全に満足のいく説明が得られるのはそのためである。——

絶対に説明のできないもの、根拠の原理が表わしている関係に絶対に還元できないものが二つある。第一は、その四つの形態のすべてにおける根拠の原理そのものである。これはいっさいの説明の基本であり、これと関連してはじめて説明が意味あるものとなる原理にほかならないからである。そして第二は、根拠の原理がそこまでは達しようのないもの、しかしそこからあらゆる現象の根源をなすものが生じてくる当のもの、すなわちそれは、物自体 Ding an sich である。物自体に対する認識は、根拠の原理に従属した認識ではけっしてない。物自体については本書のこの個所においてはまだまったく理解されないものとして放っておくほかはない。いずれ次の第二巻で、科学の可能な仕事に関する考察をふたたび取り上げる際に、物自体もはじめて了解可能なものとなるであろう。自然科学の、のみならずすべての科学の説明は、この（物自体に関する）点を超え出ることはなく、それればかりか説明の基本である根拠の原理さえもこの点を超えることはできないから、科学は（物自体に関する）ことがらをそのまま放置しているのであって、ほかでもない、科学が放置しているその場所で、再びこのことがらを本来的に取り上げるのが哲学であり、哲学は科学とはまったく違った方法でこのことがらを考察することになる。——

拙論『根拠の原理について』第五十一節で示唆したことだが、各種各様の科学において主要な導きの糸をなしているのは、根拠の原理のあれこれの形態化である。実際、各種各様の科学のもっとも適切な分類はおそらくこの形態化という導きの糸にもとづいておこなわれるであろう。しかし、前にも述べたと思うが、この導きの糸に従ってなされたいかなる説明も、つねに相対的であるにすぎない。それはことがら相互の関係は説明するが、まさしく説明の前提をすでになしている「あるもの」については、説明しないままに放置してしまう。例えば、数学においては空間と時間が、力学や物理学や化学においては物質、性質、根源力、自然法則がその「あるもの」にあたる。また植物学ならびに動物学においては、種の差異性と生命そのものがそれであり、歴史においては思考と意欲のあらゆる特徴をも含めた人類がそれにあたる。――これをまとめていえば、原理が適用されその度ごとに形態をなす根拠の原理がまさしくその「あるもの」にあたるのだといっていい。――

哲学は独自なものをそなえていて、いかなるものをも既知のものとして前提とすることはなく、すべてのものが哲学にとっては同じ程度に未知であり、問題である。もろもろの現象の関係のみならず、現象そのものも問題であり、いや、他の諸科学がすべてをそれに還元して満足している根拠の原理それ自体さえ問題である。哲学にあっては、根拠の原理に還元したところでじつはなにも得るところがないわけであろう。（根拠の原理の）系列のある項は、哲学からみれば他の項と同様に未知であり、さらにこのような連関のあり方そのものもまた、哲学にとっては、連関によって結合されたものと同様に、問題であり、そのうえ結合されたもの自体が、この結合が示された後もふたたび、示されない以前と同様に問題なのである。なぜならば、すでに述べたように、科学が前提とし、みずからの説明の根柢におき、さらにまた説明の限界として設定しているものこそ哲学の本来の問題であり、したがってそのかぎりでいえば、科学の終わるところ、そこに哲学が始まるのだといってよいからである。——

証明は哲学の基礎たり得ない。そもそも証明は既知の命題から未知の命題を演繹することであるのに、哲学にとってはいっさいが等しなみに未知であり、未開拓だからである。天地開闢の機にこの世界を現象もろともにその帰結として成り立たせるにいたった、というようないかなる（哲学の）原理も存在しない。スピノザが欲したように、ある哲学が「既定の原理から」ex firmis principiis 論証的に演繹されるなどということもあるものではない。また、哲学はもっとも普遍的な知であるから、その主要原理をそれ以上に普遍的なある別の知から演繹するなどということもおよそあり得ない。矛盾原理は単に諸概念の一致を確定するだけであって、それ自らで概念をつくりなすものではない。根拠の原理は諸現象の結合を説明はするが、現象そのものを説明することはない。それゆえ哲学は世界全体の動力因 causa efficiens もしくは目的因 causa finalis の探究を目ざすことはできないものなのである。少なくとも現在の哲学は世界がどこから生じなんのために存在するのかを探究するものでは決してなくて、ただ世界が何であるかを探究するにとどまるものである。しかしこの場合「なぜに」は「何であるか」より一段下位にあるのである。「なぜに」は世界の現象の形式、根拠の原理によってのみ生じ、そのかぎりにおいてのみ意味と妥当性を得るのであるから、「なぜに」はそれだけですでに世界の一部をなしているためである。――

あるいはなるほどこうも言えるかもしれない。世界が何であるかは、各人が認識の主観であり、世界がその表象なのであるから、誰でも格別の助けを借りずに認識していることである、と。このことはそれだけに限って言えばあるいは真であるかもしれない。しかしそのような認識は直観的な認識であり、具体的なものであり、哲学の任務はこの具体的な認識を抽象的に再現することである。いいかえれば、継起的で可変無常な直観、一般に情という広範囲の概念のうちに抽象的でないとか明晰でないとかいうネガティヴなレッテルで一括されている(第十一節前半参照)ところのいっさいを、抽象的な明晰な知にいたるまで、つまり一つの永続不変の知にいたるまで高めること、これが哲学の任務である。したがって哲学は総体としてのこの世界の本質に関するところの、全体ならびに各部分の両面にわたる抽象的な一個の立言であらねばならない。しかしばらばらの判断の際限のない集合のなかで自分を見失うことのないために、哲学は抽象の働きを利用しなければならないし、あらゆる個別的なものを普遍的なものの場において考え、個別的なものの相互の差別相違をもふたたび普遍的なものの場において考えてみなければならない。だから哲学はあるいは分離しあるいは結合するなどして、世界一般のありとあらゆる多様なものを、それぞれの本質に応じて、若干の抽象概念のかたちにまとめ、これをWissenに引き渡すのである。哲学は世界の本質を抽象概念のかたちに定形化するものであるが、普遍的なものが認識されるときと同じように、まったく個別的なものが認識されるのもこの抽象概念にたよらざるを得ないのである。こうして両者の認識ははなはだ密接に結合されていなければならない。哲学をする能力はまさに、プラトンが定めたように、ひとえに多のなかに一を認識し、一のなかに多を認識することにあるといわれるのは以上の理由による。こうして哲学はきわめて普遍的な諸判断の一つの総和となるであろう。その認識根拠は、直接に、なにものをも除外しない世界そのものの総体である。すなわち人間の意識のなかに立ち現われるすべてのものである。哲学は抽象概念のかたちで世界をもう一度完璧に繰り返すこと、いわば世界をこのかたちで反射することとなるであろう。こうしたことが可能になるのは、本質的にみて同一のものであれば結合して一つの概念となし、相違するものであれば分離して別の概念に区分けする等の作業にのみかかっている。――

すでにヴェルラムのベーコン（フランシス・ベーコンのこと。ヴェルラムの男爵とよばれた）は哲学に以上のような課題を立てて、こう言っている。――

「世界そのものの声をもっとも忠実に復唱し、いわば世界の口述するところをそのまま写しとった哲学のみが真の哲学である。それはまた、世界の模写と反射にほかならず、なにか自分自身のものをつけ加えたりせずに、ただひたすら繰り返しと反響をなすだけのものである」〔『学問の発達』第二巻第十三章〕――

われわれはしかしベーコンが当時考えることができたよりもこれを広い意味に拡張して考えた

い。

世界のあらゆる面や部分は一つの全体をなしているからこそ相互に一致するところをもっているが、世界の抽象的な模写（哲学のこと）のなかにも相互に一致するところが再発見されなければならない。そう考えれば、あのさまざまな判断の総和において、一つの判断は他の判断から、しかもつねにこれが交互的に、あるていどまでは演繹したりされたりし合うことができるかもしれない。だが、そのためには、これらの判断はまずもって存在していなければ話にならぬし、かくて世界の具体的な認識によって直接に基礎づけられたものとして、あらかじめ提示されていることが必要である。直接的な基礎づけは間接的な基礎づけよりも確実であるだけに、なおさらそうされていることが必要である。これら判断が相互に調和し合っていれば、その力でこれらは合流して一つの思想という統一をさえ得るにいたるであろうが、その調和を生み出している母胎は、これら判断の共通の認識根拠である直観世界そのものの調和と統一だといっていい。だから判断の調和は、判断の基礎づけのための第一のものとして用いられることはないだろう。判断の調和はわずかに判断の真実性を裏書きするものとして後からつけ加わるだけのものである。――

この課題は、後に課題そのものが解決し片づくまでは、本当に明らかにはならないと思う[3]（第六十八節に哲学は世界の模写だとするベーコンのことばが再び取り上げられ、哲学者は聖者である必要はないと論じられている）。

〔1〕カントがこれらのギリシア語の表現を濫用したことについては、付録の中で非難しておいたが、そ

の件はここではまったく考えないことにしておく。

〔2〕スピノザはいつも、「幾何学風に」処理するのを誇りとしているが、ほんとうは自分で意識していた以上にいっそうそういうことをしていた人である。というのは彼が世界の本質を直接に直観的に把握して、自分としてはすでに確実に決定的になっていたことを、わざわざこの直観的な認識から切り離して、論理的に論証しようとしているからである。彼は前もって確かな結論を狙っておいて、これを手に入れたのだが、もちろんそれは彼が勝手に自分で作った概念〔実体 substantia、自己原因 **causa sui** 等々〕を出発点にしておいてあらゆる勝手気ままな解釈を証明に当たってあえてした、というようなことによっておこなったことにすぎない。概念の範囲というものがその本質上広域にわたっているので、勝手気ままな解釈には好都合なきっかけが与えられるのである。スピノザの学説のなかの真なるところ、優れたところは、したがって、証明からは完全に独立しているのであって、その点では彼の場合も幾何学の場合もまったく同じである。

――この点については続編の第十三章を参照のこと。

〔3〕この点については続編の第十七章を参照のこと。

(1) 円O(中心がO)内の一点Pで交わる二つの弦AB、CDのおのおのが作る線分AP、PB、CP、PDに対してはAP×PB=CP×PDの関係がつねに成り立つ(下図参照)。

(2) ユークリッド『原論』第三巻「円」命題三五は次の通りである。「もし円において、二つの弦が互いに交わる

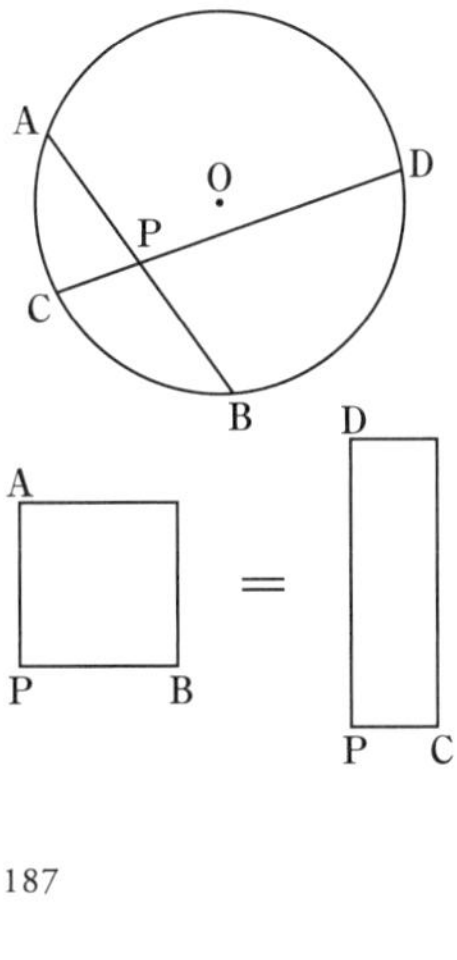

ならば、一方の弦の二つの部分に囲まれた矩形は、他方の弦の二つの部分に囲まれた矩形に等しい」。この命題のくわしい証明は、中村幸四郎、寺阪英孝、伊東俊太郎、池田美恵訳・解説『ユークリッド原論』（共立出版刊）七五—七六ページを参照。

第十六節

以上わたしは人間にのみ固有である特別の認識能力としての理性を考察し、あわせて理性によって惹き起こされる人間性に特有の仕事や現象の考察をすすめてきたが、なおここに理性について言うべきことが残っている。それは人間の行動を導くかぎりでの理性、すなわちこの点で実践的とよぶことができる理性についてである。しかしこの場で言及すべきことは、その大部分は、本書の別の個所、カントのいわゆる実践理性の存在を論駁した本書の付録（『カント哲学批判』のこと）のなかに所を得て述べられている。カントは彼のいわゆる実践理性を〔もちろんすこぶる安直に〕あらゆる道徳の直接の泉であり、一つの絶対的な〔つまり天から降ってきた〕当為Sollの座であると述べ立てている。このカントの道徳原理に対する詳細かつ徹底的な反駁を、わたしは後になって『倫理学の根本問題』のなかに提出しておいた。——

だからわたしはこの場所では、ことばの真の意味において、理性が行動に及ぼす実際上の影響について、ほんの少しばかり述べておくにとどめる。さきに理性の考察を始めた段階（第八節参照）で一般的に述べておいたことだが、人間の行為と行状は動物のそれとは区別される。そして人間と動物とのこの区別はひとえに人間の意識のなかに抽象的な概念が存在する結果であると見なされなければならない。抽象的概念が人間の存在全体に及ぼす影響はじつに深く重大であるので、人間と動物との関係は、いわば眼のある動物と眼のない動物〔ある種の幼虫、蛆虫《うじむし》、植物性動物〕との関係ほどにもひらきがある。眼のない動物は、空間のなかで自分の身に直接に現在するところのもの、自分の体に触れてくるものだけを、ただ触覚のみによって認識するが、眼のある動物は遠近を問わず広い視圏を認識する。ところでこのへだたりと同じように、動物は理性を欠いているため、時間のなかで自分に直接に現在するところの直観的な表象、すなわち実在の客観に限定されている。これにひきかえわれわれ人間は、抽象的な認識のあるおかげで、狭い現実的なこの現在のほかに過去および未来の全体をつつみこみ、これにはさらに可能性という広大な国土まで含まれている。すなわちわれわれは現在と現実とをはるかに超え出て、自由にあらゆる方面へ人生を展望する。したがって、空間のなかで、感覚的な認識に対し、眼をそなえているということは、時間のなかで、内面的認識に対し、理性をそなえていることにある程度までは匹敵することだといっていい（第八節の再確認）。――

しかしさまざまな対象が眼に見えることに価値があり意味があるのは、眼に見えるなら触れることもできることを予示しているためであるが、同様に抽象的認識に価値があるのは、つねにそれが直観的な認識に対し関係をもっていることにある。自然人が抽象的な概念、単に考えられたものよりも、直接的・直観的に認識されたものをつねに尊重しているのもまたそのためである。自然人は論理的認識よりも経験的認識の方を優先する。ところが行為よりもむしろ言葉で生きる人、実際の世界を見るよりもむしろ文書や書物の中ばかりを見ていた人、そしてその成れの果てが衒学者《ペダント》となりついに文字拘泥者となってしまった人は、自然人とは反対の気持をいだいているものである。どうしてあのライプニッツやヴォルフならびにそのあらゆる後継者たちが、ドゥンス・スコトゥスの先例にならい、直観的な認識を単に混乱した抽象的認識にすぎないと公言するほど常軌を逸することがあり得たかは以上のことからはじめて納得がいく。スピノザは彼らとは反対に、はるかに正常な感覚をもっていて、一般概念というものはすべて直観的に認識されたものの混乱から発生したものだと説明していることを、彼の名誉のためにここに一言しておかなければならない。〔『エティカ』第二部定理四〇備考一〕——

数学において数学固有の明証性 Evidenz をしりぞけてもっぱら論理的明証性のみを認めてみたり、抽象的認識に入らないものなら総じてなんでも情という広範囲の名でくくってこれを軽んじてみたりするのも、以上のような信念のさかだちに原因がある。最後にカントの倫理学が、状況の認識に際し直接に語りかけてきて、正しい行ないや善き行ないをするよう人を導く純粋かつ善良なる意志を、単なる感情興奮にすぎぬとしてこれには価値も功績もないと公言し、ただひたすら抽象的な格率から生じた行動だけに道徳的な価値を認めようとしたこと、これもやはり上記の信念のさかだちに端を発している（第十三節、第六十七節参照）。

人間が人生の全体を多面的に展望するのは理性のおかげで、人間が動物よりもまさっている点だが、このような理性によってなされる展望は、人生航路という名前の幾何学的な、色彩のない、抽象的な、縮小された見取図になぞらえることもできる。人間が動物に対してもつ関係は、さながら海図、羅針儀《コンパス》、四分儀をたよりに航路と洋上におけるそのつどの位置を知っている船長と、ただ波と空だけを見ている無知な乗組員との関係のようなものだといえるであろう。そういうわけで、人間が具体的な生活のほかにいぜんとして第二の抽象的な生活をいとなんでいることは、考察に値することであり、いやそれどころか、驚嘆すべきことなのだ。第一の具体的な生活において人間は現実のあらゆる嵐や束の間の影響に翻弄され、動物のように努力し、苦しみ、死ななければならない。しかし人間の理性的な思慮を前にして立ち現われる第二の抽象的な生活は、第一の生活の、人間が暮している世界の、静かな反映であり、今述べた縮小された見取図にあてはまる。ここ、もの静かな思慮の境においては、人間の心をすっかり占領し烈しく動揺させるようなどんなものごとも、冷やかで、無色で、さしあたり他所《よそ》ごとのように思われてくるのである。この第二の生活では人間は単なる傍観者であり、また単なる観察者である。人間が反省の境にこうして退くのは、あたかも俳優が自分の出番をひとつすませて、ふたたび登場しなければならなくなるまで、観客たちの間にまじわって座を占め、そこから舞台でなにが演じられていようと、たとえそれが自分の死〔芝居のうえでの〕の準備であろうと、落ち着いて見物し、そのあと再び出ていって役の命ずるままに振舞ったり苦悩したりするさまによく似ている。動物の無思慮とははなはだしく異なっている人間のこのような落着きは、以上述べたような抽象的と具体的との二重の生活から生じるものであって、この落着きをもって人間は、あらかじめ熟慮し、そのあとひとたびきっぱりと決断した後では、もしくは止むを得ぬことと認めた後では、自分にとっていかに重要なことであろうとしばしばまたいかに恐ろしいことであろうと、すなわち自殺、死刑、決闘、生命を危険にするあらゆる種類の冒険、総じて人間の動物的な本性がことごとく逆らうようなことがらも、酷薄なまでに冷やかにやりすごしたり、あるいは実行したりするのである。——

その瞬間に人は、理性がどのていどまで人間の動物的な本性をおさえ切るかを見とどけて、それをおさえ切った強い人間に対して「まことそなたは鉄の心をもつ」〔『イリアス』第二十四巻五二一行〕とよびかける。この場合にこそ、理性は実践的なあらわれ方をするのだ、そう実際に言うことができるであろう。つまり、行為が理性によって導かれる場合、動機が抽象的な概念であるような場合、直観的なばらばらの表象や動物を導く刹那の印象のどちらもが決定力をもたないような場合、こうした場合にこそいつでも、実践理性があらわれるといえる。しかしこれは行動に倫理的価値があるかどうかということとはまったく別であり、それとは関係がない。理性的に行動することと、有徳的に行動することとは二つのまったく違ったことがらである。理性は大きな善と結びつくこともあれば、それと同じ程度に大きな悪と結びつくこともあるのであって、そのいずれにも理性が加担することではじめて大きな効果が生じる。理性は貴い志のためにも悪しき企てのためにも、また賢明な格率のためにも無分別な格率のためにも、とにかく組織的に首尾一貫してこれらを実行する用意を均等にそなえていて、またそれに均等に役立つのである。これはまさしく理性の女性的で、受身的で、保存的で、みずからはなにも産み出せない本性のしからしむるところであろう（「理性は女性的」は第十節冒頭）。――以上のような問題点をすべてわたしは付録のなかで詳しく分析し、実例をあげて解明しておいた。付録で述べたことは本来ならここで語るべきであるが、カントのいわゆる実践理性を論駁しておきたかったので、そちらの方に移さざるを得なかった。だからここからあらためて付録の参照をおねがいしておきたい。

言葉の真の、そして純粋な意味における実践理性のもっとも完全な発展、人間が理性を使いさえすればそれだけで到達することのできる頂点、そしてそこに達すれば人間と動物との相違がもっとも歴然となってくる最高の頂点は、ストアの賢者において理想として説かれている。なぜならばストア派の倫理学は元来、そして本質的に、道徳論ではなく、精神の平静による幸福を目標ならびに目的とするところの理性的な生活への指示にすぎないからである。徳のある振舞いがストア派の賢者において見出されるとしてもそれはいわば偶然にすぎず、手段としてであって、目的としてではない。それゆえストアの倫理学は、その本質と観点の全体からいって、ヴェーダ、プラトン、キリスト教、ならびにカントの教えのように、直接的に徳を強要する倫理体系とは、根本的に異なっているのである。ストアの倫理学の目的は幸福である。「目的は幸福なり」〔あらゆる徳の目的は幸福をもつことである〕と、ストバイオス（五世紀ごろのギリシアのアンソロジー編纂者）はストア派の説明の中で言っている〔『自然学及び倫理学抜粋』第二巻第七章一一四ページ、同じく一三八ページ〕。しかしながらこの幸福が確実に見出されるのは内的な平安と精神の平静さ〔ἀταραξία アタラクシアー〕のなかだけであり、これがふたたび徳によってのみ達せられることを教えているのもストアの倫理学である。徳は最高の善なり、という言葉はほかならぬこのことを意味しているにすぎまい。しかし、いうまでもないことだが、目的は手段にかまけてだんだんに忘れられていき、徳を勧めてもその勧め方はやがて自分の幸福の関心とはまったく違った関心をさらけ出すことになり、自分の幸福とは明らかに矛盾するようになっていくが、このようなことはどの倫理体系にもみられる不整合の一つである。これによりどの体系においても、直接的に認識された真理、感知された――と人の言う――真理が人を正道にもどすべく推論に暴力を加えている。これは例えばスピノザの倫理学《エティカ》にも明らかにみられるところであって、エゴイスティックな「各自の利を求める」（『エティカ』第四部定理二〇）ことから、見えすいた詭弁によって、純粋な道徳論を導き出しているがごときはその例である。――

わたしがストア派の倫理学の精髄をとらえたところによれば、そのそもそもの根源は次のような思想にあるようだ。すなわち、理性は人間の大きな特権であって、理性は計画的な行動とそこから生じる結果によって間接的に、人生と人生の重荷とをはなはだしく軽くしてくれるものであるが、この理性は単なる認識によって、すなわち直接的に、人生を満たしているあらゆる種類の苦悩と苦痛とを、完全にあるいは完全に近く、一気に人間から取りはらってしまう力をもっているのではないかという思想である。いやしくも理性を賦与された人間が、理性によって無限の事物と状態とを包みこみ見渡していながら、それにもかかわらず現在にとらわれ、また、ほんの短い、束の間の、不安な人生のわずかな歳月のあい間に起こる出来事によって、これほどにもはなはだしい苦痛をこうむり、欲情と遁走の烈しい衝動から生じるこれほどにも大きな不安や苦悩に翻弄されるよう定められているとしたら、これはなんとしても理性の優位にふさわしくないことだと考えられたのであった。そして、理性を適当に用いれば人間はこのような苦悩を超越し、不死身になることも出来るに違いないと考えられたのである。それゆえにアンティステネスは、「理性を身につけるかさもなければ、首でも縊れ」〔プルタルコス『ストア派の矛盾について』第十四章〕と言っているが、これはすなわち、人生は憂悩や面倒にあふれているから、思想を正してこういうものを超越してしまうか、さもなければ生を棄てるほかない、という意味である。――

欠乏ならびに苦痛は、ものを持たないということから直接に、かつ必然的に生じるのではなくて、ものを持ちたいという気持がありながら、しかも持っていないという状態からはじめて生じるのであって、したがってこの持ちたいという気持こそ、持っていない状態を欠乏と感じさせるのであり、これこそ、苦痛を生み出させる唯一の必然的な条件なのである。そう人は悟ったのであった。「貧乏が苦痛をもたらすのではなく、欲望がもたらすのである」〔エピクテトス、断片二五〕。そのうえ経験から認められたところによれば、欲心を産みかつこれを育てるのは希望や要求にほかならないのである。すべての人に共通したどうにも避けようのない悪とか、また誰にもとうてい手のとどかない財貨とかは、われわれを苦しめたり不安にすることはない。人間にとって避けられるていどの悪や、手のとどき得るていどの財貨が、ほんの少しばかり多いか少ないか、これがわれわれを苦しめ不安にするのである。のみならず、絶対的に手のとどき得ないものを手に入れたときや、絶対的に避け難いものを避けたときだけ、われわれの心が安まるのではなく、相対的に手に入れにくいものを手に入れたり、相対的に避け難いものを避けたときでもやはり、われわれの心はすっかり安らかになるのである。だから、われわれの個性にこびりついてしまっている悪や、われわれの個性にはどうしても拒まれてしまうほかない財貨は、無頓着な態度で冷やかに眺めていられるということ、この人間的な特性のために、もしも希望がこれを焚きつけさえしなければ、すべての欲心はやがて消滅し、どんな苦痛ももはや生じようがない。以上のことから明らかになったことは、幸福とはただわれわれの要求と、われわれが手に入れるものとの釣合にもとづいているにすぎないことである。釣合を得ていさえすれば、双方の量のどちらが大きいか小さいかはどうでもよい。われわれの要求を小さくすることによってでも、手に入れるものを大きくすることによってでも、どちらによっても釣合は得られるからである。これと同様に、すべての苦悩はわれわれが要求し期待するものと、実際にわれわれのために生じてくるものとの間の不釣合に起因する。この不釣合は明らかに認識[1]に存するにすぎないのであって、より高い識見があればそれによってなくしてしまうことができるものである。それゆえにクリュシッポスが「自然のままに生じることを常とする、そのような事柄の経験に従って人は生きなければならない」〔ストバイオス『自然学及び倫理学抜粋』第二巻第七章一三四ページ〕と言ったのも世界における物事の成り行きについて適切な知識をもって生きるべきだという意味である。なぜなら人間はとかく取り乱したり、不幸に打ちのめされたり、あるいは怒ったり、落胆したりすることがしばしばあるが、それは物事が自分の予期したとおりにならなかったことを発見したためであって、したがって彼が迷誤にとらわれ世界と人生を知らなかったためにそうなるのであり、無生物界では偶然によって、生物界では他人の逆の目的や、また悪意によって、個人の意志は一歩ごとに妨害されるものだということを知らなかったがために起こることとである。つまり人生とはかくのごときものだという一般的な知識に達するために、自分の理性を使わなかったためかもしれず、あるいはまた、一般的には知っていても個別にわたっては再認識せず、それゆえこれに驚かされ取り乱したりするとすれば、彼には判断力が欠けているためかもしれず、いずれにしても理性を使わなかったか、判断力が欠けているのか、そのいずれかである。[2] したがってまた、さかんな喜びというものもすべて誤謬であり、妄想である。なぜなら望みが達せられたという満足は永つづきするものではなく、所有とか幸福とかはしょせんは偶然から時を定めずに借りてきたものであって、したがって次の時間にはふたたび返却を求められるものかもしれないからである。しかしながらいかなる苦痛もこの（喜びという）妄想が消えてしまうことにもとづいている。したがって苦痛も喜びも、認識に欠陥があることから生じたものである。賢者は、歓喜にも、苦痛にもつねに遠く離れて生きていて、いかなる出来事も彼の心の平静（*ἀταραξία* アタラクシアー）をかき乱すことはない。

ストア派のこの精神と目的とに従って、エピクテトスは、われわれが左右し得ることと左右し得ないこととを十分に考慮してこれを区別し、われわれの力で左右し得ないものをけっして当てにすべきではなく、こうすることであらゆる苦痛、苦悩、不安を確実に免れることができるであろう、そう考え、そこから出発し、またたえずそこへおのれの知恵の核心として立ちかえっていく。ところがわれわれが左右できるものといえば、意志だけである。こうしてこのあたりから徐々に道徳論へと移っていくのである。すなわちわれわれの左右し得ない外界が幸・不幸をきめているのだとすれば、われわれが自分自身に対し内心で満足しているか不満足であるかは、われわれの意志のいかんによって生ずるものだということに気がつくからである。しかしそれから後になって善と悪 bonum et malum という名称は幸と不幸に対して与えられるべきであるか、それとも満足と不満足とに対して与えられるべきであるか、そのことが問われるようになっていった。この問題はがんらい勝手にどう随意に考えようとたいしたことではなかったのだ。けれどもこの点でストア派の人々はペリパトス派（逍遥学派すなわちアリストテレス派のこと）やエピクロス派の人々とたえず論争をかわして、二つのまったくつながりのないものを不当に比較したり、そこから生じた対立的な逆説的な言説をたがいに投げ合ったりして、議論を楽しんだ。キケロの『パラドクサ』は、ストア派の側からしたこれらの言説の興味深い集成をわれわれに提供している。

（ストア派の）開祖ゼノンはがんらい、これとはいくぶん異なった行き方をしたらしい。彼における出発点は、最高の善、すなわち精神の平静による至福状態に達するためには、自分自身と一致した生き方をしなければならないということであった〔一致して生きるとは、すなわち同一の理性に従い、自分自身と調和して生きることである。ストバイオス『自然学及び倫理学抜粋』第二巻第七章一三二ページ。――同じくまた、徳とは全生涯にわたって魂が自分自身と一致することにある。同書一〇四ページ〕。ところでこれは、変化する印象や気分によってではなく、どこまでも理性的に、概念に従って自らを決定することによってのみ可能である。しかしわれわれの力が及ぶのはわれわれの行動の格率だけであって、成果や外的な状況はいかんともしがたいから、つねに首尾一貫を期するためには、成果や外部の状況を目的とせず、行動の格率だけを目的としなければならなかったわけだ。そのためにもまた道徳論が始められるにいたったのである。

しかしはやくもゼノンにすぐ続く弟子たちにとっては、師の道徳原理——一致して生きる——は、あまりにも形式的で、かつ無内容に思われたのであった。そこで弟子たちは、この原理に、「自然と一致して生きる」というような補足をつけ加えて、これに実質的な内容を与えたのである。これはストバイオスが前掲の書で報告しているところによると、まずクレアンテスによってつけ加えられたのであるが、概念の範囲が広いためと、表現が不明瞭であったために、問題を非常にひろげすぎてしまった。クレアンテスが考えたのは、普遍的な自然の総体であったが、クリュシッポスの念頭にあったのは、とくに人間の自然（本性）のことであったからである〔ディオゲネス・ラエルティウス、七・八九〕。その後になって、人間の自然にのみ適合するものが徳とされ、動物の自然に適合するものは動物本能の満足とされることになるのであるが、これによりふたたび無理にも道徳論の方へと向きを変えられ、否でも応でも倫理学が自然学 physik によって基礎づけられなければならないということになってしまったのである。なぜならばストア派の人々はつねに原理の統一を目指していたからである。現に、神と世界も、彼らにあってはけっして二つの別種のものではなかった。

ストア派の倫理学は、全体としてみれば、実際、人間の大なる特権といえる理性を、幸福招来の大切な目的のために利用しようとする貴重な、尊重すべき一つの試みにほかならない。すなわち人間に、いずれの人生をもとりこにしている苦悩と苦痛を、次のように教えることで超えさせようとする。

いかにしたら君は安らかに人生をすごすことができようか
永遠に満たされない欲望に苦しめられることもなく
たいして益もないものごとへの怖れや希望にも苦しめられずにすむように
（ホラティウス『書簡集』一・一八・九七）

もっとも高い程度に人間に品位をあずからしめるのは、まさしくこのような教えによってである。品位こそ、動物とは違って理性的存在である人間のもつべきものであり、品位が問題になることがあり得るとすれば、いうまでもなく右のような意味においてであって、他の意味においてではない。――

ストアの倫理学に関する以上のようなわたしの見解が、理性とは何であり、また理性は何をおこなうことができるかを述べている本書のこの個所で、ぜひとも言及されなければならないのは当然であるだろう。けれども、（幸福を得ようとする）ストア派の目的は、理性を用いることで、単なる理性的な倫理学によってでも、（ストア派の特定の教えを待つまでもなく）ある程度までは誰にだって達せられることなのである。現に経験が示すとおり、普通に実践的な哲学者とよばれている純然たる理性的な個性をもったひとびと——実践的というこういう呼び名は間違ってはいまい。本来の理論的な哲学者とは実人生を概念に翻訳するもののことだが、実践的な哲学者とはこれにひきかえ概念を実人生に翻訳するものなのだから——はおそらくもっとも幸福なひとといえるだろう。しかし、これだけではまだ、理性的な方法でなにか完全なものが成就されたり、正しい理性の使用が人生のあらゆる重荷や苦悩をわれわれからとり除いて、幸福な境地 **Glückseligkeit** へとわれわれが導かれるには、まだあまりにも多くのことが不足しているといっていい。——

そもそも苦しむことなく生きようとするそのこと自体に一つの完全な矛盾があるのだ、と言ってもよいくらいである。よく使われる「幸せな生活」**seliges Leben**（selig この形容詞は、「幸せな」「至福の」のほかに、「今はなき」「死せる」「故……」の意味がある）という語がこの種の矛盾を含んでいるのはそのためである。わたしがこれから述べる叙述を最後まで理解してくれた人にはこうした問題は必ずや明らかになるだろう。——

この矛盾（苦しむことなく生きようとするための矛盾）は、ストア派の純粋理性の倫理学そのものの中にも早くも現われているのである。すなわちストア派の人が、幸福な生活への彼の教え〔依然としてストア派の倫理はこのことを置いて外にないから」のうちに、自殺へのすすめを織り込まざるを得なくなっていることに、矛盾は端的に現われている。〔それはさながら東洋の専制君主のきらびやかな装飾品や調度品のあいだに毒薬の入った高価な小壜がみられるさまに似ている。〕すなわち自殺は、どんな原理や推論をもってしても哲学的には取り去ることのできない肉体上の苦悩が圧倒的で治癒しがたいまでになり、したがって幸福な境地 **Glückseligkeit** というストア派唯一の目的が無効になって、死以外に苦悩から脱け出るすべがなくなった場合にのみ、すすめられている。そういう場合には、死は他のすべての薬物を飲むのと同じように平然と受け入れられる。——

ストア派の倫理学と、先に述べた他のあらゆる倫理学とのはなはだしい対立があらわになるのはこの点においてである。他の倫理学においては、どんなにひどい苦悩があっても、徳をそのものとして直接に目的としているのだから、苦悩から逃れるために生命を絶つことまでは望んでいない。とはいえ、これら倫理学のうちどれ一つとして、なぜ自殺を排斥するかについて真の根拠を言い得ているものはなく、いずれもさんざん苦労して根拠らしいものをいろいろ寄せ集めているだけなのである。この件に関する真の根拠は、われわれの考察とのつながりのうえで本書の第四巻（自殺論は第六十九節）において明白になるだろう。しかし（自殺に関する）この対立は、なんといってもがんらいが特別な幸福主義にすぎないストア派と、先に述べた他の倫理学との間の本質的な、根本原理にかかわる相違を明白にし、裏書きしているものにほかならない。もっとも両者は結果においてしばしば一致し、見かけの上で類似してはいるのである。──

しかしストアの倫理学の、その根本思想のなかにさえこびりついている前述の内部的な矛盾は、さらに次のような点にもみられるものである。すなわちこの倫理学が理想としているストア風の賢者なるものは、ストア派の人が描いてみせてくれたものを読むと、われわれに生気を感じさせず、内的な詩的真実をも訴えてはこないものであって、いってみれば一個の、木で出来た、ぎこちない模型人間のようなものである。これではわれわれとしては手の打ちようがない。ストア風の賢者は知恵をたずさえてどこへ行くのかも自分では分かっていないのだ。ストア風の賢者の平静、満足、幸福とは、人間の本性とは正反対のものであって、このようなものをわれわれは具体的に思い描いてみることなどできるものではない。インドの知恵がわれわれに示し実際に実現してみせてくれたあの世界克服者や自発的な贖罪者たち、あるいはまた、深い生命に満ち最大の詩的真実と最高の意味深さをそなえたキリスト教の救世主、しかも完全な徳、神聖さ、崇高さを具備して最高の苦悩の状態のままにわれわれの目の前に立つあの卓越した姿、いまストア風の賢者、かの模型人間のかたわらにこれらを置いてみるなら、また何と違った趣きにみえることであろう。③

〔1〕「すべての心の乱れは判断したり意見をもったりすることに基づいている、と彼らは教えている」〔キケロ『トゥスクラヌム談論』四・六〕。「人間の心を不安定にするのは事物ではなく、事物につい

ての意見である」〔エピクテトス『摘要』五〕

〔2〕「一般的な概念を個々の事例に当てはめることが出来ないということが、人間にとってはあらゆる害悪の原因なのである」〔エピクテトス『談義』三・二六〕

〔3〕この点については続編の第十六章を参照のこと。

第二巻　意志としての世界の第一考察

すなわち意志の客観化

われわれを住み家とする霊は、地の底をも、天の星をも住み家としない。
われわれのうちに生きている霊こそが天と地を造りなすものである。

（アグリッパ・フォン・ネッテスハイム〔1〕書簡五・一四）

第十七節

第一巻においてわれわれは表象を単に表象として、したがってただ一般的な形式の上から考えてみたにすぎない。もとより内容の上からも、われわれは抽象的な表象に関しては、概念に関しては、ある程度は知ったが、それは結局、この抽象的な表象が、直観的な表象に関係をもつことによってのみ内容と意義をかち得るのであって、この関係がなければ、価値も内容もなくなるであろうとする限りにおいてのことであった。こういう次第で、われわれは直観的な表象にすっかり頼り切っているわけだから、この直観的な表象の内容、そのことこまかな規定、そして、この直観的な表象がわれわれの眼前に現わす種々の形態をもよく知っておきたいと願うであろう。この直観的な表象の意義は、普段はただ漠然と感じられているにすぎないから、われわれにとってとくに肝心なのは、この本来の意義を解明することである。もしこの意義を解明しなければ、まったくよそよそしくなにごとも語らずにそばを通りすぎてしまうであろうものの形も、この意義があるおかげでそうはならずに、かえって直接にわれわれに語りかけ、了解され、われわれの全本質をあげて引きこまずにはおかない一つの関心事となるのである。

われわれは数学、自然科学、哲学に眼を向けてみることにする。どれ一つをとっても右に期待しておいた解明の一部を与えてくれるという希望をいだかせる。——

しかしながら、まずまっ先に哲学をみれば、これは多くの頭をもった怪物であって、頭のひとつひとつが別の言葉を語っている。なるほどここでいま提起している問題点、つまり今述べた直観的な表象の意義ということに関していえば、哲学のこれら多くの頭がみながみなまで相互に意見の不一致をみせているわけではない。懐疑論者と観念論者とを除けば、ほかの者は、だいたいにおいて客観についてはかなり一致した意見を述べているといえるからである。というのは、つまり、客観は表象の根柢に存在するものなのであって、そのありよう全体からみればなるほど表象とは別のものだが、しかし同時にあらゆる細かな点において表象と瓜二つのものである、という点でかなり意見は一致している。だが、このような説明ではわれわれにはなんの助けにもならないであろう。このような客観であるとすれば、われわれはこれを表象と区別するすべを全く知らないからである。そしてただ、客観はつねにかつ永遠に主観を前提とし、したがってやはりあくまで表象のままであるのだから、客観と表象とはしょせん同一のものなのである、などと悟ることになってしまうからである。実際これまでわれわれは、客観であるということは、表象のごく一般的な形式——これは客観と主観とへの分裂にほかならない——の一つであると認めてきたのであって、これと同じことになってしまうであろう。そのうえここで引合いに出される根拠の原理は、われわれにとっては同じようにやはり表象の形式、つまりひとつの表象と別の表象の法則に適った結合にすぎないのであって、表象の有限もしくは無限の全系列と、表象にあらざるもの、つまりまったく表象し得ないものとの結合なのではない。――懐疑論者と観念論者とについては、先に外界の実在性に関する論争を検討した際に述べておいた（第五節参照）。

直観的な表象はわれわれにただまったく一般的に、単なる形式の上から知られているにすぎないのだが、これをより詳細に知りたいという希望をいま数学に託してみるなら、数学はわれわれにただ、時間と空間を満たす表象に関する限り、つまり表象が量である限りにおいて、そういう表象に関してのみ語ってくれよう。数学はあるものがどれだけ多いか、どれだけ大きいかについてならば、このうえなく正確に指示してくれる。しかしこの、どれだけ多いか、大きいかなどはつねに相対的であるにすぎない。すなわち一つの表象と他の表象との比較であるにすぎない。それもいってみれば量という一面的な観点における比較であるにすぎない。であるからこれもわれわれが主として求めている案内とはならないであろう。

最後に、多くの分野にわかれている自然科学の広い領域に目をやるなら、まずまっ先に、自然科学の二つの主部門を区別することができる。一つは私が形態学 Morphologie とよんでいる形態《ゲシュタルト》の記述の部門であり、もう一つは私が原因論 Aitiologie[2] とよんでいる変化の説明の部門である。前者は不変の形態《フォルム》を考察し、後者は、一つの形態から他の形態への移行の法則に即しつつ変化する物質を考察するのである。さらに前者は、その包括する範囲をぜんぶひっくるめて、厳密な言い方ではないが、博物学 Naturgeschichte とよんでもいい。とりわけ植物学がわれわれに教えてくれるのは、個体の休みない交代にも拘らず変化しない、有機的な、これによって固定的に規定されたさまざまな形態である。これらの形態が直観的な表象の内容の大部分をなすのである。すなわち、これらの形態は直観的な表象によって分類され、選別され、統合されて、自然的な体系と人為的な体系とに応じて整理され、全体の展望と知識とを可能にする諸概念のもとに包みこまれるのである。さらにまた、万物を通じてみられる、限りなく微妙なニュアンスをそなえた、これら形態の類似《アナロジー》は全体にも部分にも示される。〔これは型の一致[3] l'unité de plan（生物とくに動物のいろいろな型が結局は同一であること。訳注参照）である。〕この類似があるおかげで諸形態は、一つのテーマに随伴しないきわめて多様な変奏曲に似てくる。以上述べたような諸形態への物質の移行、ということは個体の発生であるが、これはここでの考察の主要部分ではない。なぜなら、すべての個体は生殖によって自分に完全に類似した個体から発生するが、生殖はどの場合でも平均して神秘的であって、今日に至るまで明確に認識されてはいないからである。生殖について知られているごくわずかなことも、しかし、生理学のなかにその場所を占めていて、生理学は自然科学のうちの原因論にすでに属しているからである。（原因論の方にではなく）だいたいにおいて形態学の方に属している鉱物学にしても、やはり、自然科学のうちの原因論の側に傾いているのである。ことにそれが地質学ともなればなおそうである。そういうわけで、本来のこの原因論が、自然科学の目的であって、これはいたるところで原因と結果の認識を主眼としている。これは要するに、物質のある状態につづいて必然的に別の一定の状態が起こるとすればそれはいかに誤りのない法則に従っているか、またいかに一定の変化が他の一定の変化を必然的にひき起こし、招来するかを教えてくれる。こうした証明は、説明とよばれる。さて、これに属するものとしては主として力学、物理学、化学、生理学がある。

　これらの諸学から教えられるところにすなおに従えばわれわれは間もなく次のことに気がついてこよう。（われわれはいま案内を求めているのだが）主としてわれわれが求めている案内は原因論からも形態学からも与えられないということに気がついてこよう。形態学は数え切れない、無限に多様な、しかしまぎれもなく種族的な類似性によって似かよった諸形態をわれわれに示してくれる。これら諸形態は、われわれにとっては表象であって、この（形態学の）方法ではわれわれには永遠になじみのないままであり、このような仕方で観察されるだけなら、われわれの眼の前にただ不可解な象形文字のようにあるだけである。――

　これに反して原因論の方は、物質のこれこれの特定の状態が因果の法則に従ってもう一つ別の状態をひき起こすことを教えるものであって、原因論はこうすることで、物質の状態を説明し、自分の義務を果たすのである。しかしながら原因論は、とどのつまり、空間と時間の中に諸状態が生じてくるときの法則的な秩序を立証し、この時、この場所で、いかなる現象が必然的に発生せざるを得ないかを、あらゆる場合に対して教えるということ以上のことはなにもなし得ない。原因論はだから、時間と空間の中で諸状態が占めている場所を、法則に従って規定するものなのである。その法則のうちでも、特定の内容は経験が教えてくれるが、しかし、その一般的な形式と必然性とは、経験から独立してわれわれに意識されているという、そういう法則である。ところがなにかある任意の現象の内部にある本質をわれわれが解明するとなると、この法則では、まったくどんな解明も得られない。この内部の本質とは、自然力とよばれ、原因論的な説明の領域の外にあるからである。原因論的な説明によれば、自然力の現われの発生する不変的な恒常性は、自然力に対して、原因論の立場でよく知られた条件が存在するそのたびごとに、自然法則とよばれている。この自然法則、この条件、特定の時間における特定の場所に関してのこの自然力の発生、これこそが、しかし原因論的な説明の知っているすべて、もしくはいつかは知ることのできるであろうすべてなのである。（これに対し）現われ出る力そのもの、この法則に従って発生する諸現象の内部にある本質、となると、原因論的な説明にとってはどこまでも永遠に神秘であり、まったく無縁、かつ未知のままのものとなる。もっとも簡単な現象の場合にも、またもっとも複雑な現象の場合にも、これはいずれにせよ同じことである。原因論は今日までのところ、力学においてその目標にもっとも完全に、生理学においてもっとも不完全に到達しているわけなのだが、石が大地に落ちたり、ある物体が別の物体をはねつけたりする力（力学における力）が、その内部にある本質からみてわれわれにとって疎遠かつ秘密であるていどは、ある動物の運動や成長をひき起こす力（生理学における力）に勝るとも劣ってはいない。力学が究め難いものとして前提しているのは物質、重力、不可侵性、衝撃による運動の伝達、剛性、等々であって、力学はこれらを自然力と名づけ、これらがある条件の下で必然的かつ規則的に立ち現われるさまを自然法則とよんで、しかるのちにようやく、説明に取りかかる。この説明は、それぞれの力がどのように、どこで、いつ立ち現われるかを忠実にまた数学的に正確に述べ立てて、その力に先立って出現するどんな現象をもこれら諸力の一つに還元するところにその本領がある。物理学、化学、生理学もやはりそれぞれの領域でこれと同じことをしているのだが、ただ（力学に比べれば）、さらにより多くのものを前提とし、なしとげるところははるかに少ないというだけの違いである。――

　そういうわけで、全自然のこのうえなく完全な原因論的な説明がかりになされたとしても、それはせいぜい説明不可能な諸力に関する明細書、それら諸力が時間と空間のうちに現象として現われ、たがいに継起し、次々と場所を占めていく際の規則を確実に述べ立てること以上のものに本来けっしてならないだろう。原因論的な説明は、その説明の従っている法則が、現象する諸力の内的な本質にまで及ばないのであるから、内的な本質を説明せぬままに放置しておくほかはなく、説明は現象とその秩序のもとにとどまるだけであろう。そのかぎりで、原因論的な説明は、大理石の断面にも比すべきものであって、多様な条紋が並んでいるのは分かるが、大理石の内部をどう通って条紋が表面にまで走っているのかを分からせてはもらえないのだ。あるいは、いっそう奇抜な例なので、滑稽《こっけい》に思われるであろう一つの比喩をあえて使わせていただくなら、――全自然の原因論的説明が完成した場合でも、哲学的な探究者であればおそらくつねに次のような人と同じ気持をいだくに違いない。すなわち、誰かある人が、なんのはずみかはわからぬが、自分の全然知らない人の集会にたまたまやって来て、そこにいる一同のおのおのが順々に次の人を自分の友人だとか従兄弟だとかいって彼に紹介するので、一同とは十分に知り合いにはなれたが、彼自身は、紹介される度ごとにお目にかかれて大変に嬉しい、なにぶんよろしくなどと言いながら、その間じゅうたえず「えい面倒だ、一体どうして俺はこんな集まりに来たんだろう」という問がつい口に出かかっているような人の気持である。

したがって原因論もやはり、われわれが自分の表象としてしか知らない諸現象について、この表象を超えてわれわれを導くような、望みどおりの解明をおこなうことはけっしてできない。なぜならばいくら現象の説明をつくしてみても、現象はわれわれがその意味を理解しない単なる表象として、われわれの前に完全によそよそしく立っているばかりだからである。因果的な結びつけは、現象が時間と空間のうちに現われ出る際の規則ならびに相対的な秩序を示してはくれても、こうして現われ出るものをそれ以上詳しくわれわれに教えてくれはしない。そのうえ因果の法則そのものは、表象に対して、一定の部門の客観――因果の法則はこれを前提としてはじめて意味をもつ――に対して妥当性をもっているのにすぎない。したがって、因果の法則はこれら客観そのものと同様に、つねに主観に関係することによってのみ、だから条件つきで、存在するのにすぎない。因果の法則はこういうわけで、ほかでもない、カントがわれわれに教えてくれたように、主観から出発する場合、すなわちア・プリオリにも、客観から出発する場合、すなわちア・ポステリオリにも、どちらにせよ同じように認識される。

ところでわれわれをいま探求へと駆り立てているものは、われわれが表象をもっており、それはかくかくの表象であり、それらはまたあれこれの法則に従って連関しており、この法則は一般的に表わせばつねに根拠の原理である、というようなことを知るだけでは、われわれはとうてい満足しないということに外ならない。われわれはその表象の意義を知りたいのである。この世界は表象のほかにはなにもないのかどうか、これをわれわれは問うている。もし表象のほかになにもない場合には、世界は実体のない夢か、妖怪じみた蜃気楼《しんきろう》のように、われわれの傍を通りすぎていくに違いなく、顧慮するに値しないものとなろう。それとも、世界はなお別のあるもの、それ以外のなにかあるものであるのかどうか。そうであるとすればこのあるものとは何であろうか。次に述べることだけはただちに確実である。今ここで問われ求められているものは、その本質全体からみて表象とは完全に根本的に異なったあるものでなければならず、それゆえに表象の形式をも法則をもよせつけないようなあるものでなければならない。だから表象から出発して、表象の法則を手引きにしたのでは、この問われ求められているものにおよそ到達することはできない。表象の法則は客観や表象を相互に結び合わせるだけのものであって、これがすなわち根拠の原理の形態化ということである。

はやくもここでわれわれは、事物の本質には外から近づくことがけっしてできないことを悟る。どんなに探求しても、（外からやるだけでは）形象と名前のほかは手に入らない。それは城の周りをぐるぐる回って入口を探しても見つからないので、さしあたり正面のスケッチでもしておくというような人に似ている。しかしこれがわたし以前のあらゆる哲学者の歩いた道なのである。

（1）Agrippa von Nettesheim（一四八六—一五三五）は、別名ハインリヒ・コルネーリウス。作家、医師、哲学者、かつ巫術者。種々の魔術に従事し、伝奇的な生活を送った。原始キリスト教、カバラ、プラトン哲学の三つを合体させて神秘的な体系を打ち立てた。『学問の不確かさと空虚さについて』（一五二七）と『秘密の哲学について』（一五一〇）という、ラテン語の二著作が知られている。ショーペンハウアーが第二巻の中扉に掲げたのは、ラテン語で書かれた彼の書簡からの引用であるが、ショーペンハウアーはアグリッパ・フォン・ネッテスハイムからの引用であることを明示していない。また本文中にはここ以外に、この人物からの引用やなにがしかの彼への言及は見当らない。

（2）Aitiologie はギリシア語の *αἰτία*（原因）と *λόγος* の複合語と考えられることから、またショーペンハウアーの文脈から推して、「原因論」という訳語を当てたが、哲学史上どういう意味で用いられていた言葉か、詳細は不明。ただし医学の方ではÄtiologieという語が「病原学」の意味において使われている。

（3）「型の一致」l'unité de plan, the unity of plan, die Einheitlichkeit des Typusは、生物（とくに動物）のいろいろの型が結局において同一であるということで、St. Hilaireが主唱し、彼とCuvierとの間で、一八三〇年にこの問題をめぐって論争がおこなわれた。前者の思想は進化論に近づいていたが、論争には敗れた。エッカーマンの『ゲーテとの対話』（一八二三―三二年の対話）にこの論争が取り上げられ、ゲーテはSt. Hilaireの自然哲学的な考察に賛意を表している。

第十八節

世界はひたすらわたしの表象としてわたしに向かい合って存在している。世界は認識主観の単なる表象なのである。このような世界の意義を探究すること、この世界から出発し、表象以外になお存在しているかもしれないもの（世界のもう一つ別の側面）へ通路を見出していくことは、もしかりに探究者その人が純粋な認識主観（第三十四節の「純粋な認識主観」の詳しい説明参照）〔身体がなくて翼のはえた天使の頭〕にすぎないとしたならば、けっしておこなわれ得ないだろう。しかし探究者その人も表象の世界に根をもっている。つまりこの世界に個体として存在している。いいかえれば、表象としての全世界を制約する担い手である認識は、どこまでも身体によって媒介されているのである。身体の受ける刺戟が、前に示したとおり（第四節後半参照）、悟性にとっては、この世界を直観する出発点となっている。――

この身体は、純粋に認識する主観そのものにとっては、他のあらゆる表象と同じく一表象であり、さまざまな客観のなかの一客観である。身体のおこなう運動も行動も、その限りにおいては、あらゆる他の直観的な客観の諸変化と同様にしか、認識する主観には知られていない。身体のおこなう運動や行動の意義が、まったく別の仕方で、主観のために解き明かされていないとしたら、身体の運動や行動は主観にとってはまったく無関係ならびに不可解なものとなるであろう。さもなければ、探究者は、他の客観の諸変化が原因や刺戟や動機に応じて生じるのと同じように、自分の行為が、自然法則のような恒常性をもって、与えられた動機に応じて生じるさまを見ることになろう。しかしそうだとしたら、動機の及ぼす影響について、彼は自分の前で現象する他のあらゆる結果とその原因とを関連づけること以上に詳しくは理解しないだろう。そうなると彼は、自分の身体のこうした外への現われや行為の内的な、自分には理解のできない本質を、おそらくは力、質、あるいは性格などと任意に名づけるであろうが、それ以上にはなんらその本質を洞察し得ないだろう。しかしこれらのことはすべて実際にはそうではない。むしろ個体として現象しているところの認識主観には、謎の言葉が与えられているのである。この言葉はすなわち意志

Wille とよばれる。この言葉が、ほかならぬこの言葉のみが、彼に自分自身の現象を解く鍵を与えている。彼に対し彼の本質、行為、運動の意義を明らかにし、それらの内的な機構を示してくれている。――

認識主観が個体として現われるのは、身体と一体をなしているからだが、身体は、この認識主観に対して二つのまったく異なった仕方で与えられている。第一は、悟性的な直観における表象として、客観のなかの一客観として、客観の諸法則に従うものとして与えられている。第二には、同時にまったく別の仕方で、すなわち意志という言葉がその特色を端的にあらわしている、誰でも直接に知っているものとして与えられている。――

意志のほんとうの働きといえば、それはいずれであれ、ただちに、必然的に、身体の運動のことである。意志の働きが身体の運動として現象することを同時に知覚することがなければ、人は意志の働きをほんとうに意欲することもできないだろう。意志の働きと身体の活動《アクシヨン》とは、因果のきずなが結んでいる、客観的に認識された二つの異なれる状態なのではない。それらは原因と結果という関係にはなく、一つにして同じものなのであって、ただ二つのまったく異なった仕方で与えられているだけのことなのである。つまり、（たった今述べた通り）第一には悟性に対し直観のなかで、第二には完全に直接的に、与えられているにすぎない。身体の活動《アクシヨン》は、意志の客観化された働き、つまり意志が直観のなかへ入ってきた働き、以外のなにものでもない。そのうえ以上述べたことは身体のどのような運動にも当てはまることであって、動機にもとづく運動のみならず、単なる刺戟にもとづいて発生する不随意的な運動についてもいえるということ、いやそればかりではなしに、身体全体が客観化された意志、すなわち表象になった意志にほかならないこと、といったことがやがて判明するであろう。こうした問題はすべてこれから先の論の進行につれて歴然と明白になるだろう。それゆえ本書の第一巻と拙論『根拠の原理について』のなかでわたしがわざと一面的な立場〔表象の立場〕をとって、そこで直接の客観とよんでおいた身体を、この第二巻では別の見地から意志の客体性と名づけることにしよう。これはまたある意味では、意志は身体のア・プリオリな認識であり、身体は意志のア・ポステリオリな認識であるという風に言いなおすこともできようかと思う。――

未来に関わってくる意志の決定は、人が他日欲するであろうことについての理性の熟慮にほかならず、本来の意志の働きとはいえない。ひとえに実行が決意に対し決定的な捺印をするのであって、決意はそこにいたるまでは、いつでも変えることのできる意図であり、ただ理性のなかに抽象的に存在しているにすぎない。意欲と行為との違いは、ただ反省のなかでだけ区別されるが、現実においてはそれらは一つである。あらゆる真の、純粋な、直接的な意志の働きは、身体にただちに直接に現象する働きでもある。他方このことに対応して、身体へのどの作用も、ただちにかつ直接的に、意志への作用でもある。作用はこうしたものである以上は、意志に反するときには苦痛とよばれ、意志に応じるときに快感、快楽とよばれるのである。この二つのものにはきわめてさまざまな段階がある。しかし苦痛と快楽とを表象と名づけるのはまったく当たっていない。苦痛と快楽とはけっして表象ではなく、意志がその現象である身体においてうけるところの直接の刺戟興奮である。身体が受けとめる印象を欲するか欲しないかは、瞬間的に強制される。――

直接に単なる表象とみなされるため、右に述べたことから除外されなければならないのは、身体に対するある種のごくわずかな印象だけである。これらの印象は意志を刺戟するところまでいかず、これらの印象を介してだけ身体は認識の直接的な客観となるのである。直接的な客観といったわけは、悟性における直観としての身体である間は、他のすべての直観と同じように、それだけではまだ間接的な直観だからである。すなわちここに言われているのは（右に述べたごくわずかな印象のこと）、視覚、聴覚、触覚のような、純粋に客観的な感覚の刺戟のことである。もっともこれらの器官がとくにそれ固有の、独特な、自然の仕方で刺戟されるかぎりにおいてではあるが。というのも、この刺戟の受け方は身体の部分の感受性を高め、感受性が特殊に変化した際の、きわめて微弱な感応であるから、意志を興奮させず、かえって意志のいかなる感奮によってもかき乱されることなく、直観を成り立たせるデータ（材料）を悟性にさし出すというにすぎない。

しかし右にあげた感覚器官のいっそう強い、あるいは別種類の興奮刺戟は苦痛を伴うものであり、すなわち意志に反するものであって、したがって感覚器官といえども意志の客観性に属しているのである。――

（以上に見た感覚器官の受ける）もろもろの印象は悟性に対しデータ（材料）となるに足るだけの程度の強さをもっていればそれでよいはずであるが、それが意志を動かし苦痛や快感をひき起こす高い程度にまで達するとなれば、そこで外へ現われて出るのは神経衰弱である。とはいえ苦痛も度重なるといくぶんかは鈍くなり、はっきりはしなくなるものだから、個々の音響や強烈な光線を苦痛と感じさせるばかりでなく、一般的に病的な憂鬱《ヒポコンデリー》症の気分を誘発するようになる。が、そうとははっきり認識されるわけではない。――

さらにまた、並はずれて烈しい意志の運動、つまりどのような興奮 Affekt（感動、情緒、欲情）も、身体ならびにその内部の機構をゆさぶるであろうし、身体のさまざまな生命機能の歩みを乱すであろうから、なによりもまずこの点に、身体と意志が一体であることは端的に示されている。これについては『自然における意志について』第二版二七ページにとくに詳しく述べておいた。

結局、わたしが意志についていだく認識は、直接的な認識ではあるけれども、わたしの身体についての認識から切り離すことはできないものである。わたしはわたしの意志を全体として、統一体として、その本質のうえからみて完全に認識するわけではない。わたしはわたしの意志を、その個々の働きにおいてのみ、つまり時間のなかでのみ――時間はすべての客観の現象する形式であるとともにわたしの身体の現象する形式でもある――認識するのである。だから身体はわたしの意志を認識するための条件である。したがってこの意志をわたしはわたしの身体なしで認識することはもともとできない。――

拙論『根拠の原理について』のなかでは、意志、というよりむしろ意欲の主体という言い方であるが、これはなるほど表象もしくは客観の特殊な一部門としてかかげられてはいるものの、しかしそこでもすでに、われわれはこの客観が主観と合致して、まさしく客観であることを止めてしまうさまを見ておいた。この論文のなかでわれわれは、主観と客観のこの合致を「最高の意味での」κατ᾽ ἐξοχήν 奇蹟と名づけておいた。本書の全体が、いわばこの奇蹟の説明であるといっていい（主観と客観の合致を芸術のうちに見るのが第三巻、宗教のうちに見るのが第四巻）。――

わたしがわたしの意志をそもそも客観として認識しているのであれば、わたしはわたしの意志をそのかぎりにおいて身体として認識していることになる。しかしそうだとするとわたしが相手としているのは、またしても上掲の論文で提起しておいた第一の部門の表象（生成についての表象、すなわち因果の法則に支配されている）、すなわち実在的な客観ということになる。さらに進んでいけばこの第一の部門の表象は、同書で提起しておいた第四の部門の表象（行為についての表象、すなわち動機づけの法則に支配されている）においてのみどうにか解明され、謎を解かれることになるだろう。この第四の部門の表象は、もともと客観として主観に対立したものであろうとは、もはやしていない。だからこそわれわれはこの第四の部門を支配している動機づけの法則から出発し、第一の部門で妥当している因果の法則ならびに、因果の法則に従って発生するものごとの内的な本質を理解するすべを学ばなければならないのである（つまり自分の身体を起点にして自然界全体を理解する、という第二巻の展開を早くも予告している）。われわれにはこうしたことも今後論の進展につれてますます分かってくるものと思う。

意志と身体とが一体であることはいまここでさしあたり述べただけであり、本書のこの個所でしかも初めてこの件を述べ、今後の論の進展につれますます述べていきたいと思うが、ただこのようにして、具体的な認識から始めて理性の知 Wissen に高めていくか、または抽象的な認識に移し変えていくかして、この件はただ単に指し示すことができるにすぎないことなのであって、その本性からみてけっして証明することなどはできないことなのである。つまりこの件を間接的な認識であるとさだめ、（他の）直接的な認識から演繹するなどということはできないのである。なぜならば、意志と身体とが一体であるというまさしくこのこと自体が、もっとも直接的な認識だからである。われわれはこの件をそういうものだとしてとらえ、確かめることをもしないでおいて、これをなんらか間接的に、演繹された認識としていま一度取り出すなどということを期待してもおよそ無駄であろう。――

意志と身体とが一体であることはきわめて独自な種類の認識である。わたしが『根拠の原理について』の第二十九節以下であらゆる真理を四つの題目、すなわち論理的な真理、経験的な真理、先験的な真理、高次論理学的な真理に分けたときの、そのいずれかのもとへもこの真理をくり入れることさえがんらいなし得ない所以《ゆえん》は、まさしくこれがきわめて独自な種類の認識であるからにほかならない。なぜならこの真理は右の四つの真理のように、なんらかの抽象的な表象の他の表象への関係、あるいは直覚的または抽象的な表象作用のもつ必然的な形式への関係ではおよそないからである。むしろこの真理は、直観的な表象たる身体が、まったく表象ではなくて表象とはぜんぜん種類を異にしたもの、すなわち意志に対してもつ関係、それへの判断の関係にほかならないからである。わたしはだからこの真理（意志と身体とが一体であるという真理）をなにを置いても特筆しておきたいし、これを「最高の意味での」κατ' ἐξοχήν 哲学的な真理と名づけておきたいと思っている。——

この真理の表現はいろいろに言いかえることができるだろう。わたしの身体とわたしの意志とは一つであるといってもいい。——あるいはわたしが直観的な表象として、わたしの身体と名づけているものを、まったく異なった比類ない仕方で意識しているかぎりでは、わたしはこれを意志と名づけることもできよう。——あるいはまた、わたしの身体はわたしの意志の客体性であるといってもいいだろう。——さらにまた、わたしの身体がわたしの表象であることをひとまず別にすれば、わたしの身体はわたしの意志にほかならない、等々いろいろな言い方ができると思う。〔1〕

〔1〕この点については続編の第十八章参照。

第十九節

われわれは本書の第一巻では、内心不本意ではあったが、自分の身体を、この直観世界にある他のあらゆる客観と同じように、認識主観の単なる表象であると説明しておいたが、われわれには今や（第二巻の以上の叙述をへて）次のことが明らかになった。自分の身体についての表象であれば、他の点ではまったく身体と等しい、他のあらゆる表象から身体が区別されている点を誰でもはっきり意識しているということである。つまり自分の身体は他の表象とはまったく別の、ぜんぜん種類の異なった仕方で意識されてくるのであって、これが意志という言葉で表わされるものである。ほかでもない、われわれが自分の身体から得ているこの二重の認識（身体は他のあらゆる客観と同じであるとともに、同時に意志でもあるという二重の認識）はわれわれのために次のことを解明してくれる。それは、身体そのものについて、動機に応ずる身体の作用や運動について、また外部からの影響による身体の受苦、一言でいえば身体が表象としてではなしにそれ以外のもの、身体がそれ自体として何であるかについてを解明してくれる。われわれが他のあらゆる実在的な客観の本質、作用、受苦については直接に得られないような解明をおこなってくれるのである。

認識主観は、一個の身体に対するこの特別な関係によってまさに個体なのである。この特別な関係を除いて考えるならば、身体は、認識主観にとって他のあらゆる表象と同じように単に一つの表象であるにすぎない。しかしながら、認識主観を個体たらしめているこの特別な関係は、ちょうどその同じ理由によって、認識主観と、その主観の諸表象のなかの（身体という）唯一の表象との間にのみ成り立つ関係であって、したがって認識主観は、この唯一の表象だけを、ある不特定の表象としてだけではなく、同時にまったく別の仕方で、すなわち一つの意志として意識しているものなのである。しかしもし認識主観がこの特別な関係――一にして同じものである身体を二重に認識したり、異質に認識したりする関係――を度外視してしまえば、同一のものである身体は、他のあらゆる表象と同じく一つの表象なのであるから、このいきさつを見きわめるためには、認識個体は次の二つの場合のいずれかを想定しなければならない。第一の場合、（身体という）この唯一の表象が他の表象から区別されている所以は、個体の認識がこの唯一の表象に対してだけは二重の関係（身体は他のあらゆる客観と同じであるとともに、同時に意志でもあるという二重の関係）に立たされていることに、いつにかかっている。つまりこの唯一の直観的客観（身体のこと）を洞察する場合にだけ、個体にとって同時に二つの道が開かれているわけである。しかしこのことは身体というこの客観が、他のすべての客観から区別されることによってではなく、この唯一の客観に対する個体の認識の関係が、他のすべての客観に対する個体の認識の関係と区別されることによって説明されなければならない。さて、想定しなければならない第二の場合は、身体というこの唯一の客観は本質的に他のあらゆる客観とは異なっていて、あらゆる客観のなかでこれのみが意志であると同時に表象である、ということである。これに反し他の客観は単なる表象であり、いいかえれば単なる幻影でしかない。したがって身体こそ世界中でただ一つの現実的な個体である。すなわち身体こそただ一つの意志の現象であり、かつ主観にとってのただ一つの直接の客観なのである。――

他のもろもろの客観といえども、単なる表象として考えれば、個体の身体と等しいものであろうし、身体と同じように空間を〔空間も表象そのものとしてしかおそらくは存在し得まい〕満たし、身体と同じように空間のなかで作用するであろうが、このことはもとより、諸表象にとってア・プリオリに確実な因果の法則、原因をもたない結果などをおよそ許さない因果の法則にもとづいて証明されることは言うまでもない。しかし、結果からは原因一般が推論されるだけであって、一つの同じ原因が推論されるわけではないことは今ここでは問わぬとしても、このように考えているのでは、われわれは依然として因果の法則が当てはまるにすぎない単なる表象の領域にとどまっていて、これを超えていくことはけっしてできない。――

しかし、もろもろの客観は個体にとっては表象としてしか知られていないけれども、これらも個体それ自身の身体と同じように、一つの意志の現われであるかどうか。この問こそ前の巻ですでに述べたように（第五節参照）、外界の実在性に関する問題の本来の意味なのである。この点を否定するのが理論的エゴイズムの意向なのであって、かく否定することで、理論的エゴイズムは自分自身の個体以外のすべての現象を幻影とみなすにいたる。これは実践的なエゴイズムがまったく同じことを実践面でおこなうのと同様に、自分自身の人格だけを現実の人格とし、あらゆる他の人格を単なる幻影とみなし、幻影として取り扱うことになる。この理論的エゴイズムは、なるほど証明によってはけっして論駁できない。しかし哲学においては、このエゴイズムは懐疑主義の詭弁としてより他には、つまり見せかけのためより他には、用いられたことがなかったことも確かなことであろう。このようなエゴイズムを本気で確信している例は気違い病院のなかにしか見出されない。これを本気で確信しているとしたら、こういうエゴイズムに必要なのは証明であるよりはむしろ治療であろう。というわけだから、このエゴイズムにわれわれはこれ以上立ち入ることはしないで、これは論争好きの懐疑主義の立てこもる最後の砦だくらいに考えておこう。——

さて、われわれの認識はつねに個体性に縛られ、まさしくその点で制限を受けているわけだが、われわれの認識はまた必然的に次のような結果、各個体はつねに一つのものでしかあり得ないが、これに反し自分以外の一切のものを認識することができるという結果——このような制限があるためにこそがんらい哲学への要求が生じるのであるが——をもたらすであろう。としたなら、制限があるためにこそわれわれは哲学によって認識のこの限界を拡大しようと努めているのであるから、この点でわれわれに歯向かってくる理論的エゴイズムの懐疑主義的な論議を一つの小さな国境要塞だくらいに考えておこう。なるほどこれは永久に不落の要塞ではあるが、そこの守兵どもはけっして要塞から出てこちらに攻めてくることなどできないから、われわれは要塞のそばを通りすぎてもさしつかえなく、これを背後に見捨てて進んでも危険はない。

以上のような次第であるから、われわれが自分の身体の本質と働きとについて得ている二重の認識、今までの説明で歴然となった、完全に異質な二つの仕方で与えられているこの認識を、これより先、自然界の各現象の本質を解く鍵として用いることにしていきたい。自然界のあらゆる客観は、われわれ自身の身体ではないから、二重の仕方で与えられているわけではなく、ただ表象としてわれわれの意識に与えられているにすぎない。しかしわれわれは、これらあらゆる客観をも、身体との類似性《アナロジー》によって判定することにしてみよう。そうして、その立場からわれわれは、自然界のこのあらゆる客観が一方では身体とまったく同じように表象であり、この点で身体と同質的であること、さらに他方では、自然界のこのあらゆる客観が主観の表象として存在していることを別にした上で、それでもなお残るものが、その内的な本質からみて、われわれにおいて意志と名づけてきているものと同一であるに違いないこと、こういったことを想定することにしよう。というのも、身体以外の物体界に、ほかにどんな種類の存在や実在を帰したらよいというのか？　われわれが物体界を合成する要素をほかにどこから取ってきたらよいというのか？　意志と表象とのほかに、われわれにはなにひとつ知られていないし、またなにひとつ考えることもできない。直接的にはただわれわれの表象の中に存在するにすぎない物体界に、われわれの知っている最大の実在性を与えようというのであれば、各人にとって自分の身体がそなえている実在性を物体界に与えることになるであろう。身体こそ各人にとってもっとも実在的なものだからである。ところが、われわれがこの身体の実在性とその活動《アクシヨン》とを分析してみると、身体がわれわれの表象であるという一点を除けば、われわれが身体において出会うのは、意志以外のなにものでもない。意志ということで、身体の実在性そのものは言いつくされているのである。われわれが物体界に実在性を付与しようとしても、身体より他の実在性を見つけ出すことができないのはそのためである。だから物体界を単にわれわれの表象以上の、さらになにものかであらしめようとすれば、物体界は表象以外としては、つまりそれ自体としては、またその内的な本質のうえからいえば、われわれがおのれ自身のうちに意志として見出すところのものに一致する、と言わざるを得ない。——

わたしはいま「その内的な本質のうえからいえば」と言ったが、そのわけは意志の本質をなによりもまっ先に詳しく知っておかなければならないからである。意志そのものにではなく、いろいろ程度を異にした意志の現象に属しているものを、意志そのものから区別することをわれわれは心得ておきたいと思うためである。意志そのものではなく、意志の現象に当たるものといえば、例えば、なんらかの認識を伴っている場合とか、動機によって規定されたある状態がさらに認識によって制限を受けている、といった場合である。これらの場合は意志の本質に属しているのではなく、単に動物とか人間といった意志のもっとも明瞭な現象に属していることなのである。以上は論の進展につれてしだいに明らかになることと思う。——だからわたしが、石を地面に落下させる力は、その本質のうえから、あらゆる表象をほかにして、それ自体としてみれば、まさしく意志なのである、と言ったとする。そのとき、人間においても意志が（動機に従って）現象するのであるから、石が運動するのもなんらかの認識された動機に従っているのだろうという馬鹿げた考えをこの命題（石を落下させる力は意志であるという命題）になすりつける者はあるまい。[1]——

こうしてわれわれは、これまで暫定的に一般的に述べてきたことを、さらに詳しくまた明確に立証し、基礎づけ、さらに全範囲にわたってこれを展開していこうと思う。[2]

〔1〕物体のあらゆる機械的＝物理的な運動は、前もって物体のうちに知覚がおこなわれて、その結果としてはじめて起こることだと、ヴェルラムのベーコンが述べている〔『学問の発達』第四巻の末尾〕ことに、われわれはけっして同意しないであろう。もっともこの誤った命題も、真理の予感があったればこそ、命題としてどうにか成り立ってきたのではあるが。『火星論』という論文におけるケプラーの主張でも事情は同様である。ケプラーはそこで、惑星の軌道平面の三角形と、惑星がその底辺を通過する時間とはつねに比例しているが、それほどにも正確に惑星が楕円軌道を守り、運動速度を調節するためには、惑星はなんらかの認識をもっているに違いなかろう、と主張している。

〔2〕この点に関しては続編第十九章参照。

第二十節

意志は自分の身体の本質そのものであり、この身体を身体たらしめる当のものであり、身体が直観にとっての客観すなわち表象である場合を除けば、以上のように言えるのだが、この意志がまずまっ先に姿をみせるのは、身体の随意運動においてである。つまり身体の随意運動とは、個個の意志の働きが目に見えるかたちをとったものにほかならない。個々の意志の働きとまったく同時に、そうしてまた直接的に立ち現われるのが身体の随意運動なのである。個々の意志の働きと身体の随意運動は一つにして同じものであり、異なるのはただ、随意運動が認識可能な形態に移行し、すなわち表象となり、この形態によって区別されるという点だけである。

しかし意志のこのような働き（身体の随意運動のこと）はいぜんとして根拠を自分の外に、動機のうちにもっている。動機がしかし規定するのは、わたしがかくかくの時間にかくかくの場所でかくかくの状況のもとで意欲しているといった程度のことにすぎない。わたしが一般的になにかを意欲しているという事実や、一般的になにを意欲しているかという内容、すなわちわたしの意欲の総体を特色づけているような格率を、動機が規定することはけっしてない。それゆえにわたしの意欲は、その本質そのものからいって、動機からは説明できないのである。動機は要するに、与えられた（特定の）時点における意欲の発現を規定するだけのものであって、動機はただわたしの意志が外に現われる単なるきっかけにすぎない。これに反しわたしの意志そのものは動機づけの法則の範囲外にある。ただそれぞれの（特定の）時点における意志の外への現われだけが、この動機づけの法則によって必然的に規定されているにすぎないものなのである。――

わたしの経験的性格を前提にした場合にだけ、動機はわたしの行動をじゅうぶんに説明する根拠となろう。しかしわたしの経験的性格を度外視して、わたしが一般的になぜこれを意欲し、あれを意欲しないかを問い出したらさいご、（動機が）それに答えることは不可能である。なぜならば、ほかでもない、意志の現象だけが根拠の原理（「動機づけの法則」は根拠の原理の第四に属している）に支配されているのであって、意志そのものは支配されてはいないからである。意志はそのかぎりにおいて根拠のないものと名づけられてしかるべきだろう。――

この件に際し、一部分わたしが前提としているのは、カントの経験的性格と叡知的性格（叡知的とは永遠的、本来的、といったほどの意味）とに関する教えと、わたしの『倫理学の根本問題』第一版四八ページ―五八ページならびに一七八ページ以下にある、これに関連した論究とである。またこのほかの一部は本書第四巻（第五十五節参照）でいっそう詳しく論じなければならないと思っている。今さしあたってわたしは、ただ次のことに注意をうながしておかなければならない。ある現象が他の現象によって根拠を与えられているということ、すなわち今の問題に当てはめれば、行為が動機によって根拠を与えられているということ、これは行為の本質それ自体が根拠をもたない意志であることと矛盾しない、ということである。というのは、根拠の原理（「動機づけの法則」を含む）はたとえどんな形態をとってもしょせん認識の形式にすぎず、その妥当性は表象にのみ、現象にのみ、つまり意志の目に見えるかたちになったものにのみ及ぶのであって、目に見えるもとをなすこの意志そのものには及ばないものだからである。

　さてわたしの身体のいかなる活動《アクシヨン》もなんらかの意志の働きの現象であり、しかもその意志の働きの中には、一般に総体としてのわたしの意志すなわちわたしの性格がそのときどきの動機に従って現われるのだとしたら、身体の活動を成り立たせている不可避の条件と前提もまた、意志の現象だということにならざるを得ないであろう。そもそも意志が現象するということは、意志にとって偶然的なものごと——もっぱら意志にのみ直接にたよっているのではないようなものごと——に依存するということはあり得ない。もしそういうことがあり得るとしたら、意志が現象するということ自体が単に偶然的なことになってしまうであろう。ところが身体の活動を成り立たせている不可避の条件とはじつは身体の全体それ自身にほかならないのである。そういうわけだから、この身体の全体それ自身がすでに意志の現象であると考えられなければならない。そうしてこの身体の全体それ自身と、総体としてのわたしの意志すなわちわたしの叡知的性格——これが時間の中で現象すればわたしの経験的性格となる——との関係は、身体の個々の活動《アクシヨン》と、意志の個々の働きとの関係に対応するものであると考えられなければならない。したがって身体の全体は、意志が目に見えるようになったものにほかならず、この身体の全体が、直観的な客観、第一部門の表象である限りは、それはわたしの意志そのものでなくてはならないのである。──

このことを裏書きするものとして、わたしの身体に対するいかなる作用も、ただちに直接的にわたしの意志を刺戟し、この点において苦痛もしくは快楽とよばれ、より低い程度においては快または不快の感覚とよばれている。また反対に意志の激しい運動、感動とか情熱とかは身体を揺り動かし、身体の機能の順調な流れを阻害するのである。──

もとより、身体の成り立ちについては、たとえ不完全ではあっても、原因論的な説明がおこなわれているし、身体の成長と維持については、成り立ちについてよりはいくらかましな説明がおこなわれている。こうした説明が生理学にほかならない。しかし生理学が主題を説明していく仕方は、ちょうど動機が行動を説明していく仕方のようなものにすぎない。したがって動機によって個々の行動を根拠づけたり、動機から個々の行動を必然的に帰結せしめたりすることは、一般にその本質からみて、行動がそれ自体根拠をもたない一つの意志の現象にすぎないことと、すこしもぶつかりはしないことなのである。それと同様に、身体の機能を生理学的に説明することは、身体の全存在とその機能の全系列が意志の客観化にほかならないという哲学的な真理──この意志が動機に応じて現象して身体の外的な活動《アクション》というかたちをとる──をなんら侵害するものではない。なにしろ生理学とは、ほかでもない、これらの外的な活動《アクション》、つまり身体の直接の随意運動を、有機体における原因に還元し、たとえば筋肉の動きを体液の流入から説明しようとするようなものだからである〔ライルはその『生理学雑誌』第六巻一五三ページで、「ちょうど綱が濡れるとちぢむのと同様に」と言っている〕。しかしながら、かりにこの種の根本的な説明が実際におこなわれたとしても、そのことが原因で随意運動〔動物的機能 funktiones animales〕はすべて意志の働きの現象であるという直接的に確かな真理を、無効にすることにはならないだろう。またこれと同様に、生理学が植物的生命〔自然的・生命的機能 funktiones naturales, vitales〕を説明し、どんなに広範囲にうまく説明がついたとしても、それが原因で、発展する動物の生全体は、それ自体として、意志の現象であるというあの真理を、無効にすることにはならないだろう。さきに論じたように（第十七節参照）、そもそも原因論的な説明とは、いずれみな、一つの個別的な現象が、時間と空間のなかで必然的に定められている位置に、一定の規則に従って、必然的に出現することを示すだけで、それ以上のことはなにもできないからだ。これに対し各現象の内的本質は、このような方法では永久に究明されないままであり、いかなる原因論的な説明といえども、この内的本質を前提としているのであって、結局これは力とか、自然法則といった名前でよばれるか、行動が問題になるときには性格とか、意志といった名前でよばれる程度にとどまっている。――

そういうわけで個別的な各行動は、一定の性格を前提として、動機が与えられれば必然的に生じるものであるとされ、動物の身体における成長、栄養過程、諸変化といったものも、必然的に原因〔刺戟〕が作用することに応じておこなわれるものとされている。しかしそれはそうなのだけれども、一連の行動、したがって個別的な行動も、同様に行動の条件も、行動をおこなう全身体そのものも、ということはつまり身体を成り立たせている過程ということだが、これらはまさしく意志の現象にほかならず、意志が目に見えるかたちをとったもの、意志の客体性以外のなにものでもない。—

人間や動物の身体が人間や動物の意志一般にぴったりと適合しているのは、この点に基づいているのであって、この適合性は意図して作った道具がそれを作った人の意志にぴったり適っているというのに似ているし、場合によってはそれより勝っているくらいである。身体が意志に適合していることが、身体の合目的性、すなわち身体の目的論的な説明可能性として外に現象しているのはそのためである。身体の諸部分は、この理由からいっても、意志の自己表明がおこなわれる主要な欲望に完全に対応していなければならないし、身体の諸部分が意志の、具体的に眼に見える表現でなければならない。つまり歯、喉、腸は客観化された飢餓であり、生殖器は客観化された性衝動である、という具合にである。ものを摑《つか》む手、素早い脚は、右の例よりもっと間接的（食欲、性欲の方が直接的と考えられている）な意志の努力——手や脚が表示している努力——に対応している。人間一般の姿かたちは人間一般の意志に対応しているが、それと同じように、個人の身体つき（体形）

は、個人に応じて変わってくる意志、つまり個々人の性格に対応している。個人の身体つき（体形）は、だから全体からみても、また部分においても、性格をよく示し、表情に富んでいる。——すでにパルメニデス（前五世紀ごろのギリシアの哲学者。エレア学派の開祖）が、アリストテレス〔『形而上学』三・五〕によって引用された次の詩句のなかでこのことを語っているのは、たいへんに注目すべきことであると思う。

「各人がさまざまな動きをする肢体の中のどんな混合の仕方を持つかによって、それに応じて、人間に思惟が生じてくる。なぜなら人間それぞれにとって、思惟するのはこの同じもの、すなわち肢体の本質なのであるから。というのは（混合において）優勢なものが思想となるのだから」[1]

〔1〕この点については続編第二十章、ならびに拙著『自然における意志について』中の「生理学」と「比較解剖学」の項において、ここで暗示しておいたことは根本的に詳論されている。

第二十一節

誰にしても自分自身という現象は、彼の行動によってであれ、行動の持続的な基礎である身体によってであれ、目の前に表象として現われているものであるが、この自分自身という現象の本質それ自体となると、これは彼の意志であって、意志は彼の意識のなかのもっとも直接的なものを決定しているのである。このような認識は、誰でもが具体的にそうして直接的に、すなわち感情として所有している認識であって、以上の節で述べてきた諸考察を通じてこの認識は抽象的に、したがって明晰かつ確実な認識になったのではないかと思う。ところで意志は、このようなものである以上、主観と客観とが互いに対立している表象の形式のうちにすっぽりはまりこんでしまうことはない。主観と客観との区別を完全に明確には立てられない直接的な仕方で、意志は告知されている。しかしまた意志は全体として知られるのではなくて、ただ個別の働きにおいてのみ個人そのひとに知られるにすぎないのである。——

以上のような確信をしっかりわたしと一緒に手にした人は、敢えて言うが、この確信をこそ全自然の内奥の本質を認識する鍵におのずとなしうるであろう。というのも、そのような人はいまやこの確信を（自然界の）あらゆる現象にも移して当てはめてみることができるからである。自分自身という現象のように、直接の認識と間接の認識の両方にまたがって与えられている現象ではなく、もっぱら間接の認識において、単に一方的に、ただ表象としてのみ与えられている現象（自然界の現象）にもこの確信を移してみることができるのである。彼はもっとも内奥の本質としてある意志を、人間や動物など、自分自身にまったく似ている諸現象のなかに、認めるだけでは終わらないだろう。さらに反省をつづけていくならば、植物のうちに働き成長していく力も、いや、結晶を形成する力も、磁力を北極に向ける力も、異質の金属との接触から磁力を引きつける力も、物質の親和力というかたちをとって離合集散として現象する力も、さらに最後に、あらゆる物質において強力に求引し石を地面に、地球を太陽に引きつける力でさえも——これらのすべては、現象の面でのみは異なっているが、内的本質のうえからは同一のものと認識されるべきである。これらのすべては、他のあらゆるものより人に直接的に親密によりよく知られているなにものかであって、それが歴然と姿を現わす場合には意志とよばれているものに当たるのである。——

このようなところまで反省を適用していくことだけが、われわれをもはや現象に立ち止まらせることなく、これを超えて物自体へと導いていく。現象とは表象のことであって、それ以上のなにものでもない。いかなる種類のものであろうと、すべての表象、すなわちすべての客観は、現象である。しかしひとり意志のみが、物自体である。意志はこのようなものである以上、断じて表象ではなく、表象とはまったく種類を異にしたものなのだ。すべての表象、すべての客観は、意志の現象であり、意志が目に見えるようになったものであり、いいかえればこの意志の客体性である。意志は各個別のものの、ならびに全体をなすものの、内奥であり、核心である。意志は盲目的に作用しているすべての自然力のうちに現象する。また人間の思慮深い行動のうちにも現象する。盲目的といい、思慮深いといい、この二つの大きな相違は、現象することの程度に触れているにすぎず、現象するものの本質に触れてはいないのだ。

第二十二節

この物自体〔われわれはカントのこの表現を定まった術語としてそのまま用いようと思う〕は、そのものとしてはもはや客観ではない。あらゆる客観はすでにふたたび物自体の単なる現象となるのであって、もはや物自体そのものではないからである。しかし物自体をなんとかして客観的に考えることのできるものにしようとすれば、物自体はなんらかの客観から、なんらかの客観的に与えられているものから、したがって自らの現象の一つから、名前と概念とを借り受けて来なければならなかった。ただしこの名前と概念をひろく納得のいく了解点として役立てるためには、物自体にとっては自らの現象のなかでもっとも完全な現象、すなわちもっとも明白な、もっとも発達した、認識によって直接に照らし出された現象よりほかにいかなる現象も考えられなかった。これがすなわち人間の意志なのである。——

しかしよく注意してもらわなければならないのは、われわれはここではいうまでもなく「優れたもの（代表的なもの）に準じての命名」を採用しているにすぎないのであって、だから当然、意志という概念は従来それがもっていたよりも広い範囲をもっているということである。プラトンがじつにしばしば言っているように、異なった現象のなかに同一のものを認識したり、似たもののなかに異なったものを認識したりすることこそ、哲学への条件にほかならない。しかし今日にいたるまで、自然のなかで前進し作用しているすべての力の本質が意志と同一であることは認識されずにきたのである。ために同じ属 Genus に属しながら種 Spezies が異なっているだけの多様な現象が同じ属に属しているとはみなされないで、異質のものとみなされてきたのであった。したがってこの場合における属 Genus という概念を適切に言い表わすいかなる言葉（自然のなかのすべての力を言い表わす言葉）も存在し得なかった。そこでわたしは、この属をもっとも優れた種（ここでは意志）に応じて命名するのであって、種についてのわれわれの手近で直接的な認識（人間の意志に関する認識）は、すべての他の種の間接的な認識（自然界の諸力に関する認識）に導かれていくのである。──

もしもここで要求されている意志概念の拡張をおこなうことができない人がいて、意志という言葉をきけば、あいもかわらずこれまでただこの言葉で表わされていた一つの種だけだと思っている人、すなわち認識に導かれている意志、もっぱら動機に従い、いやおそらくは抽象的な動機にのみ従って、理性の指導下に表現される意志だけだと思っている人は、永遠の誤解にとらわれたままに終わることになろう。そのような意志は、前にも言ったことだが、（広い意味をもつ）意志のうちのもっとも明白な現象にだけあてはまるにすぎない。われわれは今や、このような現象としての意志のもっとも内奥の本質、われわれに直接的に知られている内奥の本質（物自体としての意志のこと）

を、考えをこらして純粋に選り出し、次いでこれを右の本質のより弱い、より不明白な（自然界の）あらゆる現象に移し変えてみることが必要であって、それによってわれわれは今要求されている意志概念の拡張をはたすことになるであろう。——

しかしもしも、あらゆる現象のこの本質自体を意志という語で言い表わそうと、なにか別の語で言い表わそうと結局は同じことだなどと考える人があるとしたら、その人は右に述べたのとは反対の仕方で、わたしの言わんとするところを誤解しているのであろう。もしもこの本質としての物自体が、単に推論によって存在するとみなされ、つまりただ間接的に、もっぱら抽象的に認識するようななにかだというのなら、それはどんな語で言い表わそうとどのみち同じことかもしれない。もしも事情がそうであれば、物自体はもちろん好きなように名づけられていっこう構わない。その場合の名前はなんらかの未知量を表わす単なる記号として成り立つことになろう。しかし自然界のあらゆる事物のもっとも内奥の本質をさながら呪文のようにわれわれに解き明かしてくれるはずの意志という語は、けっしてなんらかの未知量ではないし、推論によって得られるなにものかでもない。それは徹頭徹尾、直接に認識されたものであって、じつによくわれわれの熟知しているものである。したがってわれわれは意志が何であるかに関しては、意志以外のなにかあるもの——それがたとえ何であれ——よりもはるかによく知っているし、理解もしている。——

従来、意志という概念は、力という概念のもとに包括されていた。わたしはこれをちょうど逆にして、自然の中のあらゆる力を意志と考えてみようというのである。そんなことは言葉の争いであるとか、どうでもよいことだなどと思わないでいただきたい。それどころかこのうえなく意味深く、重要な一件なのである。なぜならあらゆる他の概念と同様に、力という概念の基礎になっているのは、結局、客観世界の直観的な認識だからである。すなわち現象とか表象とかいったものだからである。そこから力という概念は創り出されている。力という概念は原因と結果の支配する領域から、つまり直観的な表象から抽象されているのであって、この力という概念は、ほかでもない原因のさらに原因であるあり方自体を意味している。原因のさらに原因であるあり方とは、原因論的にはこれ以上説明のできないぎりぎりの地点、いっさいの原因論的説明の必然の前提をなしている地点に立っている。—

これにひきかえ意志という概念は、考えられるいろいろな概念のなかで、そのそもそもの起こりを現象のなかにもっていないし、単なる直観的な表象のなかにももっていない唯一の概念である。意志という概念は各人の内奥から由来し、各人のもっとも直接的な意識から生じる唯一の概念であって、各人はこのなかにみずからの個体を、その本質からみて直接的に、なんらの形式もなしに、主観と客観という形式すらなしに認識するのである。と同時に各人はこれで個体そのものとなるのである。なぜなら意志というこの概念においては、認識するものと認識されたものとが一致するからである。――

以上のような次第であるから、われわれが力という概念を意志という概念に還元すれば、実際上われわれは、一つの未知の概念を際限のない既知の概念に還元したことになるであろうし、のみならず、われわれにとって本当に直接的で、くまなく知り抜いた概念に還元したことにもなって、われわれの認識を格段に拡張したことになるわけなのだ。これに反し従来おこなわれたように、意志という概念を力という概念の下位にくり入れるなら、われわれが世界の内的本質についていだいている唯一の直接的な認識を放棄することになろう。なぜなら唯一の直接的な認識を、現象から抽象したような一概念（力という概念）のなかへ、われわれがこれをもってしてはけっして現象を超え出ることのあり得ない一概念のなかへ沈めてしまうことになるからである。

第二十三節

物自体としての意志はその現象とはまったく異なるものであり、現象のあらゆる形式から完全に自由である。意志は現象することによってようやく、この形式のなかへ入っていく。したがって現象のあらゆる形式は、意志の客体性に関係するのみで、意志そのものには無関係である。あらゆる表象のもっとも普遍的な形式といえる主観に対する客観の形式でさえ、意志には当てはまらない。いわんや主観に対する客観というこの形式にさらに従属している諸形式、総じて根拠の原理において共通に表現されている諸形式、このなかには周知のとおり時間と空間も含まれているのだが、これら諸形式は意志に当てはまらない。したがって時間と空間によってはじめて成り立ち可能になった数多性 Vielheit なども、なおさら意志に当てはまることはない。――

この後で述べた点に関して、わたしは昔のスコラ哲学者ががんらい使っていた表現をここに借りて来て、時間と空間とを「個体化の原理」principium individuationis とよぶことにしよう。これを心にはっきり刻みつけて下さるよう読者諸氏にお願いしておきたい。それというのも、本質と概念からみて同じであり一つであるものを、それにもかかわらず異なったものとして、相互に並んで相次ぐ数多性 Vielheit として現象させるところのものは、ひとえに時間と空間にほかならないからである。時間と空間とは、だから「個体化の原理」であって、スコラ哲学者たちのじつにさまざまな詮索と論争の種子となったものであるが、これら詮索と論争とはスアレス（一五四八―一六一七年。トマス神学を祖述した当時のカトリック教会第一の教義学者でスペイン人。『形而上学論議』五・三参照）のうちに集められている。――

以上述べたことに従うなら、物自体としての意志は、根拠の原理がさまざまな形態をとって現われるその領域の外にある。現象のおのおのは根拠の原理にすっかり従属しているのであるが、意志には、端的に言って根拠というものがない。さらに、さまざまな現象は時間と空間のなかで数え切れないほどであるが、意志は、あらゆる数多性から自由である。意志そのものは一つである。といっても、なにかある客観が一つであるというような意味においてこれは一つなのではない。ある客観が一つであるという意味は、可能な数多性との対比においてこれは一つであると認められるにすぎないことだからである。またこれは数多性を捨象することによって、一つという一概念がようやく成立するというような意味において一つなのでもない。そういったことではなく、意志は、「個体化の原理」である時間と空間の外に、すなわち数多性の可能性の外にあるものとしての一者なのである。意志のさまざまな現象ならびに意志の多様な顕在化についてこれから考察を進めていき、意志が一つであることがわれわれに完全に判明したあかつきに、われわれははじめてカントのあの教え、時間、空間、因果性は物自体に属するのではなしに、認識の単なる形式にすぎないというあの教えをも存分に理解することになるであろう。

意志が無根拠であることは、意志がもっとも明白に顕在化する場所、人間の意志として顕在化する場所においても実際に認められていて、だから人間の意志は自由であるとか、独立しているとかよばれてきている。しかし意志のこの無根拠性に気をとられて、人がたちまち見過ごしてしまうのは、現象をあらゆる場面で支配している必然性である。そのため自由でもないようなさまざまな人間の行為を自由だと言明したりしている。思うに個々のどんな行動も、動機が性格に働きかけることを起点として、そこから帰結するのであって、その際厳密な必然性を伴っているはずである。必然性とはすべて、帰結の根拠に対する関係であり、絶対にそれ以上のものでないこ

とは前に（第十五節参照）述べたとおりである。──

根拠の原理は、あらゆる現象の普遍的な形式であり、行為のさなかにある人間は、あらゆる他の現象と同様に、根拠の原理に従属せざるを得ないのである。ただし（行為においてではなく）自己意識においては、意志は直接にまたそれ自体として認識されるのであるから、自己意識においてはやはり自由の意識がある。しかしややもすると見過ごされるのは、個体すなわち人格は物自体としての意志ではなくて、すでに意志の現象であり、現象としてすでに限定されていて、現象の形式、根拠の原理（の支配する領域）にすでに入ってしまっていることである。そこから次のような奇妙な事実が現われる。誰でも自分を、その個々の行動においてさえも、完全に自由であると思いこみ、いつなんどきでも（自由に）別の生活態度を始めることができるとか、つまり別の人間になることができるなどと考えているとすれば、それはア・プリオリにそうだというだけである。ところがア・ポステリオリには、誰でも経験によって、自分は自由ではなく、必然性に支配されていて、どんなに決意し反省してみても自分の行為を変えることはできず、一生の始まりから死ぬまで、自分でもいやだと思っている性格をあくまでもちつづけていくだろうし、いってみれば、いったん引き受けた役割を最後まで演じ切らなければならないのだと合点して、自ら驚いている始末である。──

こういった考察は倫理的なことであるから本書の別の個所（第五十五節参照）で述べることにして、ここでわたしはこれ以上述べることはさしひかえたい。ただここでは次のことを参考にして下さるよう読者諸氏に望んでおきたい。意志はそれ自体根拠を欠いているが、意志の現象は、現象である以上は、必然性の法則、すなわち根拠の原理に支配されていることである。そしてわれわれが自然現象のうちにかの意志の顕在化を認識するときでも、われわれはそれによって自然現象が生じるときの必然性をなんら妨げるものではない。

今日にいたるまで、動機――すなわち表象――のみを根拠としている諸変化だけしか、意志の現象であるとみなされてはこなかった。だから意志をもっているとみなされたのは、自然界のなかでは人間だけであり、せいぜい動物どまりであった。認識は、もちろん表象も、わたしが別の個所（第七、八節ならびに第十六節前半参照）で述べておいたように、動物界のまごうかたない独占的な性格といえるからである。しかし、認識に導かれていない場面においてさえ、意志が働いていることは、動物の本能において、動物の工作衝動[1]（鳥の巣作り、蜘蛛の網張り、等）において、きわめて手っとり早く認められる。この場合、じつは動物は表象も認識ももっているではないかといったところで、それはぜんぜん問題にならない。（動物の本能や工作衝動においては）さながら動機を認識したうえで目的を目指しているかのように、動物がちょうどそこを目指していく目的を、動物はぜんぜん認識していないままだからである。だから、この本能や工作衝動においては、動物の行動は動機なしにおこなわれていて、表象に導かれてもいないのだ。意志がいっさいの認識なしでも活動しているという事実を、われわれにまっ先にもっとも明白に示しているのがこのような場合である（第二十七節の本能の説明参照）。——生まれて一年目の鳥は、卵についていかなる表象ももたないが、卵のために巣をつくる。幼い蜘蛛《くも》は、獲物についてまだなんら表象をもっていないのに、獲物をつかまえようと網を張る。また生まれてはじめて落し穴を掘る蟻地獄は、蟻についてまだなんらの表象ももっているわけではない。くわがた虫の幼虫は木の中に穴をかじりあけて、そのなかで成虫への脱皮に耐えようとするが、この場合、雄の成虫になるときには雌の成虫になるときの二倍の大きさに穴をかじりあけておく。それは雄の成虫には角が生えるので、この角の場所をとっておくためだが、まだ幼虫でいるうちには、角についてなんの表象ももっているわけではないのだ。——

　動物のこのような行動には、動物の他の行動におけると同様に、意志が活動していることはなんとしても明瞭である。ただしこの意志は盲目の活動状態にあり、この活動状態はなるほど認識を伴ってはいるが、認識に導かれているわけではないのだ。意志が活動できるために、動機という表象がなんら必然的な、本質的な条件でないことを、われわれはひとたび確然と悟るならば、意志の働きがあまり目立たないような場合にも意志が働いているのをたやすく認めることであろう。そうなれば例えば、われわれ自身の建てる家がわれわれの意志とは異なったなんらかの意志によって出来上がるのではないのと同様に、蝸牛《かたつむり》の殻を、蝸牛そのものには関係のない、ただし認識によって導かれたなんらかの意志（たとえば神の意志）のせいにしたりはしないであろう。われわれは人間の家をも蝸牛の殻をも、両方ともそれぞれの（人間ならびに蝸牛という）現象となって客観化されている意志の仕事とみなすであろう。この意志は人間にあっては動機に応じて働くが、しかし蝸牛にあってはまだ盲目的に、外へ向けられた形成衝動として働くのである。——

人間においてもこの同じ意志が盲目的に働くことはしばしばである。認識に導かれない人間の身体のすべての機能、そのすべての生命的で植物的な過程、つまり消化、血液の循環、分泌、成長、再生などにおいて意志は盲目的に働いている。身体の活動《アクション》のみならず、身体そのものが、さきに指摘したように（第二十節末尾部分参照）、徹頭徹尾、意志の現象であり、客観化された意志であり、具体化された意志なのである。だから、身体のなかで起こることはすべて、意志によって起こっているのに違いない。とはいえここでいう意志は、認識によって導かれることもなく、動機によって規定されるのでもなく、盲目的に働きながら、この場合刺戟とよばれる原因によって規定されているのである。

わたしがここに原因とよぶのはことばのもっとも狭い意味においてである。物質の一つの状態が第二の状態を必然的にひき起こすような場合に、第一の状態がきっかけとなって（第二の状態のうちに）もたらす変化と、ちょうど同じ大きさになる変化を、第一の状態みずからもこうむる。この場合の第一の状態をわたしは原因とよぶのである。これは「作用と反作用はあい等しい」という規則によって表現されている。さらにいえば、このような本来の原因 Ursache にあっては、作用 Wirkung（結果、と訳してもよい）が増大していくのは原因とちょうど正確に比例している。したがって反作用が増大していくのもまたそうである。で、いったん作用していく仕方が知られてしまえば、原因の強さの程度から作用（結果）の程度を測定したり計算したりすることもできるのであって、その逆もまた可能である。こうしたいわゆる本来の原因といわれるものは、機械的組織や化学的組織のすべての現象において、要するに、無機物のすべての変化に際して、作用しているわけである。しかしながらわたしが右に、刺戟を原因とよんでいるのは、（このような本来の原因ではなく）作用に見合ったいかなる反作用をもみずからこうむることのないような原因である。つまり強さの程度という点からみて、それは作用の強さの程度と絶対に平行していないのであるから、みずからの程度に応じて作用の強さの程度を測定することなどできないような原因である。それどころか、刺戟のほんの僅かな増大が作用（結果）のなかにきわめて大きな増大をもたらすきっかけとなるかもしれないし、あるいはまた逆に、今まであった作用（結果）をまったく無効にしてしまう等々のことを起こしうるかもしれない。有機体そのものに対する作用はすべてこの種の作用である。動物の身体における本来の有機的および植物的変化はすべて、単なる原因に基づいて起こるのではなく、（この種の）刺戟に基づいて起こるのだといっていい。——

しかし刺戟は一般にどの原因とも、同じくどの動機とも似ていて、時間と空間のなかにすべての力が現われ出るときの起点を規定するにすぎなくて、現われ出る力そのものの内的本質を規定するものではない。この内的本質は、われわれがこれまで行なった演繹にしたがえば、意志と認められるものであり、だから身体の変化は意識的と無意識的とを問わず、意志のせいだとわれわれは考えている。―

認識によってすきまなく規定されている因果性、すなわち動機と、もっとも狭い意味における原因(右に述べた本来の原因)と、この両者の間の中間を保って、両者の橋渡しをしているのが、まさしく刺戟なのである。ひとつひとつのケースでは、刺戟はあるときはこの動機により近く、あるときは後の方の原因により近いであろう。けれどもやはり、依然として、刺戟は動機と原因の、どちらとも区別されなければならないものなのだ。たとえば植物のなかで液汁が上昇するのは、刺戟に基づいて起こるのであって(人間や動物のように単なる動機から起こるのではないし)、また単なる原因から、水力学の法則に従ったり毛細管の法則に従ったりということで、説明できるものではない。それでもこの植物における液汁の場合は、水力学や毛細管の法則にもおそらくは助けられていて、一般的にいえば、それだけでもすでに純粋に原因的な変化にきわめて近いのである。これにくらべ、舞い萩 Hedysarum gyrans やオジギソウ Mimosa pudica の運動は、いぜんとして刺戟に基づいて起こる運動であるとはいえ、それでも動機に基づく運動にはやくもきわめて似てきていて、ほとんど刺戟と動機との橋渡しをしようとしているようにさえみえる。また、光が強くなるにしたがい瞳孔が収縮するのは刺戟に基づいているのであるが、これはすでに動機に基づく運動に移りかかっている。というのも、光があまりに強いと網膜を痛いほど刺戟することになるので、われわれはこれを避ける（という動機の）ために、瞳孔を収縮させるからである。――

陰茎勃起のきっかけは一つの表象であるから、これは動機である。しかしながらこのきっかけはひとつの刺戟のもつ必然性をもって作用する。すなわち誰にもこれに抵抗することはできないのであって、勃起が作用しないようにするためにはそのきっかけを遠ざけてしまわなければならない。吐き気をもよおすようないやな対象に関しても事情は右と同様である。――

刺戟に基づく運動と、動機を認識したうえでの行動との、この二つの間をつなぐ別種の現実的な中間項として、われわれはたったいま動物の本能のことを考えてきた。さらに、これと同種のもう一つ別の中間項として、われわれは呼吸をとりあげたい気持にさそわれるかもしれない。呼吸がはたして随意運動に属するか、不随意運動に属するか、すなわちがんらい呼吸は動機に基づいておこなわれるのか、刺戟に基づいておこなわれるのかは、従来さかんに論争され、しかるのちおそらくこの両者の中間だろうと説明されてきたのである。マーシャル・ホール〔『神経系統の病気について』第二九三節以下〕は、呼吸が一部は脳髄〔すなわち随意〕神経と、一部は脊髄〔すなわち不随意〕神経との、この両方の影響下におかれていることから、呼吸は両方の混合機能だと説明している。しかし、それでもわれわれは、呼吸は結局、動機に基づいて起こる意志の発現の一つに数えなければならないと思う。なぜなら、それまでとは別の動機が生じて、単なる表象が生じてということだが、この別の動機が呼吸を止めたり速めたりするよう意志に命令することができるからである。また人が呼吸をまったく止めることも、自由自在に押し殺すこともできるような見掛けを呈している点で、呼吸は他のあらゆる随意運動と似ているからである。なにかある別の動機が意志に強く命令して、その結果この動機が空気に対する切実な欲求に打ち勝つやいなや、呼吸を止めたり押し殺したりすることは実際に可能になるのである。ある種の人々によれば、ディオゲネス（資料的に重要な十巻の列伝体式哲学史を書いた三世紀のギリシア哲学史家）は実際にこのやり方で自分の生命に終止符を打ったといわれる〔ディオゲネス・ラエルティウス、六・七六〕。また黒人たちもこうして死んだといわれる〔フリードリヒ・ベンヤミン・オジアンダー『自殺について』（一八一三年）一七〇―一八〇ページ〕。これらの出来事は、抽象的動機の影響がいかに大きいかについての、本来の理性的な欲求は単なる動物的な欲求よりいかに優勢であるかについての、著しい実例であるといえよう。―

呼吸が少なくとも一部は脳の活動によって制約されていることを証拠立てているのは次の事実である。青酸は脳を麻痺させ、かくて間接的に呼吸を止めることによって、人を死にいたらしめるのであるが、脳の麻痺がまだ完了しないうちに、人工呼吸が保持されていれば、けっして死にはいたらないということである。同時にここでついでに言っておけば、刺戟ならびに狭義の原因と同じくらい大きな必然性をもって、動機が作用することについて、もっとも目立った実例を与えてくれるのは呼吸である。呼吸は圧力が逆圧力によって効力を失うことがあるように、動機が正反対の動機によって効力を失うことがあり得ることについて、もっとも目立った実例を与えてくれるわけである。なぜなら呼吸の場合には、自由にこれを止めていられるように見掛けのうえで見える程度は、動機に基づく他の運動の場合よりも、比較にならぬほど弱いからである。（呼吸をしたいという正反対の）動機は、きわめて緊急のものであり、間近に迫ったものであり、この動機を実行する筋肉はおよそ疲れを知らないから、呼吸をしたいという動機の充足はいともたやすいのであって、通例これに抵抗するものはなにもなく、呼吸全体が個体のもっとも長年やってきた習慣によって支えられているからである。——

しかもあらゆる動機はほんらい同じ必然性をもって作用している。動機に基づく運動にも、刺戟に基づく運動にも、この必然性は共通しているのであるが、このことをいったん認識するなら、有機体のなかで刺戟に基づいて完全に法則的に起こることがらといえども、結局その内的な本質からみてこれは意志なのであって、この意志はそれ自体としてではないが現象となったときには、ことごとく根拠の原理に、すなわちあの必然性に支配されていることをわれわれはいっそう容易に洞察することができようかと思う。[2]——

われわれは動物をその全生活、体形、器官組織においても、その行動におけると同様に、意志の現象であると認めているが、以上の叙述に従うなら、われわれは動物だけをそのように認めることに立ち止まっていないで、われわれに直接的に与えられた事物の本質自体に関するこの認識を、植物にも移して考えてみることにしよう。植物の全運動は刺戟に基づいておこなわれるのである。植物と動物との本質的な相違をなす唯一のものは、植物には認識がないこと、認識によって制約された動機に基づく運動がないことだからである。(われわれの)表象に対し植物として、単なる植物的な機能として、盲目的にはたらく力として現象するところのものを、われわれはその本質それ自体からみて、意志とみなし、これはわれわれ人間の現象の基礎をなすもの、われわれの行動にも、われわれの身体の全存在にもすでに現われているものと同一だと認めるであろう。

ただしわれわれには最後の一歩がまだ残されている。自然界のなかで普遍的な不変の法則に従って作用している力、あらゆる物体の運動を従属させている力、まったく器官をそなえず、刺戟に対して感受性がなく、動機に対して認識をもたない力、このようなもろもろの力にまで右に述べてきた考察方法を拡大すること、これがわれわれにまだ残されている最後の一歩なのである。われわれが人間自身の本質を直接認識することが、事物の本質それ自体を認識する鍵をわれわれに与えることを可能にしたのであったが、今この事物の本質を認識する鍵を、われわれはあらゆる現象のなかでわれわれからもっとも遠く離れている無機的世界の諸現象にも当てはめてみなければならない。——

さてわれわれは探求者の眼差しをもって無機的世界を眺めてみよう。そうすればわれわれの眼に入ってくるのは水の流れが低きにつくときの強烈な押しとどめ難い衝動。磁石がいくたびでも北極に向きを変える執拗さ。鉄が磁石に飛びつくときの憧れの気持。電気の両極が再結合を求める際の激しさ。電気の両極はちょうど人間の願望と似ていて、妨げられるとますます激しさの度合を高めるのだ。さらにわれわれの眼に入ってくるのは、結晶がすみやかに、しかも突如として形成されるさまである。結晶形成はきわめて規則正しくおこなわれるのであって、(突如として)硬直に襲われ固定されて、多方面へ精確に規定されつつ、決然と努力するのが、明らかに結晶形式にほかならない。またこのほか、われわれの眼に入ってくるのは、物体が液体状になってにわかに自由になり、凝固の束縛から解かれて、物体同士が求め合ったり避け合ったり、結ばれたり別れたりするときの物体相互の選択である。最後にわれわれが完全に直接に感じるのは、重さをもった物が大地に向かおうとする努力を、われわれの身体が阻止すると、この重さをもった物は身体に休みなく重圧をくわえて、自分のたった一つの努力をあくまで果たそうとすることである。——

このようないろいろな現象を見ていくならば、われわれはなにもたいして想像力に苦労をかけないでも、これほどわれわれ人間からかけ離れたもののなかからさえ、人間自身の本質を再認識することができるであろう。この本質はわれわれ人間の場合には、認識の光に照らされつつその目的を追求するのであるが、無機的世界の場合には、現象のもっとも微弱なものにおいてさえ、この本質はひたすら盲目的に、鈍重に、一本調子に、かつ変わりばえせず前進するばかりである。しかし、このような本質はどこにおいても同一である以上、無機的世界においても人間の場合と同様に、意志という名前をそなえていなければならない。――あたかも暁の黎明も真昼の光線もともに、日光という名前を分かち合っている例と同様だといえる――この意志という名前こそ、世界における各事物の存在それ自体であり、あらゆる現象の唯一の核をなすものにほかならない。

しかし、無機的自然界の諸現象と、われわれが自身の本質の内奥として知覚している意志と、この二つの間には距離があるばかりか、見掛けのうえではすっかり相違したものに思われるであろう。この距離ないし相違は、無機的自然界の現象の仕方には完全に合法則性が定められているのに、人間という現象の仕方には一見して無規則な恣意《しい》がみとめられるというコントラストにとりわけ由来しているのである。なぜなら、人間においては個性が強く現われるからである。各人はそれぞれ自分の性格をそなえている。だから同じ動機でも万人に同じ力を及ぼすとはかぎらない。無数の付随的事情が一個人の広い認識範囲のなかに場所を占めていても、他の諸個人はこれを知らないですませていることもあるからであって、ために動機の及ぼす作用はこれら付随的事情によってとりどりに変えられてしまうのである。動機だけから人間の行動を予見的に定めることのできないのはそのためである。他の要因、つまり個人の性格と性格に伴う認識についての正確な知識が、(動機には) 欠けているからである。——

これにひきかえ自然力の諸現象は、人間の場合とはきわ立った正反対を示している。自然力は普遍的な法則に従い、少しの誤差もなく、個性もなく、表立って現われた事情に従い、このうえなく正確な予見的規定に支配されつつ、作用するものである。同一の自然力が幾百万という諸現象のなかに現われる仕方は正確に同一である。——

われわれはこの点を解明し、一つであり分割不可能である意志が自らのじつに多様な現象のうちに、このうえなく強い現象のうちにもこのうえなく弱い現象のうちにも、同一に現われることを証明しなければなるまいが、そのためにまずまっ先に考察しなければならないのは、物自体としての意志の、その現象に対する関係、いいかえれば意志としての世界の、表象としての世界に対する関係である。これを考察することで、本書第二巻で取り扱われる問題全体をいっそう深く見きわめていく最良の道が、われわれの前に開かれることになるであろう。[3]

〔1〕この点についてはとくに続編第二十七章が扱っている。

〔2〕この認識は拙論『意志の自由に関する懸賞論文』によって完全にたしかめられる。まさにそこでは〔『倫理学の根本問題』三〇—四四ページ〕、原因、刺戟、動機の間の関係もまた詳細に論究されている。

〔3〕この点については続編第二十三章、同じく拙著『自然における意志について』の「植物生理学」の

章と、わたしの形而上学の中核としてきわめて重要な「天文物理学」の章を参照されたい。

第二十四節

われわれが偉大なカントから学んだとおり、時間、空間、ならびに因果性は、その合法則性の全体からみても、そのあらゆる形式の可能性からみても、われわれの意識のなかに存在するのであって、時間、空間、因果性のなかで現象しそれらの内容をなしている客観からは完全に独立しているのである。これを別のことばでいえば、時間、空間、ならびに因果性は、主観から出発しても、客観から出発しても、どちらからでも発見できるものであって、したがって、それらを同等の権利をもって、主観による直観の仕方であると名づけてもいいし、客観の性状であると名づけることもできる。この場合、客観があくまで客観〔カントでは現象〕すなわち表象である限りにおいては、という条件はついているのだが。——

さらにまた、時間、空間、ならびに因果性という形式を、客観と主観との間の、分割できない境界とみなすこともできる。なるほどすべての客観はこれらの形式のうちに現象せざるを得ないのであるが、しかし主観もまた、現象する客観などとはお構いなしに、これらの形式（時間、空間、ならびに因果性）を完全に所有し、展望しているからである（第一―三節までに論じられたことの再説）。——

ところでしかし、これらの形式のなかで現象する客観が無内容な幻影ではなくて、かりになんらかの意義をもっているべきならば、これらの客観は〔客観でない〕なにものかを暗示し、またなにものかの表現でなければならないであろう。このなにものかとは、またしても客観そのものと同じような客観ではなく、表象ではなく、単に相対的に主観に対応して存在するようなものではない、そういうなにものかであろう。これは、本質的な条件たる主題に対立しているものから独立しているし、そのようなものの諸形式からも独立して存在している、すなわち表象ではなく、物自体であろう。したがってすくなくとも次のように問うことができる。今まで表象とよんできたもの、客観とよんできたものは、それらが表象であり主観の客観であることとは別に、なおそのうえなにものかであるのか？　そしてもしなにものかであるなら、この意味においてそれは何なのであろうか？　表象の一面であって、表象とは種類をまったく異にする他の面とは何であるか？　物自体とは何か？――意志、これがわれわれの答えであったが、しかし今しばらくはこれは不問にしておこう。

たとえ物自体が何であるにせよ、カントが正しく結論づけたとおり、時間、空間、ならびに因果性〔われわれはこれらをカントより後に、根拠の原理の諸形態として、現象の形式の一般的な表現として認めたのであったが〕は、物自体を規定するものではなく、物自体が表象となった後で、また表象となったかぎりにおいてはじめて、すなわち物自体が現象に属するかぎりにおいてはじめて、物自体に帰属するものであって、物自体そのものには帰属しない。なぜならば、主観はあらゆる客観から独立に、自己自身で、時間、空間、ならびに因果性を完全に認識し構成するがゆえに、時間、空間、因果性は、表象となるなにかあるものにではなくて、表象たることVorstellungsein それ自体に結びつかなければならないからである。時間、空間、因果性は表象そのものの形式でなくてはならないのであって、表象という形式をとったなにかあるものの特性であってはならない。主観と客観との単なる対立が生じるやいなや、はやくも時間、空間、因果性は〔概念においてではなく、実際において〕与えられていなくてはならないのだ。したがってこれは認識一般のいっそう突っこんだ規定にほかならず、規定のなかでももっとも普遍的な規定といえば、主観と客観との対立そのものということになる。――

ところで、現象のなか、客観のなかにあって時間、空間、因果性を介してのみ表象可能となるがゆえに、ふたたびそれらに制約されているもの、それらが並存したり継起したりすることによって数多性 Vielheit となり、因果の法則によって変化と持続となり、因果性を前提としてはじめて表象できる物質となり、最後にこの物質を介してのみふたたび表象可能となるもの――これらはすべてひっくるめて、現象するところのなにかに、表象という形式に入ったところのなにかに本質的にそなわっているのではなく、ただ表象という形式そのものに結びついているにすぎない。ところがこれに反し、時間、空間、ならびに因果性によって制約もされず、これに還元もされず、これに基づいて説明もされない現象の中のもの、これこそほかでもない、現象する当のものたる物自体を直接的に示しているといっていい。——

さて、以上述べてきたことに従えば、完全な認識可能性、最大の明瞭性、明晰性、余すところのない究明可能性、こういったことは必然的に、認識自体に固有であるものにこそ、認識の形式に固有であるものにこそ所属しているのだといえるであろう。これに対しそれ自体表象でもなければ客観でもなく、形式に収まってはじめて認識可能に、すなわち形式に収まってはじめて表象や客観になったところのもの（物自体、意志のこと）、これには右に述べた認識可能性、明瞭性、明晰性、余すところのない究明可能性などはおよそ所属してはいないであろう。一般に認識されること Erkenntwerden 自体に、一般に表象たること Vorstellungsein 自体に〔認識されてはじめて表象になったなにかある事物にではなく〕もっぱら依存していること、これは認識されるすべての事物になんら差別なく（平等に）帰属していて、まさにだからこそ、これは主観から出発しても客観から出発しても同様に発見できるのであるが——ひとえにこのようなものだけが、いささかの手控えもなく、申し分のない認識、なにひとつ余すところのない、究極の根拠に至るまで明晰な認識を与えることが可能になるのであろう。——

しかし今述べたようなものは、われわれにア・プリオリに意識されたいっさいの現象の形式、根拠の原理という名前で共通に言い表わされている形式にほかならないのであって、この根拠の原理の、直観的な認識〔われわれはいまもっぱらそれを問題にしているのであるが〕に関係してくる諸形態が、時間、空間、ならびに因果性ということになるのである。時間、空間、ならびに因果性にのみ基礎を置いているのが、純粋な数学の総体と、ア・プリオリな純粋な自然科学である。したがって数学や自然科学においてのみ、認識はいささかの曖昧さもとどめず、究明不可能なもの〔根拠なきもの、すなわち意志〕に突き当たることもなく、また、これ以上は演繹できないぎりぎりのものに出会うということもないのだ。カントもこのような見地から、前述のとおり（第十節、第十四節参照）、究明不可能なものに突き当たらない右の諸認識を、いな、もっぱらこの認識のみを、論理学とは別に科学と名づけようとしたのであった。しかしまた、他方からいえば、このような諸認識は表象と表象との単なる比例、ならびに関係、いっさいの内容を欠いた形式をわれわれに示してくれるだけであって、それ以上のものではない。もしそれらの認識が内容を獲得し、それらの形式を現象が満たしてしまえば、どの内容もまたどの現象も、はやくもそれだけで、その本質上もはや完全には認識しつくすことのできないなにかをすでに孕《はら》んでいるのである。もはや他のものを通じて徹底的には説明し切れないなにか、つまり根拠なきもの etwas Grundloses をすでに孕んでいるのである。そのことによってただちに、認識は明証性を失い、完全な透明さを手ばなすことになろう。しかし究明 Ergründung を拒否しているところのこれこそ、ほかでもない、物自体である。これは本質からみて、表象ではなく、認識の客観ではなく、むしろ表象や客観という形式に収まることでようやくにして認識可能となるものなのだ。このようなもの、つまり物自体にとって、形式はもともと無関係である。物自体が形式と完全に合致することはあり得ない。物自体はけっして単なる形式に還元されることはあり得ない。形式とは、根拠の原理 Satz vom Grund のことであるから、したがって物自体は完全に究明 ergründen されることはあり得ない（根拠の原理・根拠なきもの・究明・究明する、の語はすべて根拠 Grund から来ていることに注意されたい）。——

したがって数学がわれわれに、現象における量、位置、数、要するに空間的ならびに時間的な関係が何であるかについて、細大もらさぬ認識を与えてくれたとしても、また原因論がわれわれに、諸現象がそのあらゆる規定とともに時間と空間のなかに出現する合法則的な条件を余すところなく述べ立ててくれたとしても、この数学とか原因論においては、一定の各現象がなぜちょうどいまここに現われ、またなぜちょうどここにいま現われなければならないかを、そのつど教えてくれること以上はなにひとつ教えてはくれないのであるから、結局われわれは、数学や原因論の助けを借りていたのではもはや事物の内奥の本質を究めることなどは断じてできない。数学や原因論においてはどうしてもあえて説明することの許されない、というよりはむしろつねに説明の前提をなしているものが、いぜんとして残る。すなわち自然の諸力、事物の特定の作用の仕方、質、各現象の性格、つまり根拠なきものが、どうしても残るのである。この根拠なきものとは、現象の形式たる根拠の原理からは独立している。現象の形式自体は根拠なきものとは無関係でありながら、ひとたび現象の形式に収まればこれはその法則に従って出現する当のものなのである。だがその法則は、ほかでもない、わずかに出現することを規定しているだけで、出現するものをを規定してはいない。つまりこの法則は現象の「如何《いか》に」を規定してはいるが、現象の「何」であるかを規定してはいない。いいかえれば形式を規定しているにすぎず、内容を規定してはいないのだ。——

力学、物理学、化学は、不可入性、重力、剛性、流動性、凝集力、弾性、熱、光、親和力、磁気、電気、等々の諸力が作用する規則や法則を教えてくれる科学である。すなわちこれらの諸力が時間、空間のなかにそのつど出現することに関してこれらの諸力が守る法則や規則である。しかし諸力そのものは、人間がどう振舞おうと、そのさい「隠れた特性」qualitates occultae（第十五節後半参照）でありつづける。なぜならこれこそ物自体だからである。物自体は現象することによってもろもろの現象とはなるが、現象そのものとはまるきり別である。なるほど物自体は現象となっているときには、表象の形式としての根拠の原理に完全に支配されているが、物自体そのものは、表象の形式にけっして還元されることはない。したがって物自体は原因論的に、究極にまでさかのぼって説明されることも、いつか完全に究明しつくされるということもあり得ない。もとより物自体が、表象という形式をとっているかぎりでは、すなわちそれが現象であるかぎりでは、理解は完全に行きとどくといえるだろう。しかし物自体の本質からいえば、そのような理解の行きとどき方によってはいささかも説明されるものではない。——

したがって、認識が必然性を伴えば伴うほど、つまり認識のなかに認識以外では考えることも表象することもできないもの——例えば空間的な諸関係のように——がふえればふえるほど、それゆえに認識が明晰であり十分であればあるほど、それだけ認識は純客観的な内容をもつことが少なくなり、それだけ認識の中に本来の実在性は少ししか与えられないことになるのである。これとは反対に、認識のなかに純粋に偶然的なものとしてとらえられなければならないものが多くなればなるほど、単に経験的に与えられたものとしてわれわれに迫ってくるものが多ければ多いほど、それだけいっそう本来的に客観的なもの、真に実在的なものは認識のなかに多くなってくる。しかしまた同時に、それだけいっそう説明し難いものも多くなり、これ以上は他から演繹できないぎりぎりといったものも、いっそうふえてくるのである。

もちろんいつの時代にも、目的を見誤った原因論があって、これはいっさいの有機的な生命を化学的現象や電気に還元しようとしたり、またいっさいの化学的現象すなわち質を、機械的現象〔原子の形による作用〕に還元しようとしたり、さらにまた今度はこの機械的現象を、一部では運動学の対象に還元し時間と空間を運動の可能性として一つにしてみたり、他の一部ではこれを単なる幾何学、空間における位置に還元しようとしてきたのであった。〔距離の二乗に比例したある働きの減少や、梃子《てこ》の理論などを、純幾何学的に構成するのは正当なことだが、だいたいにおいてそういう風にして機械的現象を幾何学に還元してきた。」そしてしまいにこの幾何学は算術のなかに解消されてしまうのである。算術は次元が一つであるから、根拠の原理のなかではもっとも摑みやすい、もっとも概観しやすい、最後まで究明できる形態をなしている。――

以上一般的に特徴をあげてきた右の方法の例証としては次のようなものがある。デモクリトスの原子論、デカルトの渦動説、ルサージュの機械的物理論。ルサージュは前世紀の終りごろ化学的な親和力をも、重力をも、ともに機械的に、衝突と圧力とで説明しようとした。なお詳しいことは『ニュートン派ルクレティウス』を見ればわかる。またライルが動物的生命の原因として形態と混合とをあげているのもこれと同じ傾向である。最後に近頃、この十九世紀中葉になってふたたび蒸し返されてきた唯物論、無知ゆえに自分を独創的だと思いこんでいる粗野な唯物論もまた、以上の諸例とまったく同類である。これは愚かなことにまっ先に生命力を否定しておいて、生命の諸現象を物理的・化学的諸力から説明し、しかもこの物理的・化学的諸力をもう一度物質の機械的作用から、つまり空想上の原子の位置、形態、運動から発生させて、こうして自然界のあらゆる諸力を衝突と反動とに還元したいと考えるのであって、自然界のかような諸力こそ唯物論の「物自体」だというわけである。唯物論の考えに従えば、光さえこの目的のためにわざわざ要請された空想上のエーテルの機械的な振動、もしくは波動だということになるのであって、このエーテルは目に達すれば太鼓のように網膜の上をたたき、その連打数が毎秒四八三兆回であれば赤、七二七兆回であれば紫が生じる、等々ということになる。だとすれば、この太鼓の打つ回数を数えることのできない者が色盲ということになるようだ。どうもそういうことではなかろうか？——

このように不作法で機械論的な、デモクリトス風の粗野でしんじつ無骨な理論は、ゲーテの色彩論が世に出て五十年たった今日なお、ニュートンの主張する光の同質説などをあいかわらず信じてこれを公言するのを恥ずかしいとも思わぬ連中にこそまことお似合いだといえばいえるかもしれない。子供〔デモクリトス〕には大目に見てやれることも（同じ唯物論者でもデモクリトスは古代人だから子供にたとえたのだろう）、大人には許されないことを彼らは思い知るだろう。彼ら（現代の唯物論者）はいつかは面目丸つぶれでくたばることさえあるかもしれない。けれども、そうなっても、まるで自分は現場に居合わせなかったかのように振舞い、こそこそ逃げだすのが落ちだろう。根源的な自然力の相互をこのように誤って還元し合う問題について、われわれはいま一度言及するつもりだから、ここでは以上にとどめておきたい。根源的な自然力の相互の還元がかりにうまくいくと仮定しても、そうなればいうまでもなく、すべては説明され、究明しつくされて、それどころかしまいにはすべてが一個の計算問題に還元されてしまいかねない。この計算問題は、そのときに及べば、根拠の原理に手を引かれ、とうとうめでたくも案内された知恵の神殿の至上の聖所とあいなるであろう。しかし現象がもっていたすべての内容は消え失せ、単なる形式のみが残る仕儀とはなるであろう。何が現象するかという内容は、如何に現象するかという方法に還元されてしまい、この如何にこそア・プリオリにも認識できるものだから、これはまったく主観に依存し、主観に対してのみ存在し、それゆえ最後には単なる幻影、かくて最後に表象ならびに表象の形式以外のなにものでもなく、物自体が問われることは起こり得ないであろう。――

そういうわけで、かりに根源的な自然力の相互の還元がうまくいくと仮定したならば、その場合全世界はほんとうに主観から演繹されることになり、フィヒテが大法螺を吹いて実行を見せかけたがったあのことが、実際に実行されることになるわけであろう〔唯物論の客観主義とフィヒテの主観主義とが表裏一体であるというこの主題はすでに第七節で詳論されている〕。――

ところがしかし、実際にはそうはうまくいかないのだ。右のやり方でなし遂げられたことといえば、夢想、詭弁、空中楼閣であって、およそ科学ではないからだ。自然界における多種多様な現象をいくつかの根源的な諸力に還元することに首尾よく成功したか、また成功したそのたびに、真の進歩がみられた。すなわち、最初のうちはそれぞれ別個だと思われていた若干数の力や質は、そのうちの一つがもう一つから演繹される〔例えば磁気作用は電気から演繹される〕という風に交互にくりかえされていき、こうして力や質の数は減らされていった。いいかえれば、原因論は自然界のいっさいの根源的な諸力をそのものとして認識し、提出し、その作用の仕方、すなわちその規則――因果性を手引きとして諸力の現象が時間と空間のうちに出現し、交互にそれぞれの位置を規定し合う際に守られる規則——をいったん確定してしまったあかつきには、原因論は目的に行き着いたことになるであろう。しかしそれにもかかわらず根源諸力 Urkräfte はあいかわらず残るであろう。現象のなんらかの内容が、解消し難い残留物としてあいかわらず残るであろう。残ったこの内容は、現象の形式には還元できない。つまり根拠の原理に従ってなにか他のものから説明することはできない。——

なぜならば、自然界のいかなる事物のなかにも、根拠をあげることがどうしてもできないなにものか、どんな説明も不可能であるような、これ以上原因を探求しようにもしようのないなにものかがひそんでいるからである。これがすなわち、各事物の独特な働き方であり、まさしくその存在の仕方、その本質にほかならない。もちろん、事物の各個ごとの作用については、事物がまさしく今、ちょうどこの場で作用せざるを得なかった帰結についてなんらかの原因を立証することはできよう。しかし、事物がそもそも、そしてまさしくこのように作用するそのことについては、けっしていかなる原因も立証はできない。——

事物がかりに他のいかなる特性ももたず、日の光の中にみえる塵埃《じんあい》であるとしても、それは少なくとも重力と不可入性だけはそなえているから、それだけであの究明しつくせないなにものかを示しているのだ。が、このなにものかこそ、敢えて言うが、塵埃にとっては、ちょうど人間にとってその意志であるところのものに当たるのだ。これは、内的な本質からみて意志と同様に、いかなる説明にも従いはしない。いな、それ自体意志と同一だといっていい。おそらく（人間の）意志の発動に対しては、この時この場所における意志の個々の働きに対しては、なんらかの動機が立証できようし、この動機に基づいて、意志は人間の性格を前提としつつ必然的に発動するに違いない。しかし人間がかくかくの性格をもっていること、人間がそもそもなにかを欲していること、いくつかの動機のなかでほかならぬこの動機が、これ以外のいかなる動機でもなく、ただこの動機が人間の意志を動かすということ、いやそれどころか、ともあれなにか一つの動機が人間の意志を動かすということ、こういうことに関してはついぞいかなる根拠も示されたことはないのである。動機に発した人間の行為をどんなに説明しても、究明しつくせない前提となって残るのは性格であるが、人間にとってこの性格がもつ意味は、ちょうどあらゆる無機的物体にとってその本質的な質、働き方がもつ意味に当てはまる。無機的物体の質、ならびに働き方は、外部からの働きかけによって発動するよう誘い出されるのであるが、これに対しもとをなす質、ならびに働き方自体は、自分以外のいかなるものによっても規定されることなく、したがって説明もされない。すなわち、質ならびに働き方は、個々の現象になることを通じてはじめて目に見えるようになって、根拠の原理に支配されるにいたるのだが、それ自体に根拠はない。スコラ哲学者はこのことを概してきちんと認識していて、これを実体的形相[1] forma substantialis と名づけていた〔この点に関してはスアレス『形而上学論議』第十五論議、第一節参照〕（スアレスについては第二十三節冒頭参照）。

われわれがもっともよく理解していることはもっとも頻繁に起こる現象、もっとも一般的でかつ単純な現象であろうと考えられているとすれば、それはありふれた誤りであると同時に大きな誤りである。むしろこのような現象はわれわれがもっとも見慣れてしまって、それについて無知であることにさえ慣れてしまった現象だといえるからである。石が大地に落ちるのは動物が運動するのと同じくらいわれわれには説明のできないことなのである。——

ところで従来間違って考えられてきたのは、前述のとおり、もっとも一般的な自然力〔例えば重力、凝集力、不可入性〕などを起点にして、これを基にしてこれよりも特殊でより複合的な状況下でのみ作用する自然力〔例えば化学的な性質、電気、磁気作用など〕を説明することであった。そして最後に、いま一度これら自然力から有機体や動物の生命を理解し、それどころか人間の認識作用や意志作用をまで理解できるだろうと間違って考えられてきたのだった。その際ひとびとは暗黙のうちに、純然たる「隠れた特性」qualitates occultae を拠り所とすることに服していたわけであるが、この「隠れた特性」の上に家を建てることを企てはしたが、その下をさらに掘り起こすつもりはなかったのだから、「隠れた特性」をさらに解明することは完全に断念されていた。前にも言ったとおり、これを解明するというようなことはうまくいくはずがない。しかし解明を度外視して、これをかりにやってみても、つねに空中楼閣に終わるだろう。どんなに説明しても、とどのつまりその説明が最初あった問題と同じ未知のものに行き着くのが落ちだとしたら、そんな説明は何の役に立とうか。が、結局のところ、一般的に自然力の内的本質については、動物の内的本質についてより以上に理解されているのだろうか。両方とも探究され得ないものではないのか。これは根拠をもたない grundlos がゆえに根拠を究明 ergründen しようがないのである。これは現象の内容であり、現象の「何」であって、現象の形式、現象の「如何《いか》に」、つまり根拠の原理 Satz vom Grund には還元しようのないものであるから、根拠を究明 ergründen しようもないのである。——

われわれはここでは原因論ではなく哲学をめざしている、つまり世界の本質に関する相対的な認識ではなしに絶対的な認識をめざしている者である以上、右のやり方とは正反対の道をたどることにしよう。われわれに直接的に知られ、かつわれわれにもっとも完全に知られ、またくまなく馴れ親しんでいるもの、われわれのもっとも身近にあるものを起点として、われわれにとって遠い、偏った、間接的にしか知られていないものを理解することにしよう。もっとも力強い、もっとも重要な、そしてもっとも明白な現象を起点として、これよりもはるかに不完全な、はるかに微弱な現象を理解することをわれわれは学びたいと思う。——

わたし自身の身体は別として、それ以外のあらゆる事物についてはわたしにはただ一つの側面、表象という側面しか知られていない。表象の諸変化を引き起こす原因をたとえわたしがことごとく知ったとしても、表象の内奥にある本質は、わたしには閉ざされたままであり、深い秘密のままでである。ある動機がわたしを動かしわたしの身体が活動《アクション》をおこなうときにわたしの内部に生起すること、これはまた外的な根拠によって規定されたわたし自身の変化の内奥の本質であるが、こうしたことと比較してみてはじめて、生命をもたない諸物体が原因に基づいてどのように変化するか、その変化の方法と仕方をも洞察することができるのである。また、生命をもたない諸物体の内奥の本質が何であるかをも、理解することができるのである。(かりに原因を知っていても)原因についての知識などはこの内奥の本質の現象が時間と空間の中に出現する際の単なる規則を教えるだけであって、それ以上のものではない。自分の身体と生命をもたない諸物体との間の右のような比較をわたしがなし得るのは、自分の身体だけは(特別の客観であって)、わたしがその一つの側面、表象という側面を知っているだけではなく、意志とよばれる第二の側面をも知っている唯一の客観だからである。だからといって、わたし自身の有機的組織、次いでわたしの認識作用と意志作用、動機に基づくわたしの運動などを、ひたすら電気や化学的ならびに機械的仕組みによる諸原因に発した運動に還元することができさえすれば、これら前者をもいっそうよく理解するようになるだろう、などという風に信じてはいけない。わたしが探求しているのは哲学であって原因論ではないのだから、そのかぎりでは右の行き方とは反対に、原因に基づいて生じるさまが見てとれる無機的物体のもっとも単純にして平凡な運動でさえも、動機に基づくわたし自身の運動、この究明し難い根源諸力を拠り所として、まず第一に、その内的な本質のうえから理解することを学ばなければならないであろう。この究明し難い根源諸力は、自然界のあらゆる物体のなかにも発動しているのであるが、それはわたしの内部において意志であるところのものと種類のうえから同一であり、ただ程度のうえからこれと異なるにすぎないのだと認識しなければならないであろう。このことは次のような事実を意味する。拙論『根拠の原理について』に掲げられた表象の第四部門〔動機に関する表象〕は、わたしからみれば、表象の第一部門〔存在に関する表象〕の内奥の本質を認識する鍵とならなければならないということであって、わたしは動機づけの法則から因果の法則を、その内的な意義に応じて理解することを学ばなければならないわけなのだ。

スピノザは、石がある衝撃によって空中を飛ぶとき、石に意識があれば、自分自身の意志で飛んでいるのだと考えるだろう、と言っている〔書簡六十二〕。わたしはこれにさらにつけ加えて、石の考えていることは正しい、とだけ言っておく。石にとっての衝撃はわたしにとっての動機にあたる。石において、仮定された状況のなかで、凝集力、重力、持続性として現象するものは、内的な本質の点からいえば、わたしがわたしのうちに意志として認識するものと同じである。石にも〔意識のほかに〕さらに認識がつけ加わっているならば、石もやはりこれを意志として認識するであろう。スピノザは、同じ個所で、石が飛ぶときの必然性に着眼し、これを一人格の個々の意志の働きがもつ必然性に移して考えようとしたわけだが、これはしごく当然である。わたしはこれに反し、その前提としてあらゆる実在の必然性〔すなわち結果は必ず原因に発していることと」にはじめて意義と妥当性とを与えるところの内奥の本質に着眼しよう。この本質は人間においては性格、石においては質とよばれるものだが、両者においてこれは同一である。直接的に認識される場では、これは意志とよばれているからである。またこの本質は石においては最低度の、人間においては最高度の可視性（目に見えるものとなること）と客体性とを有している。――

すべての事物の努力欲求のなかには人間の意志作用と同一のものがあることは、聖アウグスティヌスでさえ、正当な感じ方をもって認めている。そこでわたしはこの件に関する次のような彼の素朴な表現をここに記さずにはいられない。――

「もしわれわれが獣であるとしたら、われわれは肉の生活ならびにその感覚にかなうものを愛することだろう。そしてこれを善とし満足するだろう。したがってこの点でわれわれが幸福であれば、他のなにものもそれ以上求めはしないだろう。同じようにもしわれわれが樹木であるとしたら、もちろんなにひとつ感覚することもできないし、運動によって自分から欲求してなにかを獲得することもできないだろう。しかし、われわれが実りをより多く結び、いっそう豊かに繁茂しようと一種欲求しているようにわれわれは示すことになろう。もしわれわれが石か流れか風か炎、あるいはその種のなにかで、意識も生命もないのだとしても、それでもやはり、自分にふさわしい位置や順序を求めようとする一種の欲求がわれわれに欠けることはないだろう。なぜなら重さをもつものの運動を表現すれば、これはいわば物体の愛のようなものだからである。物体は重さのために下の方に向かおうと欲求するにせよ、軽さのために上の方に向かおうと欲求するにせよ。なぜなら物体は重さ gravitate によって、さながら魂が愛によってどこへでも運ばれていくように、運ばれていくからである」〔『神国論』一一・二八〕

なおここで注目するにふさわしいことは、すでにオイラー〔一七〇七—八三年。レーオンハルト。解析学に体系を与えた当時最大の数学者だが、物理学の分野では弾性振動、潮汐、月の運動、水力学の研究を行ない、また光の波動説を発展させてエーテル仮説を提出した。第九節参照〕が、重力 Gravitation の本質は結局は物体に特有の「愛好と欲情」〔すなわち意志〕に還元されなければならないだろう〔王女あて書簡六十八〕、と見抜いていたことである。ほかでもないこのことがニュートンにみられる引力 Gravitation の概念を彼がひどく嫌うにいたった理由でさえある。オイラーは昔のデカルトの理論、すなわち重力をエーテルと物体との衝突から演繹する理論に従って、ニュートンの引力概念の一種の訂正変更を試みようと心を傾けたのであった。こうする方が「いっそう道理にかなっており、明白で理解しやすい原理を好むひとびとにとっては」いっそう適切であろうと考えたからである。引力というようなものを、オイラーは「隠れた特性」として物理学から追放してしまいたかったのである。——

これはまさしくオイラーの時代の死んだ自然観にふさわしいことかもしれない。オイラーの時代には非質料的な霊魂に対応するものとしてこのような自然観が支配的であった。しかしながら、わたしが掲げてきた根本真理の見地からすれば、このことは注目に値することなのである。すなわちこの敏感な頭脳オイラーは、当時はやくも、わたしの根本真理が遠くから微光を放っているさまを望み見て、時機をはずさず、大急ぎで逆もどりして、自分の時代のすべての根本的な見解はわたしのこの真理によって危険にさらされていると見てとって、不安にかられ、すでに片がついていたはずの古来からの不条理にしがみついたとさえいえるからである。

（1）実体的形相 forma substantialis については第二十七節訳注（3）参照。

第二十五節

われわれは数多性 Vielheit が一般に時間と空間によって制約され、時間と空間の中でのみ考えられるものであることを知っている。この見地から時間と空間をわれわれは「個体化の原理」principium individuationis と名づけている（第二十三節冒頭参照）。ところが時間と空間をわれわれはそれより先に根拠の原理の形態化と認めておいた。われわれのあらゆるア・プリオリな認識は根拠の原理のうちに表現されている。とはいえわれわれのア・プリオリな認識は、前に説明しておいたとおり、まさにア・プリオリな認識である以上、事物の認識可能性にのみ属していて、事物そのものには属していない。それはわれわれの認識形式にすぎず、かの物自体の特性ではない。物自体は、それが物自体である以上は、認識のあらゆる形式からは解放されている。もっとも普遍的な認識の形式、主観に対して客観であるという形式からさえも解放されている。すなわち物自体は、表象とは徹底的に異なったなにものかなのである。さて、この物自体は、わたしはこれまでに十分に立証し解明してきたと思うが、意志であるとするならば、この意志は、現象から切り離してそのものとして考察すれば、時間と空間の外にあり、それゆえいかなる数多性をも知らず、一つである。が、これも前に述べたことだが（第二十三節冒頭部分参照）、意志は一つであるといっても、個体が一つであったり、一という概念があったりするということで一つなのではない。そうではなく、数多性を可能にする条件である「個体化の原理」とは無関係ななにものかが一つであるという意味なのである。そういうわけだから、時間と空間のなかの事物の数多性は、ひとまとめにして意志の客体性といえるが、意志に接触することはない。意志は、事物が数多くあるにもかかわらず、いぜんとして分割不可能なのである。石には意志の比較的小さな部分が入っていて、人間には意志の比較的大きな部分が入っているなどということではない。このような部分と全体の関係はもっぱら空間にだけ属し、人が空間という直観形式を離れてしまえばもはや意味をなさないものだからである。のみならず、多いとか少ないとかいったことも、現象にだけ、すなわち可視性、客観化にだけ関わってくることである。客観化の程度ということであれば、石よりも植物の方が高いし、植物よりも動物の方が高いとはいえる。実際、意志が眼に見えるかたちになって出現する事実には、すなわち意志の客観化には、じつに限りない段階があって、それはさながら、もっとも弱々しい薄明からもっとも明るい太陽の光線にいたるまで、もっとも強烈な音響からもっともかすかな余韻にいたるまでさまざまな段階があるのと同じことである（以上は第二巻に入ってからこれまでの復習であり、反覆である）。――

意志が眼に見えるかたちになるその程度は、意志を客観化すること、意志の本質を模写することに属しているのであるが、われわれは以下この問題にさらに立ち還ることにしよう。ところで、意志の客観化のいろいろな段階が意志そのものに直接に接触することはないのだが、しかしそれにもまして、このいろいろな段階上の現象の数多性、すなわちあらゆる形をとった多数の個体、あらゆる力の個別化した多数の発動はなおさら意志に接触することはない。数多性は直接に時間と空間に制約されていて、意志そのものは時間と空間のうちには収まらないものだからである。意志は、幾百万本の柏の木にも一本の柏の木にも同じていどに完全におのれを顕現するのである。柏の木の数、空間と時間における柏の木の多様化は、意志の見地からすればまったく意義をもたない。ただ空間と時間の中で認識しそのなかで自ら多様化され分散化された個体の数多性、ただこの見地からのみわずかに意義をそなえているというにすぎない。が、この個体の数多性そのものはまたしてもわずかに意志の現象に関係しているだけであって、意志には関係していない。――

したがってまた、あり得ないことではあるが、かりにたった一つの存在が、それがいかに微々たるものであっても、完全に根絶されたとしたなら、そのたった一つの存在とともに全世界も滅亡するに違いなかろう、と主張することもできるかもしれない。偉大な神秘家アンゲルス・ジレージウス（一六二四―七七年。タウラー、ベーメらのドイツ神秘思想の流れを引く宗教詩人）はこのことを感じて次のように言っている。

わたしは知っている、わたしなくしては神は一瞬たりとも生き得ないことを。
わたしが滅びるとき、神はやむなく息を引きとらなければならないことを。

今までにも宇宙の測り知れない巨大さを万人の理解力に近づけようということがじつにいろいろな仕方で試みられてきた。またそれがきっかけになって、宇宙の巨大さにくらべいかに地球が小さいかとか、まして人間がなおさらいかに小さいかなどといった考察や、またこれとは反対に、これほど小さな人間の精神が宇宙の巨大さを推量したり、把握したり、いな測定したりさえできるとはなんと偉大なことだろう、等々の啓蒙的な考察もおこなわれてきたものだった。それはそれで結構なことだ！　しかしながら、宇宙の測り難さをそもそも考察するに当たって、わたしに最重要と思われるのはおよそ次のようなことなのである。宇宙をさえも自分の現象にしているところの本質自体は——これはたとえ何であろうと——この本質自体としては、自分の真の自己を、（宇宙という）限界をもたない空間内にそのままの形で延べ広げたり寸断して散らしたりすることはできず、（宇宙という）この無限の延長はまったく本質の現象にのみ属していて、これに反し本質自体は自然界のいかなる事物のなかにも、いかなる生物のなかにもそっくり全体のままに分割されずに現存しているということである。だからこそまた、なにか個別的な一つの研究に専念していても、なにも失うところはないのであって、また逆に、限界をもたない宇宙を測定したり、あるいはもっと目的に適うことかもしれないが、無限の空間を自分であまねく飛び回ってみたにしても、そんなことで真の叡知が得られるものではないのである。それどころか、真の叡知は、なにか個別的な一つをとことん究め、その真の本質を完全に認識し理解することを学ぼうと努めることによって、かえって得られるものなのである。

以上に従い、ここでプラトンの信奉者であれば誰しも胸中に鬱勃《うつぼつ》と湧き起こってくるであろう問題を次に述べることにするが、この問題は本書第三巻（主として第三十節から第三十五節）において詳しい考察の対象にすることも予定されている。すなわち意志の客観化のあのさまざまな段階は無数の個体というかたちで表現されるが、これら諸段階はそれぞれ個体の到達したことのない模範、もしくは事物の永遠の形相として存在するのであって、これら意志の客観化の諸段階そのものは、時間と空間という個体の媒体のなかに入っていくことはなく、確乎として存立し、いかなる変転にも屈服することはなく、つねに存在するが、生成したことはけっしてないものなのだ。これに反し個体の方は発生消滅をくりかえし、つねに生成しているが、けっして存在することはない。わたしはあえて言うが、これら意志の客観化の諸段階は、プラトンの言うイデアにほかならないのである。――

わたしがここでさしあたりこの点に触れておくのは、これから先イデアという言葉をこの意味で用いたいと思うからである。したがってわたしの場合この言葉は、プラトンがそれに与えた本来の純粋な意味においていつも理解してもらわなければならない。また、（わたしの文中にイデアという語を見た）その際に、スコラ哲学でいう教条主義的な理性がつくるあの抽象の産物などを絶対に想定してもらっては困る。カントは理性のつくるこの抽象の産物を言い表わすために、すでにプラトンが所有権を手に入れ、このうえなく有効に用いていた（イデアという）この言葉を、不法かつ不適切に濫用したのであった。――

つまりわたしがイデアというときには、意志の客観化の段階、一定の固定したそれぞれの段階のことを考えている。これは意志が物自体であり、ために数多性とは無関係であるかぎりにおいてである。これらの段階（イデアのこと）が個々の事物に対する関係は、いうまでもなく、永遠の形相もしくは模範が個々の事物に対する関係のようなものである。あの有名なプラトンの教義《ドグマ》の簡にして要を得た表現を、ディオゲネス・ラエルティウス（資料的に重要な十巻の列伝体式哲学史を著した三世紀のギリシア哲学史家）はわれわれに次のように与えてくれる。――

「プラトンは次のように教えている。イデアは自然のなかにいわば模範として存在し、それ以外の事物はイデアにただ似ているだけか、イデアの模像として存在しているにすぎない、と」

〔三・十二〕―イデアという語のカントの濫用の件については、これ以上は記さない。この点で必要なことは付録（本書の付録『カント哲学批判』）に収めてある。

第二十六節

意志の客観化のもっとも低い段階として現われるのは自然のもっとも一般的な諸力である。自然のこの諸力は、一部は重力や不可入性のようにいかなる物質のうちにも例外なく現象している。また一部は、剛性、流動性、弾性、電気、磁気、各種の化学的特性や性質のように、ともかく存在する物質のなかへ相互に分割されて入っているので、まさにそのために、ある種の力はこの物質を、別の種の力はあの物質を支配する、というぐあいに種別的に異なった物質を支配している。この自然の諸力は、それ自体意志の直接的な現象であるという点で人間の行為と同様であり、また、このような力である以上、人間の性格と同様に根拠なきものである。ただ、この諸力のひとつひとつの現象だけが、人間の行動と同じように根拠の原理に支配されているのであるが、これにひきかえ諸力自体は、結果とも原因とも名づけることのできないものなのであって、むしろ諸力自体は、あらゆる原因と結果の先行条件であり、前提条件であり、これら条件をくぐり抜けて諸力自体の本質は展開され、顕在化されるのである。——

それゆえ重力や電気の原因を問うのは道理に合わないことである。重力や電気は根源的な諸力である。なるほどその発動は原因と結果に基づいておこなわれるため、重力や電気の個々の各現象には、それぞれ原因があり、また原因自体にしても、ふたたびこのような個々の現象にほかならないのであるから、かくかくの力はここで発動し時間と空間のうちに出現せざるを得なかったという規定を与えはするのである。しかしながら、力それ自体は、原因あっての結果でもなければ、結果をともなう原因でも断じてないのである。——

「重力は石が落ちる原因である」という風に言うのが間違いであるのもそのためである。むしろ、地球が石を引き寄せるのであるから、この場合は地球の近いことが原因である。地球を取り去ってしまったら、重力が残っていたとしても、石は落下すまい。——

原因と結果の連鎖は時間を前提とし（原因から結果が生じるまでにはなんらかの時間がかかる）、時間と関係することでのみ意義をかち得るのであるが、力自体は、原因と結果の連鎖の完全に外にある。力自体は、やはり時間の外にもあるからである。個別的な変化は同じような個別的な変化を原因としてもつことをくりかえし、この個別的な変化は力の発動であるのだが、そもそも力を原因としてもつことはない。なぜなら、ある原因が数え切れないほど何回となく出現しようとも、原因に効力を授ける当のものこそこの自然の力なのであって、これは自然の力である以上、根拠を欠いているからである。

これは原因の連鎖の完全に外にある。そもそも根拠の原理の領域外にある。これは哲学的にいえば、全自然の即自態 das An-sich である意志の、直接の客体性であると認識される。これは原因論においては、右の場合でいえば物理学であるが、根源的な力、つまり「隠れた特性」として指摘されるものにあたる。

意志の客体性の高い段階になると、個性がかなりきわ立って現われるさまが見てとれる。ことに人間の場合に、個性は、個々人の性格のいちじるしい違いとして、すなわち完全な人格として立ち現われるのである。全体の身体つき（体形）をも含む、特徴をくっきり浮き彫りにした個々人の容貌によって、個性はすでに外面的にも表現されている。このような個性を人間ほどの程度にもつ動物というのはなかなかない。わずかに高等動物だけが、個性らしいものをいくらか身につけているが、これとても種族としての性格が立ち勝っているので、個性の容貌まではわずかにしか認められない。下等動物になればなるほど、個性的な性格の痕跡《こんせき》はそれだけますます種の一般的な性格のなかへ失われていき、そのあとには種としての容貌しか残らないようになる。——種族ごとの心理的な性格は知られていることなので、これを基にして、個体から期待すべきものが何であるかも精確に知られている。ところが人間という種の場合にかぎって、各個体は、それぞれ別個に研究され、別個に究明されることを欲している。しかし各人間を別個に研究、究明するということは、理性とともにはじめて（人間の世界に）擬装の可能性（第十二節終結部参照）が現われたために、あらかじめ人間の挙動をあるていど確実に規定しようとすると、このうえなく困難なことになる。おそらく人間という種族と他のあらゆる種族との相違は、脳髄の襞《ひだ》や屈折が、鳥類にはまだまったく欠けていて、齧歯《げっし》類の動物にはほんの微弱にみとめられるが、高等動物においてさえも、人間の場合よりも脳髄の両側においてはるかに均斉がとれていて、高等動物のどの個体でも人間よりも一定し、同一であるというようなことに関係していると思われる。[1] さらに人間を動物から区別する本来の個性的な性格の一現象とみなされなければならないのは、性欲が満足を得ようとするとき、動物の場合には相手をとくべつ選り好みしないが、人間の場合にはこの選り好みが強く、しかもどんな反省にも左右されない本能的な仕方でこの選り好みは途方もない情熱にまで高まるということである。――

さて、各人間はこのように、特別に規定され性格づけられた意志の現象、いわばひとりひとりが独自のイデアであるとさえみなされているのに、動物にあってはこの個性的な性格は概して欠けている。動物の場合、かろうじて種だけが独自の意義をそなえているが、人間から縁遠い動物になればなるほど、個性的な性格の痕跡はますます消え失せるのである。そしてしまいに植物になると、土壌や気候の良し悪しといった外的な影響とその他の偶然の事情によって完全に説明のつくことと以外は、個体としての独自性をまったくそなえていないものとなる。(動植物の世界は以上のとおりであるが)これに反し最後に無機物の領域になると、すべての個性はまるきり消えてなくなってしまうのである。――

ただし結晶だけはまだいくらかは個性と認めなければならないものをとどめているようだ。結晶とは、特定の方向に向かおうとする努力の統一体であって、硬直したため努力の痕跡を持続的にしている。結晶はまた同時に、一つのイデアによって統一体へと結合された核形態の凝集体だといっていい。その有様はちょうど、樹木というものが個々の発芽する繊維質の凝集体であることとまったく同じであって、繊維質がどの葉脈にも、どの葉にも、どの枝にも現われて重複していながら、これら葉脈、葉、枝のひとつひとつがいわば独自の植物であり、それが全体として大きな植物に寄生して養われているわけである。だから樹木は結晶とよく似ていて、もろもろの小さな植物を一つにあつめた組織的凝集体である。もとより樹木は一本の木という全体としてはじめて分割不可能なあるイデアを完全に表現し、すなわち意志の客観化の定められた段階の完全な表現となるのではあるが。(このように結晶は樹木に似ているとはいえ)同じ種類の結晶の各個体は、外的な偶然の事情がもたらす相違以外にはいかなる相違をももつことはあり得ない。つまりどの種類の結晶も任意に大きな結晶にしたりあるいは小さな結晶にしたりすることさえできるのである。――

しかし無機的自然界においては(この結晶以外には)もはや、個性的な性格という痕跡をとどめた個体そのものは絶対に見出されない。無機的自然界のすべての現象は、一般的な自然の諸力の発動であり、意志の客観化のこのような段階での発動である。この段階は〔有機的自然界にみられるように〕イデアの全体を部分部分で表現している個性の相違の仲立ちを介して客観化されるということは絶対に起こらない。そうではなく、意志の客観化のこの段階（無機的自然界の各イデア）は、ただ種のかたちでのみ現われ、個々のあらゆる現象においても全的にいささかの差別もなくこの種を表わすだけである。時間、空間、数多性ならびに原因による制約づけは、意志にもイデア〔意志の客観化の段階〕にも属することなく、意志やイデアの個々の現象にのみ属するのであるから、たとえば重力とか電気といった自然力がいかに幾百万の現象になって外へ現われようと、その自然力は、そのものとしては寸分違わず同じ仕方で現われるといってよいのであって、ただ外的な事情によって現象に変更が加えられるにすぎないのである。あらゆる現象を通じて変わらない本質のこの統一性、あらゆる現象が出現する際のこの不変の一定性、これは因果性を手引きとして、出現すべき諸条件が具備されるやいなや、自然法則とよばれるものとなるのである。この自然法則が経験を通じてひとたび知られれば、自然力の性格はこの法則の中で言いつくされ、この中へ収められているのであるから、自然力の現象はあらかじめ厳密に規定され、計量されうるものとなるのである。――

自然力のような意志の客観化の下位の段階の諸現象は、動物や人間やその行為のような意志の客観化のより上位の、より明白な段階上の諸現象とは、まるで違った外観を与えられているが、このような違いを与えている当のものは、ほかでもない、これら下位の諸現象が以上見てきたようにきわめて合法則的だということにある。上位の、より明白な段階上の諸現象においては、強弱の差こそあれ、とにかく個性的性格が現われ、動機によって動かされている。（だから合法則的ではない。）動機は、認識しだいだから、傍観者には隠されたままであることがしばしばある。右に述べた上位下位の二種類の現象にしても、内的本質が同一であることは、これまで完全に誤認されてきたのであった。

自然法則に寸毫《すんごう》の誤りもないことは、イデアの認識からではなしに個別的なものの認識から出発してこれを知るならば、人を驚愕させるに足ることであり、いな、ときとして不気味な思いをすら与えることであろう。自然がその法則をただの一度も忘れないという事実を不可思議に思う人さえいるかもしれない。例えば、ある物質が一定の条件のもとに集まれば、かならず一種の化合物が生じ、ガスが発生し、燃焼がおこなわれる。また、条件が一致さえすれば、われわれの準備によるのであれ、まったく偶然によるのであれ〔偶然の場合には予期しなかったことであるからその精確さはいっそう驚くべきことといってよいが〕、今日も一千年前もいささかも変わることなく、ただちに、遅滞なく一定の現象が出現するのである。この不可思議さをわれわれがもっともあざやかに感じるのは、非常に混み入った事情の下でしか起こらない珍しい現象の場合であり、そのなかでもとりわけ、われわれにあらかじめ結果が予告されているような現象の場合である。例えば、二つのある種の金属を相互に、酸液と交代させながら接触させると、二種の金属の連結の両端の間に置かれた銀箔片《ぎんぱくへん》はかならず突如として青い焔を出して燃えあがる。あるいはまた、ある種の条件下に置かれると、硬いダイヤモンドでさえも炭酸に変化してしまう。こうした例がわれわれを驚かせるのは、あの自然の諸力が精霊のように至るところに遍在しているためである。日常の現象において、もはやわれわれには思いもつかないことに、われわれはここで気がつく。すなわち原因と結果との間のつながりは、呪文とそれによって呼び出されると必ず出現する精霊との間に空想的に想定されたつながりのように、本来いかに神秘的であるかということである。——

これにひきかえ（個別的なものの認識からではなくイデアの認識から出発する）われわれは、自然力とは意志の、すなわちわれわれがわれわれ自身の内的本質として認識しているものの、客観化の一定の段階にほかならないのだという認識に立ち入ってきたのであった。すなわちこの意志は、現象と現象の形式から切り離して、意志自体としてみれば、時間と空間の外にある。したがって、時間と空間によって制約された数多性は、意志に帰せられもしなければ、意志の客観化の段階、すなわちイデアにも直接的には帰せられるべきではなくて、それの現象にこそはじめて帰せられるべきである。しかし因果の法則は時間と空間との関係においてのみ意義を有するのであって、すなわち因果の法則は、意志がそのなかに自分を表明するさまざまなイデアの多様化された現象に対し、時間と空間の中での自分の位置を定め、現象が生ずるに際して従わなければならない秩序を規制するのである。――くりかえしていうと、以上の認識によって、空間、時間、因果性は、物自体にではなく現象にのみ帰せられるべきであり、われわれの認識の形式にすぎず、物自体の性質ではないという、カントの偉大な教えの内なる意味がわれわれに明瞭にわかってくるならば、そのあかつきには、われわれはあの前に述べた驚き、自然力の働きが合法則的で精確であること、その何百万もの現象がすべて完全に等しいこと、その現象の出現におよそ誤りがないことに関するあの驚きは、まことに、子供かあるいは野蛮人がはじめて多面に刻んだガラスを通して花などを見て、自分の見ている無数の花がまったく等しいのを不思議に思い、花のひとつひとつの花弁を数えている、そのときの驚きにも比すべきものであることを見抜くであろう。

一般的な根源的自然力はすなわち、その内的本質という点からみれば、下位の段階における意志の客観化ということにつきているのである。われわれはこのような段階のひとつひとつを、プラトンの言う意味でのイデアと名づけている。しかし自然法則は、イデアがその現象の形式に対してもつところの関係である。現象の形式とは、時間、空間、ならびに因果性であるが、これら三者は相互に必然的な、切っても切れないつながりをもち、関係をもっている。イデアが多様化されて無数の現象のかたちになるのは、時間と空間を通じてである。しかし現象がこのように多様化の形式のなかに出現するときに従う秩序を、厳密に規定しているのは因果の法則である。因果の法則は、いわばさまざまなイデアが右のように現象するときの限界点の規範である。この規範にしたがって、空間、時間、物質が現象に割り当てられている。規範は、これらさまざまな現象すべてに共通した基礎であるところの、現存物質の総体的な同一性ということに必然的に関係している。もしすべての現象が、いずれにも共通している物質に頼り、その同一物質をたがいに分け合って所有しているのでないならば、現象の要求を規定するための、このような法則（因果の法則のこと）はおよそ必要のないことになろう。（物質の同一性という前提のもとではじめて）現象はすべて同じ瞬間に相並んで、無限の時間にわたって、無限の空間を充たすことが可能になるのである。つまり永遠のイデアのすべての現象が同一の物質に頼っていればこそ、現象の登場・退場の規則が成り立たざるを得ないのである。さもなければ、一つの現象が他の現象の代りをなすこともないであろう。――

このように因果の法則は、本質的に、実体の不変の法則と結びついている。両法則はたがいに意義を交換し合っているにすぎない。時間と空間にしても、二つの法則に対しては、ふたたび同じ関係にある。なぜなら同一物質における相対立した諸規定ということをひとえに可能にしているのは時間（つまり時間の差）だからである。また相対立した諸規定のもとでも同一物質は不変であることをひとえに可能にしているのは空間（つまり場所の違い）だからである。だからわたしは前の巻で（第四節参照）、物質を時間と空間の結合であると説明しておいた。時間と空間のこの結合は実体が不変である場合には偶有性の変化として示される。こうしたことの一般的な可能性が因果性もしくは生成にほかならない。わたしが物質とは徹頭徹尾、因果性である（第四節参照）、とかつて述べておいたのもそのためである。わたしはそれを述べたときに、悟性とは主観の側において因果性と対応するものであると説明したし、物質は〔したがって表象としての全世界は〕ただ悟性と対応するもので、悟性は物質の条件であり、悟性は物質と必然的に対応するものとしての、物質の担い手であるとも述べておいた。以上はすべて、第一巻（主として第四節後半、第六節）で詳論ずみのことをついでに思い出してもらうために述べておくまでである。本書の第一巻・第二巻を完全に理解するには、これら両巻が内面的に一致するものであることに注意してもらう必要があろう。現実の世界では切っても切れない関係で結合している世界の二つの側面、これを意志と表象として、第一巻・第二巻というかたちで無理に切り離したのは、別々に扱うことでそれぞれをいっそう明瞭に認識したいと考えたためであった。

因果の法則は時間と空間と、さらに両者の結合において成り立つ物質と関係することでのみ意義をかち得ている。因果の法則は、自然の諸力のいろいろな現象が、時間や空間や物質をたがいに分け合って所有するときに規準となる限界を定めるのである。一方、自然の根源的諸力そのものは、意志の直接の客観化である。意志は物自体であって、根拠の原理には支配されないから、根源的諸力そのものは時間、空間、ならびに物質といった諸形式の外にある。ただこの諸形式の内側においてしか、原因論的説明は妥当性と意義とをもっていないから、まさにそのために、原因論的説明が自然の内的本質に到達することはあり得ないわけである。以上をこれから一つの実例によっていっそう明瞭にしようと思うが、そうしたからといってあながち蛇足にはなるまい。——

一例として、力学の法則どおりに建造された一つの機械をこの目的のために考えてみよう。鉄の分銅がその重力によって（この機械の）運動を開始させるとする。銅の車輪がその剛性によって抵抗し、またその不可入性のおかげでたがいに突き当たったり、持ち上げたりして、銅の車輪はまた梃子に突き当たり、また持ち上げたり、等々をおこなうとする。この場合、重力、剛性、不可入性は説明のつかない根源的な諸力である。ただ、根源的な諸力が発動し、外に出現し、特定の物質・時間・場所を支配するときの条件ならびにその仕方や方法だけを、力学は教えてくれるのである。—

今かりに強い磁石が分銅の鉄に作用して、重力に打ち勝つということが起こり得るとする。そうなると機械の運動は止まり、物質はたちまちにしてまったく別の自然力つまり磁気の舞台となる。磁気という自然力についても、原因論的説明は、同じように自然力の出現するときの諸条件を教えてくれるだけであって、それ以上のことはなし得ない。—

あるいはまた、今度は、この機械の銅の円盤を亜鉛板の上に置いて、そのあいだに酸性の液を流しこむとする(ヴォルタ電池のこと)。するとたちまちにして、機械のなかの同一物質は別の根源的な力、ガルヴァーニ電流(十八世紀イタリアの生理学者ガルヴァーニが解剖された蛙の脚の痙攣から電流を発見した事実に基づき、一八〇〇年ヴォルタが電堆および電池を作り化学作用による定常電流を得ることに成功したので、ひろく化学変化による電流を当時こうよんだ)にとらえられてしまうだろう。そしてガルヴァーニ電流は自分の法則どおりに物質を支配し、物質に即して生じる電気現象によって、あらわに表面化するであろう。原因論はこの電気現象についても、それが現われる場合の状況や法則を示すだけで、その他のことはなにもできない。——

ガルヴァーニ電流のいろいろ

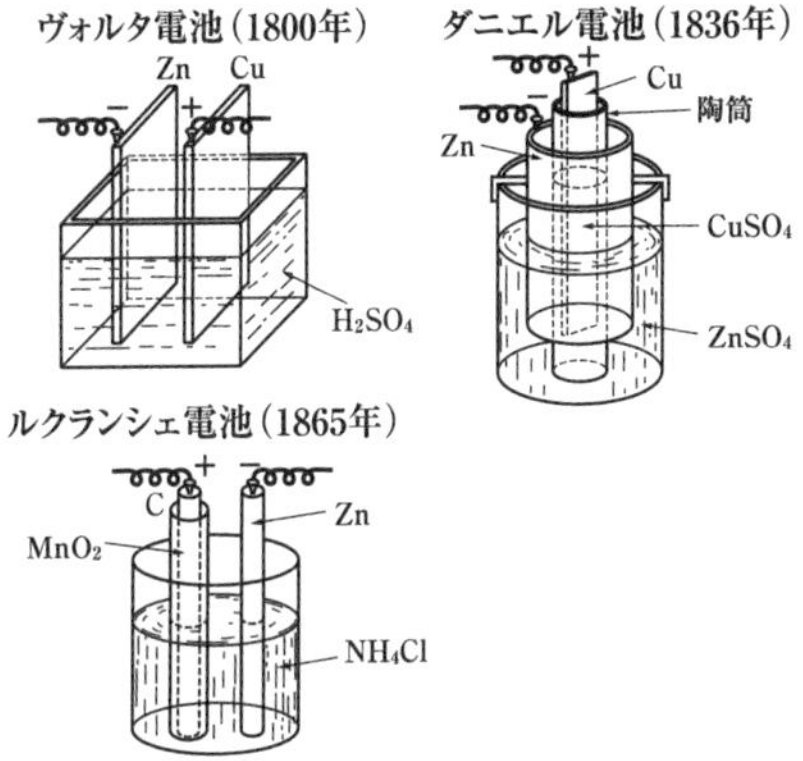

次いでわれわれは温度を上げ、純粋な酸素をこれに加えてみよう。たちまち機械全体が燃えあがるであろう。すなわち、またしてもまったく異なった自然力、化学的力がこのとき、この場において、物質に対し拒みようもない要求をつきつけたからである。そして自然力は物質に即して、イデアとして、意志の客観化の特定の段階としてここにあらわに表面化したことになる。——

燃焼によって生じた金属カルキが、今度は酸と結合したとする。ここに塩が生じ、結晶が結ばれる。これもまた別のイデアの現象である。この別のイデアとても、それ自体の根拠はまたもやまったく究明できないことなのであって、一方、このイデアの現象の出現は、原因論で説明のつく諸条件に左右されている。――

やがて結晶は風化し、他の元素と混ざり、そこから養分を受けて植物が生育する。すなわちこれも、一つの新しい意志現象である。――

さて、こんな風に、同一の不変の物質は無限に追跡できるのである。そしてあるときはこの自然力が、またあるときはあの自然力が、物質に対する権利を得て、たえまなくその権利を行使し、かくて自然力の出現となり、自然力の本質が表面化されるさまが見てとれるであろう。因果の法則は、この権利の規定、権利がどこで有効になるかという時と所とを教えてはくれる。しかし因果の法則に基づく説明の及ぶのもしょせんそこまでである。自然力そのものは、意志の現象であり、またそうであれば、根拠の原理に支配されることはなく、すなわち根拠なきものである。自然力はあらゆる時間の外にあり、あまねく遍在している。自然力はいつでも、自分が出現して、一定の物質を自分で占領し、これまでその物質を支配していた諸力を追い払ってしまうことができる状況の到来を、いわば待ち焦《こが》れているようにみえる。時間はすべて、現象に対して存在するだけで、自然力そのものにとってはなんの意義ももたない。例えば幾千年というもの、化学的な諸力がある物質のなかにまどろんでいるとする。そしてついに反応薬が触れるにおよんで、これは解放される。そのとき現象するものこそ自然の諸力である。が、時間は諸力そのものにとって存在するのではなくて、わずかにそれの現象にとって存在するにすぎないものなのだ。幾千年というもの、ガルヴァーニ電流は銅と亜鉛のなかにまどろんでいる。銀と並べても安静であるが、ひとたび三つの金属が要求された条件下で接触しあうと、たちまち焔を出して燃えあがらざるを得ない。有機物の領域においてさえ、乾いた種子が三千年の長きにわたってまどろみながら力を保ちつづけ、ついに好都合な事情が生じると同時に植物として発芽することをわれわれは見ている。[2]

さて、このような考察によってわれわれには、自然力とその諸現象との間にある差異が明らかになった。われわれがこれまでに洞察してきたとおり、自然力とは意志が客観化する場合の、一定の段階における意志そのものであるといえる。ところが時間と空間を媒介として数多性は現象にのみ帰せられるのであるから、因果の法則とは、個々の現象に対した、時間と空間における位置の規定にほかならない。以上の洞察を得た以上、われわれはまた、マルブランシュ[1]（一六三八―一七一五年。ニコラス。宗教と哲学の調和を試み、摂理問題に近代思想を導入して「機会因説」を唱えたフランスの哲学者。訳注参照）の唱えた「機会因説」causes occasionelles の完全な真理と深い意味をも認識することになるであろう。マルブランシュはその著『真理の探求』のなかで、ことに第六巻第二部第三章と、第三章のうしろに付録として加えた「解説」のなかで、この「機会因説」を述べ立てている。彼のこの説とわたしのたった今の叙述とを比較して、両説の思想行程が著しく異なっているにもかかわらず、両説はこのうえなく完全に一致するということとを知っておくのは、無駄なことではあるまい。いな、それだけではない。彼の生きた時代が彼に抵抗できないほど既成の教義《ドグマ》を押しつけてきて、彼はそれにすっかり囚われていながら、それでもこれほどの束縛や重荷の下で、しかもあれほどもののみごとに、またあれほど正しく真理を見いだして、その真理をほかならぬ彼の時代の既成のドグマに、少なくともそのドグマの言葉にだけは合わせるすべを彼が心得ていたことに、わたしは感心しないわけにはいかない。

なぜなら、真理とは、信じられないほど大きいものであり、言いようもないほど永つづきするものだからである。われわれは真理の多くの痕跡が、さまざまな時代や国のすべての教義《ドグマ》のなかに、珍妙至極な、いな不合理きわまるドグマのなかにさえ、しかも往々にして奇妙な連中のあいだで、風変わりな混合状態をなしていても、なおかつ認められるのを知っている。真理とはこうしてみると、大きな石の堆積の下で芽をふき、しかも光の方へと生え伸びていき、回り道したりねじ曲がったりしつつ、不恰好になったり、色褪せたり、萎縮したりしながらも――それでもなお光の方へとひたすらよじ昇っていく一本の植物にもたとえることができよう。

たしかにマルブランシュの唱えるところは正しい。彼は、自然界の原因はいずれも機会因にすぎないと言っている。自然界の原因は、例の単一であって分割することのできない意志が現象するための、チャンスやきっかけを与えるにすぎないというのだ。意志は、あらゆる事物の即自体であり、意志の段階的な客観化が、われわれの眼に見えるこの全世界なのである。かくかくの場所、かくかくの時間における出現、かくかくの場所、かくかくの時間において眼に見えるようになること、これだけは原因によって引き起こされるし、その点で原因に依存してはいるが、しかし現象の全体、その内的な本質は原因に依存していない。これは根拠の原理を適用することのできない意志そのものであり、したがって根拠なきものである。——

世界に存在するいかなる事物といえども、それがなぜ存在しているかという端的かつ一般的な原因をけっしてもっていない。ただ、それがちょうどこの場所に、ちょうどこの時間に存在することの原因をもっているにすぎないのである。一つの石があるときは重力を示し、あるときは剛性を示し、あるときは電気を示し、あるときは化学的特性を示すのはいったいなぜであるか、このことは外部からの影響である原因に依存し、原因から説明はつくであろう。しかしこうした石の諸特性それ自体、諸特性から成り立っている石の本質全体、したがって右に述べたあらゆる仕方で外へ発現する石の本質自体、いいかえれば、そもそも石が現にこのようなものであること、そもそも石が存在していること、以上のことにはいかなる根拠もない。以上のことは、根拠をもたない意志が、眼に見えるかたちになることにほかならないからだ。したがってすべての原因は機会因 **Gelegenheitsursache** である。——

認識を伴わない自然界（人間、動物以外の自然界）においてわれわれの発見したことは以上のとおりである。現象の出現点を定めるのがもはや原因や刺戟ではなく、動機であるような場合、つまり動物や人間の行動においても、事情はまったく同じであるといえる。なぜなら動物や人間においても自然界の場合と同じように、現象するのは同一の意志だからである。同一であるとはいえ、意志はその自己顕在化の程度においてこのうえなく雑多であり、顕在化した現象において多様化され、現象という点では根拠の原理に支配されているが、意志それ自体はこれらすべてから解放されているのである。――

動機が規定するのは人間の性格ではなしに、性格の単なる現象、すなわち行為にすぎないのだ。動機が規定するのは彼の人生航路の外的な形態であって、その内面的な意義や実質内容ではない。意義や実質内容は性格から生じる。性格は意志の直接的な現象である。だから根拠というものがない。なぜある人が悪人であり、他の人が善人であるかは、動機や外的な影響に、たとえば教訓や説教のごときことには依存していないので、こういった意味ではまったく説明がつかない。しかし一人の悪人が自分の悪意を発揮するのが、彼の身辺の狭いつきあいの範囲でおこなうみみっちい不正、臆病なはかりごと、低級な小悪事にすぎないか、それともまた、彼が征服者として諸国民を抑圧し、世界を悲嘆の底に突き落とし、幾百万人もの血を流すほどのことをおこなうかどうか、これはその人の現象の外的な形式であり、この現象の非本質的なところであって、これを左右するのは運命によって彼が置かれた境遇、環境、外的な影響、動機なのである。しかし動機にもとづくとはいえ、彼の決断はけっして動機からは説明できない。彼の決断は意志から生ずるのであって、そもそも意志の現われが、まさにこの人間なのである。このような問題については本書第四巻が扱うことになる。――

人間の性格がその特性を展開する仕方と方法とは、認識を伴わない自然界の各物体が自分の特性を示す場合の仕方と方法とに完全に対比できる。水は、水に内在する諸特性をそなえたまま、どこまでも水である。しかし水が静かな湖水として岸辺を映すか、泡立ちつつ岩に落ちるか、あるいは人工的に仕組まれ長い噴水となって空高くほとばしるかどうか、こういったことは外的な原因いかんにかかっている。水にとってはこのうちのどの場合もが自然なのである。が、事情いかんで、水はこの形を示したりあの形を示したりするであろうが、いずれの形をとることにもただちに応ずる用意ができている。しかもどの場合にも、水は自分の性格に忠実で、またつねに自分の性格をあらわに示すだけである。こんな風に、人間の性格もすべて、あらゆる事情のもとであらわに自分を示すことになろう。しかし性格から生まれて出てくる現象は、それより前の事情いかんに応じたものとなろう。

〔1〕ヴェンツェル『人間と獣類の脳の構造について』一八一二年、第三章。――キュヴィエ『比較解剖学講義』第九講・第四ならびに第五項。――ヴィク・ダジール『パリ科学アカデミーの歴史』一七八三年、四七〇ページおよび四八三ページ。

〔2〕一八四〇年九月十六日、ロンドン市文学学術協会において、ペティグリュウ氏がエジプト古代遺物

について講演をおこなった際、氏はテーベ近郊の古墳でジョージ・ウィルキンソン卿が発見した小麦の穀粒を呈示した。これは古墳の中で三千年も横たわっていたものに違いない。穀粒は密封された壺の中で発見されたのである。氏は十二粒を蒔いてみたところ、うち一つが植物になったが、五フィートの高さに成長し、いま種子は完全に熟した。『タイムス』一八四〇年九月二十一日付より。――同じように一八三〇年、ロンドンの医学植物学会の席上で、ホールトン氏はエジプトのミイラの手中にあった一つの球根を提出したが、これはなんらかの宗教的な顧慮からミイラの手に持たされていたらしく、そういうわけで少なくとも二千年はたっていたのである。ホールトン氏はこの球根を植木鉢に植えてみたところそれはたちまちにして発芽し、青葉をつけた。以上は一八三〇年の『医学ジャーナル』からの引用として、『大英王立協会誌』一八三〇年十月号一九六ページに掲載されている。――「ロンドン市ハイゲート、植物標本館のグライムストーン氏の庭園では、目下豌豆が実をたくさんつけているが、この豌豆はペティグリュウ氏と大英博物館の職員たちがあるエジプトの石棺の中で見つけた壺の中から取り出した豆から生えたものであって、その豆は石棺の中に二千八百四十四年間横たわっていたものに違いない。」以上は『タイムス』一八四四年八月十六日付より。――それればかりではない。石灰岩の中から生きた蟇蛙が見つけられたことをみると、動物の生命でさえ、冬眠によって開始され、特殊な状況によって維持されるなら、何千年にわたってこのように休止することができるのだと推定される。

(1) フランスの哲学者ニコラス・マルブランシュ(一六三八―一七一五)はオラトリオ会の修道士として初めアウグスティヌスに傾倒したが、後にデカルトに心酔し、宗教と哲学との調和を試み、摂理問題に近代思想を導入して「機会因説」を唱えた。すなわち神によるこの世界の支配は、神の単純、斉

一、一般的な本性に応じて、あくまで一般的に止まるものなのであって、したがってこれを特殊化し、現実化する機会因としての被造物の果たす役割をも彼は認めようとした。その一つの例として身心関係があげられる。これは神的法則が働く機会因と考えられた。ことに認識の場合、事物は神の内の永遠普遍の〈観念〉を通して認識されるのであり、これを「万物のうちに神を見る」という。

ところでショーペンハウアーは、万物のうちに遍在する「意志」が現象する機会やきっかけを与えてくれるものを「機会因」と名づけ、マルブランシュの右の説を自説にひきつけて解釈した。すなわち彼は自然界のいわゆる「原因」はいずれも単一かつ分割不可能な「意志」が現象するための機会因であり、この機会因は「意志」そのものを支配することはできないと考える。「意志」は原因をもたないもの、根拠をもたないものであるからだが、しかしまた彼は「万物のうちに意志を見る」ことにおいて一貫しているのである。

第二十七節

原因を出発点とする説明は、ややもすると、あらゆる現象の内容を単なる形式に還元するというばかばかしい努力に陥りがちで、そうなれば結局、形式以外にはなにも残らないということになってしまうが、そういうばかばかしい努力に陥りたくないならば原因を出発点とする説明はどの範囲まで及ぶことができるか、またどこで停止しなければならないか、こういった点がわれわれには、自然の諸力とその現象とに関するわたしのこれまでのおおよその考察から、今や明らかになったのだと思う。この点が明らかになった以上は、すべての原因論から何を要求したらよいかということをもわれわれは一般的に定めることができるように思える。――

原因論のなすべきは自然界のあらゆる現象に対し原因を探し出すこと、現象がつねに出現する際の諸状況を探し出すことにほかならない。が、まずそれらのことをしたうえで、原因論は多様な状況下で多様な形態をとって出現した諸現象を、自然界のあの根源諸力へ、つまりあらゆる現象のなかに作用し原因の前提をなしている根源諸力へ、還元しなければならないのである。その場合きちんと区別しておくべきことは、現象のうえでの相違が右の根源的な力の相違に由来するのか、それともその力の発動に際しての諸状況の相違に由来するのか、どちらかである。また同時にじゅうぶん警戒しておくべきことは、同一の力が単に異なった状況下に発動したとき、これを異なった力の現象とみなしたりしないように、また逆に、根源的に異なった諸力に属することを一つの力の発動とみなしたりしないようにすることである。――

こうしたことに今になって直接に必要になってくるのは判断力である。物理学において経験をひろげる能力は誰でももっているが、洞察力をひろげる能力をもつ人がきわめて少ないのは、判断力がそれには必要だからである。怠惰と無知とのために、ひとびとはややもするとあまりに手っとり早く根源諸力を引き合いに出す傾向がある。スコラ哲学者がさまざまな「存在性[1]」**Enti-**

täten とかさまざまな「本質」Quidditäten とかを唱えたことのうちに、このことは皮肉《イロニー》に等しい誇張をもって示されている。わたしはこれまでの叙述で、スコラ哲学者のこうした種類の言葉を再び取り入れる傾向を助長したことにはならないよう、切に望むしだいである。物理学的な説明をおこなう代りに、神の創造力を引合いに出したり、意志の客観化を引合いに出したりしてはならない。なぜなら物理学は原因を求める学問だからである。が、意志はけっして原因にはならない。意志と現象との関係は根拠の原理に従ってはいないからだ。それ自体意志である同じものが、他面では表象として存在する、それが現象なのである。意志と現象との関係はそういう関係である。それ自体意志であるものも、現象である限りは、現象の形式をかたちづくる法則を守っている。で、たとえばいかなる運動も、例外なく意志の現象であるにもかかわらず、なんらかの原因をもたざるを得ないわけなのだ。いかなる運動も、時と所とに関係していて、すなわち一般的にではなく、その内的本質のうえからではなく、あくまで個別的な現象として説明することができるとすれば、それは原因を出発点としているからである。この原因は石の場合には機械的な原因であろうし、人間の場合には動機であろう。が、いずれにしても原因が欠けるということはあり得ない。これに反し原因を出発点とする説明がその前提を欠けば説明の意味も意義もなくなってしまうであろう普遍的なもの、つまり一定の種類の現象全般に共通する本質、これこそ普遍的な自然力にほかならない。まさにここに至って原因論的な説明は行きづまり、形而上学的な説明がここから始まるからこそ、物理学においてはこれは「隠れた特性」のままでありつづけるほかはないものなのである。——

しかし原因と結果とを繋《つな》ぐ鎖は、なんらかの根源的な力が引合いに出されたにしてもそのことで断ち切られることはないのである。この鎖がなんらかの根源的な力にまでさかのぼっていくのは、根源的な力が鎖の最初の環であるからではない。一番近いところにある鎖の環も、もっとも遠いところにある鎖の環も、どちらもすでに根源的な力を前提としているのであって、そうでなければ、一番近いところにある鎖の環はなにひとつ説明する能力をもたないだろう。——

原因と結果の一系列がこのうえなく多種多様な根源諸力の現象となってあらわれるという場合があり得る。わたしが先ほど金属機械の例（第二十六節参照）で述べておいたことだが、多種多様な根源諸力が連続して次々と出現し、原因と結果の系列によって可視的な領域へ導かれていく場合がこれである。しかしながら、このような根源的な諸力、相互に演繹のきかないこの諸力が相互に異なっているからといって、諸力の差異は次々と諸原因をたどるあの鎖の統一性を決してこわすものではないし、鎖の環から環へのつながりを断ち切るものでもない。自然の原因論と自然の哲学とは相互にけっして妨げ合うことはなく、両立しながらも、同一の対象を異なった観点から眺めるものだからである。——

原因論は説明されてしかるべき個々の現象を必然的にひき起こした原因についてならば、正当な説明をおこなうであろう。そしていっさいのその説明の土台として、原因論はあらゆる原因と結果の内部に活動している普遍的な諸力を指摘するだろう。この諸力と、諸力の数、相違点を正確に定め、次いで、各力が状況の違いに応じてそれぞれ違って出現するときのあらゆる結果をも、つねに各力ごとの独自の性格に応じて定めるであろう。各力は、自分独自の性格を、誤謬のない規則に従って展開するが、この規則こそ自然法則とよばれるものである。物理学が以上の手続きを各点にわたってことごとくなしとげたならば、物理学はそれで完成の域に達したことになる。そうなれば無機的自然界のうちに、もはやなにひとつとして未知の力などはなくなるであろうし、また、なにひとつとして自然法則に従って証明されないような結果などもなくなるであろう。いかなる結果も根源諸力のうちの一つの力の特定の状況下の現象なのである。――

それにもかかわらず、自然法則はあくまで、自然に耳を傾けその声を聞きとった法則であるにとどまる。自然はこの規則に従って、一定の状況下では、同じ状況が生じさえすれば、そのつど同じ行動をとる。そういうわけだから、自然法則とはたしかに、一般的に言い表わされた事実、「一般化された事実」un fait généralisé と定義できるのであって、実際このような定義にのっとれば、あらゆる自然法則を完全に示したとしても、しょせんそれは事実の完璧をきわめた一目録に終わるだけだろう。――

(以上の無機的な自然界の原因論＝自然法則について) 次に全自然界に関する考察は、形態学(原因論と形態学との対比は第十七節参照）によって完成されることになる。形態学は有機的な自然界にみられるすべての持続的な形態を数えあげ、比較し、秩序づける学問であって、個々の生物が出現する原因についてはほとんどなにも語ってはくれない学問である。というのは、すべての生物において出現する原因は生殖であり、生殖の理論は生物に即してはおこなわれるが、「自然発生」generatio aequivoca（原語は曖昧な、得体の知れぬ発生。親がいないのに生物が発生した場合を指す「自然発生」の意味であり「偶然発生」ともいう）の説はめったにおこなわれないからである。しかし厳密に考えてみれば、意志の客観化のすべての下位の段階、物理的ならびに化学的現象が個々ばらばらに発生する仕方はこの「自然発生」のうちに入るのである。その発生条件を説明することこそ、ほかでもない、原因論の課題である。これに反し哲学は、いたるところに、自然界のなかにさえも、単に普遍的なものを考察するにすぎないのである。かの根源諸力そのものが、ここ哲学においては考察の対象である。哲学は根源諸力のうちに、この世界の内的本質であり、即自体である意志の、さまざまな客観化の段階を認識するであろう。哲学はこの世界を、それが意志であることを除いて考えれば、主観の単なる表象であると説明する。――

さてしかし、原因論が哲学のための基礎づくりもしてやらないで、また自分の教義のための証拠がためもおこなわないで、それどころかむしろ、あらゆる根源諸力を否定し去り、たった一つの、たとえば不可入性のようなもっとも一般的な力を一つだけ残して、これを自分は根本から理解しているなどと大いに己惚《うぬほ》れ、あらゆる他の諸力を暴力的にこのたった一つの力に還元しようとつとめたりして、これこそ原因論の目標であるなどとかりに考えたとする。とすれば、原因論はみずから自分の基盤を離れてしまうことになるのであって、真理のかわりに誤謬を与えることができるにすぎなくなってしまうであろう。そうなれば、自然界の内容は、今や形式によって追い払われてしまい、すべては外から働きかけてくる状況のせいにされ、事物の内的本質に帰せられるものなどはなにひとつないことになるだろう。実際このような方法で首尾よくいくならば、すでに述べたとおり、世界の謎を解くのはとどのつまり一個の計算例題ということにもなりかねない。だが、もしも人が、これもすでに言及したことだが（第七節、第二十四節の各唯物論批判参照）、あらゆる生理的作用を形態や混合に、つまり電気などに還元し、またこの電気を化学的現象に、さらにふたたび化学的現象を機械的現象に還元してみようというのであれば、その人はまさに右に述べた道をたどっていることになるのである。たとえばデカルトやあらゆる原子論者の誤謬は、この最後の例に属するのだ。彼らは天体の運行をなにかの液体の衝突に還元し、（物体の）質を原子間の連関や形態に還元し、自然界のあらゆる現象を不可入性と凝集力の単なる現象であると説明することに努めたのであった。——

この手の誤謬からは今では離れてしまったとはいうものの、現代においてもやはり、電気的、化学的、機械的な立場をとる生理学者たちは相変わらず同じようなことをやっているのであって、彼らは有機体の生命全体とあらゆる機能とを、かたくななまでにその構成要素の「形態と混合」

とから説明しようとしているのである。今でもまだ、生理学的な説明の狙いとするところは、有機的な生命をして、物理学の考察している一般諸力に還元することにあるのだ、などというようなことが、メッケルの『生理学雑誌』〔一八二〇年、第五巻一八五ページ〕のなかで表明されていることにわれわれは気がつく。——

ラマルクもやはり、『動物学の哲学』第二巻第三章において、生命とは熱と電気の単なる一作用にすぎないなどと説明している。「生命のこの本質的原因をともに構成するうえで、熱と電気的物質の二つがあれば完全に足りている」〔一六ページ〕。この考え方にしたがえば、熱と電気はがんらい物自体であり、動植物の世界はそれの現象ということになるであろう。ラマルクの見解の荒唐無稽ぶりは、同著の三〇六ページ以下にきわだって現われている。——

周知のとおり、右のような見解はじつにしばしば打ちこわされてきたはずなのだが、ごく最近、またしても厚かましさを新たにしながら勃興してきたといえる（十九世紀前半における唯物論の擡頭とそれへの論駁は第七節参照）。正確に見ていくと、こうした見解の基盤となっているのは、結局次のような前提である。有機物とは、物理的、化学的、機械的な諸力のさまざまな現象の集合体にすぎぬものであって、これらの諸力がここにたまたま寄り集まって、自然の戯れとして、とり立ててそれ以上の意味もなく、有機体をつくり上げたのであるという前提である。この前提にしたがうと、動物や人間の有機体は、もしこれを哲学的に考察するなら、独自のイデアの表現ではないことになろう。すなわちそれ自体直接には、ある一定の高位の段階における意志の客体性ではないことになろう。そうではなくて、有機体のうちに現象しているのはしょせん、電気や化学的現象や機械的現象において意志を客観化しているのと同じ（下位の）イデアにすぎないことになろう。そうなると有機体とは、物理的、化学的、機械的な諸力の寄せ集めから偶然に吹き寄せてつくりあげられたものということになるのであって、同じように人間や動物のとりどりの形姿も、雲や鍾乳石から偶然に吹き寄せてつくりあげられたものだということになろう。したがって有機体に即したことではそれ以上はなんら興味がないことになってしまうだろう。――

しかしながら、ある範囲のうちでは、物理的ならびに化学的な説明の仕方を有機体に適用するのは許されてよいことだし、また便利なことでもあるのだが、その範囲とはいったいどこまでであるかを、われわれは次に見ていくことにしたい。すなわちわたしがこれから説明しようと思っていることは、たしかに生命力は、無機的自然の諸力を利用したり使用したりはするのであるが、けっしてこれら諸力から成り立っているのではない。それはあたかも鍛冶屋が鎚と鉄敷とから成り立っているのではないのと同様だということである。したがってきわめて簡単な植物の生命でも、無機的な自然の諸力、たとえば毛細管の力や浸透力からこれを説明することはけっしてできないのである。いわんや動物的な生命にいたってはなおさらできない。――

こうしたかなり困難な論議を展開する道をわれわれのために開拓するために、次のような考察をこころみてみたいと思う。

もしも自然科学が意志の客観性の高位の段階（人間や動物のイデア）を低位の段階（無機的自然界のイデア）に還元しようとするならば、以上述べてきたことから考えてもこれはたしかに自然科学の錯誤といえよう。なぜなら、これはそれぞれが単独で成り立っている根源的な自然の諸力を誤認したり否認したりすることに当たるわけで、このようなことは、既知の力がただ特殊な現われ方をしているだけの場所に、なんのいわれもなく独特な力を仮定することが間違いであるのと同じくらい間違ったことなのである。だからカントがニュートンのような人物、つまり草の茎を物理的ならびに化学的な諸力の現象に還元したあのような人物に、草の茎のことで期待をもつなどは辻褄《つじつま》の合わぬことだ、と述べているのはきわめて正当なはなしである（カント『判断力批判』第七十五節）。ニュートンの言うとおりだとしたら、草の茎は物理的ならびに化学的な諸力の偶然の塊ということになろうし、つまりは単なる自然のお戯れで、そのなかには、いかなる独自のイデアも現象せず、そのなかでは、意志が比較的に高い特殊な段階で直接にすがたをあらわすようなことも起こらない。かわりにただ、無機的自然界の諸現象におけるとちょうど同じようなことになって、ただたまたま草の茎という形になったまでだということになる。——

スコラ哲学者ならば、こういうことをけっして許さなかったろう。スコラ哲学者ならば、こういう考え方は「実体的形相[3]」forma substantialis を全面的に否定し去ってこれを単なる「偶有的形相[4]」forma accidentalis に格下げすることであると、まったく正当に言ったことであろう。なぜならアリストテレスのいわゆる「実体的形相」とは、わたしがなんらかの事物における意志の客観化の程度とよんでいることをじつにぴったり言い表わしているからである。——

ところで他方（以上述べたこととは逆の方向になるが）、見落とされてならないのは、無機的自然界のあらゆるイデア、あらゆる力のうちに、また有機的自然界のあらゆる形態のうちにあらわになるのは、同じ一つの意志であること、すなわち表象の形式に、客体性のかたちに収まるのは同じ一つの意志であることである。だから意志が一つであるこのことは、意志のあらゆる現象と現象との間に内的な親和性があることを通じても知らされるに違いない。で、意志が一つであることがありありと現われるのは、意志の客体性の高位の段階、植物界および動物界であって、ここではすべての形の普遍的に行きわたった類似《アナロジー》作業によって、現象のうちにもくりかえし発見される根本類型によって、現象の全体は他の領域よりもいっそう明瞭になっている。そのおかげで、根本類型という考え方は、今世紀フランス人によって始められた秀れた動物学的分類組織の指導原理となったのであった。また、この根本類型の考え方は、比較解剖学において、「型の一致[5]」l'unité de plan（二一二ページ割注参照）あるいは「解剖学的要素の斉一性」l'uniformité de l'élément anatomique としてもっとも完全に証明されている。——

この根本類型という考え方を見つけ出すのは、シェリング派の自然哲学者たちの主要な仕事でもあった。その点で彼らに功績が少なからずあるとすれば、これはたしかに彼らのもっとも賞讃すべき努力であったといえるだろう。といっても、彼らは自然界の中の類比作業《アナロジー》をひたすら追いかけるに急なあまり、多くの事例においては、単なる駄洒落に堕してはいるのだけれど。しかし彼らシェリング派の自然哲学者が、無機的自然界のさまざまなイデアとイデアの間にも、普遍的な親和性や同族的相似性を指摘したのは正当なことであった。たとえば、彼らは電気と磁気との間にも、また、化学的な引力と（地球の）引力との間にも、等々これに類するさらに多くのものの間に、親和性や同族性を指摘したのである。そのうち電気と磁気との同一性は、後年、確認されるにいたった。――

シェリング派の自然哲学者たちが、根本類型という考え方のうちでもとくに世人の注意をうながしたのは、両極性 Polarität が磁石や結晶から人間にいたるまでの自然のほとんどあらゆる現象の根本類型であるということである。両極性とは、一つの力が二つの質的に異なった、正反対の、しかも再び一つになることをめざして努力する活動に分離することであって、これはたいてい空間的にも、正反対の方向への分離によって表面化されているのである。しかしシナでは太古の時代から、このような認識は陰陽対立の説としておこなわれてきている。――

まことに、世界のあらゆる事物は同じ一つの意志の客体性であるから、その内的本質のうえからみて、同一である。世界のあらゆる事物の間には、したがってまごうかたない類似性が存在し、完全性において劣るどの一つのなかにも、すぐ次にくるより完全なものの痕跡、前兆、素質が早くも示されていなくてはならないのであるが、ただそれだけで終わるのではない。世界のあらゆる事物、すなわち形態をなしたものは、ことごとく表象としての世界に属しているにすぎないのであるから、すでに、表象のもっとも普遍的な諸形態のうちに、現象する世界のこの本来の根本的骨組みのうちに、いいかえれば時間と空間のうちに、諸形態を満たすいっさいのものの根本類型、前兆、素質を見つけ出し、立証することができるとさえ想定されているのである。以上の点につき曖昧ながらも認識がおこなわれていたために、カバラ（ヘブライ語で継承を意味し、最初口伝され、七世紀頃に体系化された、新プラトン学派から影響を受けたユダヤの神秘説。無限な一者から流出する数があらゆる存在の基礎をなし、二十二のヘブライ文字がその形態をつくり、神と一つになる「神の火花」が人間には与えられていると説く）とか、ピュタゴラス学派ならびに『易経』におけるシナ人のすべての数理哲学とかが起こったのだといえると思う。たった今述べたシェリング学派にしても、自然界のあらゆる現象の間にある類似性を明示しようと種々さまざまな努力をはらったときに、単なる空間と時間の法則から自然法則を導き出そうという試み、うまくはいかなかったにしても、ともかくそういう試みが若干はみられる。ただし、天才的な人物が出現していつかこの二つの努力をどのていどまで実現することになるか、それは今のところ誰にもわからない。

さて、現象と物自体の間の区別からは人はけっして目を離してはなるまい。つまりあらゆるイデアに客観化されている意志は同一であるということを曲解して、意志の現象する舞台であるひとつひとつのイデアそのものが同一であるという風にねじ曲げて考えられてはならない。だからたとえば、化学的もしくは電気的な引力を、重力によって起こる引力に還元することは、たとえ両者の内的な類似性がみとめられ、前者はいわば後者のより高い潜勢力《ポテンツ》であると認めることができるにしても、断じて許されてはならないことなのである。これと同じことだが、動物の身体構造が内部的に類似しているからといって、その種を混同したり、同一視したり、あるいはより完全な種を不完全な種の変種であるなどと表明する正当な権利は誰にも許されていないのである。こういうわけで結局、生理学的な諸機能は化学的ならびに物理的な過程に還元することはできないのだが、たとえそうだとしても、ある制限の内部ではこのような手続きも成り立つことを正当に認めるために、われわれはかなり蓋然性の高い以下のような想定をしてみることが許されるだろう。

意志の現象のうちの若干数は、その客観化の低位の段階、つまり無機的な領域においては、たがいに葛藤し合い、因果性に導かれつつ、それぞれが目前の物質を占領しようとすることがあるのである。この闘争から、一つのより高位のイデアの現象が立ち現われ、今まであった不完全なイデアをことごとく圧倒してしまう。しかし、高位のイデアは自分のうちに今までの不完全なイデアの類似物をとりこむことによって、今までのイデアの本質を従属的な仕方で存立させておく。こうした事態が起こるのは、ほかでもない、イデアはいろいろあっても現象する意志は一つであること、および意志はだんだんと高度の客観化をめざして努力するものだということからのみ理解できることである。――

したがって例えば、骨が固くなることのうちにまごうかたない結晶の類似物をわれわれはみとめる。骨化現象はけっして結晶化現象に還元はできないけれども、結晶化とはもともと石灰が支配的になることだからである。肉が固くなることのうちにも、もっと微弱なかたちではあるが、結晶の類似物があらわれる。こんな風にして動物の身体における体液の混合ならびに分泌は、化学的な混合ならびに分離に、ちょうど類似したものになる。化学的な混合ならびに分離の法則は、動物の身体の場合にもいぜんとして作用しつづけてさえいるが、しかし化学的なその作用の仕方は（無機物の場合とは違って）第二次的で、はなはだしい変容を受け、（動物の）より高いイデアによって圧倒されたかたちをとっている。ために有機体以外の、単に化学的な力だけでは、このような体液をつくり出すことはなく、

化学はそれを「自然のなす処置」と名づけ、
化学は自分で自分を嘲っているが、どうしていいのかわからない。
（ゲーテ『ファウスト』第一部、一九四〇―一九四一行。メフィストフェレスの言葉）

若干数の低位のイデアや意志の客観化に以上のように打ち勝つことから発生した、完全度のより高いイデアは、打ち負かしてきたおのおののイデアから潜勢力《ポテンツ》のより高い類似物を自分の内部にとりこんでいるので、まさにそのために、新しい性格を獲得するのである。意志はこんどは新しい、いっそう明瞭な仕方で客観化される。有機体の体液、植物、動物、人間の発生は、そのそもそもの元をただせば、「自然発生」generatio aequivoca（生物が親なしに生じること。三一四ページ割注参照）によるのであるが、後になると、既に存在している胚芽への同化作用によって発生するようになる。——

このようにして、低位の現象と現象との闘争から発生してくるのは、これら低位の諸現象をことごとく併呑してしまうような、しかし同時に、低位の諸現象のおこなう努力をより高度に実現していくような、高次元の現象なのである。——

こうしてここに、「蛇はまず蛇を呑みこむのでなければ、竜になることはできない」（エラスムス『格言集』にあるギリシアの諺で、ベーコンが『随筆集』第四十節「運について」に引用している）という法則が君臨するのである。

こうした思想の、素材にがんらいつきまとっている曖昧さを、わたしは自分の叙述の明晰さによって克服できたらよいと望んできた。しかしわたしがまだ理解されないままであるか、あるいは誤解されているとして、それを読者が望んでいないなら、読者は自分自身の考察をもって大いにわたしを助けてくれなければならないとわたしは心から思っている。——

上述の見解に従えば、なるほど有機物のなかに、化学的・物理的な働き方の痕跡がたしかめられるであろうが、しかし後者から前者を説明することはけっしてできない。有機物とは、化学的・物理的な諸力を一つに組み合わせた働きによって偶然に発生した現象ではけっしてなく、それら低位のイデアを征服的な同化作用によって自分に従わせてきた一個の高位のイデアなのである。自己をあらゆる種類のイデアのうちに客観化する一なる意志は、できるだけ高度の客観化をめざして努力するものであるから、低位の段階（低位のイデア）をお互いに葛藤させたあとで、自らの現象の低位の段階を見捨てて、高位の段階においてそれだけいっそう強力に現象するにいたるのである。——

そもそも闘争なしに、勝利はない。高位のイデアもしくは意志の客観化は、低位のそれらをただ征服することによってはじめて発生できるのであるから、低位のイデアもしくは意志の客観化の側からは抵抗を受ける。これら低位のものは高位のものへ奉仕するように仕向けられているが、しかしそれはそれでいぜんとして、自らの本質を独立した完全なかたちで発動する地点に達しようと努力もしているのである。——

鉄をもち上げた磁石は、重力（地球の引力のこと）と間断のない闘争をつづける。重力は、意志のもっとも低位の客観化にあたるのであり、鉄という物質に対し磁石よりも根源的な権利を有している。こうしてその間断のない闘争において、磁石は抵抗のためにいわばいっそう大きな力を出すよう刺戟されるので、かえって強化されさえするのである。これと同じようなことだが、いかなる意志現象も、人間という有機体のなかに現われる意志現象もやはり、多くの物理的・化学的な諸力と持続的な闘争をつづけている。物理的・化学的な諸力は、低位のイデアであるから、物質に対し先行権利を有しているのである。

人が重力に打ち勝ってしばらくのあいだ持ち上げたままにしておく腕が、やがて下ってくるのは、この闘争がつづいているためである。快適な健康感とは、自己意識をもつ有機体のイデアが、体液を根源的に支配している物理的・化学的な諸法則に打ち勝った表現であるが、このような健康感が、たびたび途切られてしまうというのも、右の闘争が行なわれているためである。快適な健康感は途切られるだけではなく、大小の差はあれ、ある種の不快感につねにつきまとわれるのがむしろ本来のすがただといっていいが、それも例の物理的・化学的諸力からの抵抗に由来する。この事実だけでも、われわれの生の植物的な（アリストテレスにもとづいて動物の栄養・生殖機能のみを「植物的」とよぶ）部分は、かすかな苦悩とたえることなく結びついているのだといえる。消化があらゆる動物的な機能を低下させるのもこの同じ理由による。同化作用によって化学的な自然の諸力に打ち勝つために、消化は生命の全力を傾注することを要求するからである。そのためにまた、一般に肉体的な生の煩わしさが生じ、睡眠の必要性が生じ、かつさいごに死の必然性が訪れるのである。それは次のようにおこなわれる。それまで抑圧されていた自然の諸力は、ついに好機が到来すると、この自然の諸力に不断に打ち勝つことで自ら疲れ果ててしまった有機体から、奪われていた物質をふたたび奪い返し、そして、自然の諸力は自分の本質をなにものにも邪魔されずのびのびと表明する地点に達することによってである。だからまたこうも言うことができる。いかなる有機体もイデアの模造である。有機体と物質の奪い合いを演ずる低位のイデアに、有機体は打ち勝つためにある力を用いるが、そのとき用いた力の部分だけを抜き去ったちょうどその後のイデアが、有機体にほかならないのである、と。――

ヤーコプ・ベーメ（一五七五―一六二四年。ドイツの代表的神秘主義思想家）はこのことを漠然と思いうかべていたらしく、どこかで人間や動物の身体、のみならず植物もすべて、じつをいうと半ばは死んでいるのであると述べている。意志の客観性の下の段階を表現しているあの自然の諸力に有機体が首尾よく打ち勝っていく程度の大小に応じて、有機体は自分のイデアのより完全な表現になるか、あるいは不完全な表現になるかの違いが生じ、いいかえれば、有機体は自分の種族としてそなわっている美の理想に近づくか、あるいは遠ざかるかの違いが生じてくる。

このようにしてわれわれが自然界のいたるところで目にするのは抗争、闘争、そして勝利の交替である。意志にとって欠かせない自分自身との相剋がいっそうありありと認められるのも、ほかの場合ではない、自然界においてである。意志の客観化のどの段階も、物質、空間、時間をめぐって他の段階と争いを演じている。不変であるべき物質もめまぐるしく形式を変えなければならない。機械的、物理的、化学的、有機的な諸現象は、それぞれ自分のイデアをあらわに表明しようと欲するので、因果性に導かれつつ、貪欲に頭角をあらわそうとしのぎをけずり合い、互いに物質を奪取しようとし合うからである。自然界の全面にわたってこの争いが追跡できる。のみならず、自然界とはふたたびこの争いによってこそ成り立つのである。「エンペドクレスも言うとおり、もし物のうちに争いがないならば、すべてのものは一つであるだろう」〔アリストテレス『形而上学』二・五〕（正しくは4, p.1000b, 1）。なににしてもこの争いこそ、意志にとっては欠かせない自己自身との相剋の、表面化にほかならないからである。――

このどこにでもある闘争がもっともありありと肉眼にとらえられるのは動物界においてである。動物界は植物界をその食糧としてもち、動物界そのものにおいてさえ、それぞれの動物はまたしても他の動物の餌食となり食糧となっている。すなわち各動物のイデアを表示している物質は、もう一つ別のイデアを表示するために退場しなければならないのだ。各動物は他の動物をたえまなく廃絶することによってしか自分の生存を維持できないからである。それゆえ生への意志は通常、自分で自分を食いつくし、さまざまな形態において自分が自分の食糧となっているのであって、そして最後に人類が他のあらゆるものを打ち負かす以上は、人類は自然界を自分が使用するための製品とみなすにいたる。しかしながらその人類もまた、この点は第四巻で述べるつもりだが、おそろしいまでに明瞭に自己自身の内部にこの闘争を、意志のあの自己相剋をあらわにみせている。「人間は人間にとりて狼」homo homini lupus（編者注、出典はプラウトゥスのコメディー『アシナリア』二・四九五）となる。――

とはいえ、これと同じ闘争、同じ征服は、意志の客体性の低位の諸段階においてもやはり右と同じように再認されるであろう。多くの昆虫〔ことに姫蜂〕は、他の昆虫の幼虫の皮膚や、さらに体内にまで卵を産みつける。卵が孵化《ふか》して這い出てからの最初の仕事は、他の昆虫の幼虫をゆっくりと食い滅ぼすことである。若いヒドラは、老いたヒドラから枝のように生え出て、大きくなった後にそれから離れるのだが、まだ老いたヒドラにくっついている間にも、現われる餌食を求め、早くも老いたヒドラと闘争を始め、かくて老若の両方のヒドラは、互いに相手の口から餌を奪い合うしまつである〔トレンブリイ『多足類』第二巻一一〇ページと第三巻一六五ページ〕。しかしこのような仕方でもっともきわ立った例をみせてくれるのはオーストラリアのブルドッグ蟻である。ブルドッグ蟻を二つに切断すると、頭の部分と尾の部分とが争い始める。頭部が尾部に歯を出して嚙みつくと、尾部は頭部を刺して勇敢にこれに防戦する。闘争は三十分もつづいて、双方とも死ぬか、別の蟻に引きずられもって行かれてしまうのが常である。いつでもこういう経過をたどるのである〔『週刊新報』掲載のハウィットの書簡から。なお同文は一八五五年十一月十七日付『ガリニャーニ通信』に再録されている〕。——

ミズリー河の岸には、強大な槲《かしわ》の木が、幹や枝を巨きな野葡萄の蔓《つる》に巻きつかれ、縛られ、締めつけられ、窒息したようになって、枯れ萎んでしまうほかしかたないありさまがときどきみられる（編者注、ワシントン・アーヴィング『ブレースブリッジホール』第一巻一一八ページ）。同じことはもっと低位の段階にさえ現われる。例えば、有機体の同化する力によって、水や炭素が植物の汁液に変えられたり、また植物やパンが動物の血液に変えられたりするのがこれである。化学的な諸力を第二次的な働き方に制限して、動物の分泌作用がおこなわれる場合もつねにこの例になる。さらにまた、無機的な自然界のうちにも同様な例がみられる。例えば、今できかかっている結晶が互いにぶつかり合い、交差し、邪魔し合っているため、純粋結晶の形態を示すことができないような場合である。じつにほとんどすべての晶洞（鉱床の中に空洞があるとき内側に向かって美しい結晶ができる。別名「がま」）は、意志の客観化のごく低い段階における争いの模写だといえる。磁石が鉄に磁性を押しつけて、自分のイデアをここに示そうとする場合もそうした争いの一つである。ガルヴァーニ電流（三〇一ページ割注参照）が物質相互の親和性に打ち勝って、固く結びついた化合物をも分解し、化学の法則を無効にしてしまうほどに作用したあげく、陰極における食塩分解から出た酸が、途中にあるアルカリと化合することも許されず、リトマス試験紙をつけてもこれを赤くすることもなく、そのまま陽極に向かわなければならないという場合にも、同じことが起こっている。——

こうした争いが巨大なかたちで現われるのは中心となる天体と惑星との関係である。惑星は中心天体に決定的に依存しているにもかかわらず、いぜんとしてこれに反抗もしている。そのありさまは有機体における化学の諸力とまったく同じである。この依存と反抗の関係から求心力と遠心力との不断の緊張が生じ、このような緊張が宇宙の運行を維持しているのであって、緊張はすでにそれだけで、われわれが目下考察している意志の現象にとって本質的でありまた普遍的でもある闘争の一表現であるといっていい。それというのも、各物体は意志の現象とみなされなければならないが、意志は必ずなんらかの努力として現われるから、球状をなすにいたった各天体のそもそもの起源の状態は、静止状態ではあり得ず、無限の空間に向かって休息も目標もなくひたすら前進する運動であり、努力であったろう。——

慣性の法則も因果の法則もこれに背反するものではない。なぜなら慣性の法則によれば、物質そのものは静止にも運動にも無関心であるとされ、物質のそもそもの起源の状態は、静止でもあり、運動でもあり、どちらでもあり得るからである。したがって、物質が現に運動しているのを目前に見る場合、われわれはその運動に先立って静止状態があったのだと前提する権利もなければ、運動が始まったその原因を問う権利もない。これとちょうど反対の場合も同様である。われわれが静止している物質を発見した場合、静止状態に先行しているなんらかの運動を前提したり、運動が中止され静止が始まったその原因を問うたりする権利もわれわれにはない。——

遠心力を引き起こす最初の衝撃は、求めても得られないのはそのためである。惑星における遠心力は、カントとラプラスの仮説によれば、中心となる天体がそのそもそもの起源において回転していたときの残余の力である。この中心となる天体が収縮したときそこから外へ分離したのが惑星である。だが、この中心となる天体にとって、本質的であるのは運動である。中心天体は今でもいぜんとして回転しているし、同時に、無限の空間の中を飛び去り、ひょっとするとわれわれの目には見えないもっと大きな中心となる天体があって、そのまわりを巡っているのかもしれない。—

この見解は、中心となる太陽に関する天文学者の推測と完全に一致する。また、われわれの全太陽系が移動しつづけていること、場合によってはわれわれの太陽もこのなかに含まれる星々の群れの全体が移動しつづけていることに対する知覚とも完全に一致する。ここから結局、すべての恒星が、太陽をも含めて、全般的に移動しているという推論が成り立つのであるが、もとよりこのような移動は無限の空間の中ではまったく意味をなさないことになろう。〔絶対空間における運動は、静止と区別されないからである。〕すべての恒星のこのような移動が、すでに直接的には、なんの目標ももたない努力や飛翔《ひしょう》による移動と同じように、かの虚無の表現となり、一個の究極目的の欠落の表現となるのはまさにそのためである。この虚無、すなわち究極目的のこの欠落を、われわれは本巻の結びの部分（第二十九節末尾参照）で、意志が現象のうちに努力するそのいっさいのすがたのうちに認めざるを得ないであろう。またしても無限の空間と無限の時間とが、意志の全現象のきわめて普遍的で本質的な形式とならざるを得ないというのも、この虚無、究極目的のこの欠落が、すべての現象のうちに認められるという理由を置いて他にいかなる理由もない。意志の全現象は、意志の全本質を表現するために存在している。——

最後にわれわれは、すでに純然たる物質のなかにさえ、そういうものとして観察すれば、今まで観察してきた意志の現象相互のあの闘争をあらためて認めることができるだろう。すなわち物質の現象の本質は、カントが正しく言明したとおり、反撥力そして牽引力、この二つである。物質はただ、相拮抗して努力し合う諸力の闘争においてはじめて存在しているといえるほどである。われわれが物質の化学的な差異をとりあえず度外視して考えるか、あるいはまだいかなる化学的差異も発生していないほど遠いところまで原因と結果の鎖をさかのぼって考えてみるならば、われわれに残されるのは純然たる物質、球状にまるまった世界ということになる。そのような世界の生、それの意志の客観化を決定づけるのは、牽引力と反撥力の間のあの闘争である。牽引力は、あらゆる方角から中心へ向かって衝迫する重力であり、反撥力は、剛性によるにせよ弾性によるにせよ、牽引力に抵抗している不可入性のことである。牽引力におけるこの休みのない衝迫、反撥力におけるこの休みのない抵抗、これは最下位の段階における意志の客体性とみなしていいし、最下位の段階というだけですでに意志の性格を表現しているのである。

こうしてわれわれは、最下位の段階において、意志が盲目の衝動として、暗鬱で朦朧《もうろう》とした騒乱として立ち現われるさまをみるだろうし、直接認識することのできない相手だと知るだろう。これが意志のもっとも単純でまたもっとも微弱な種類の客観化である。しかし、(単に最下位の段階におけるだけではなく)さらに無機的な自然界の全体においても、そのあらゆる根源的な諸力において、意志はこのような盲目の衝動、認識を欠いた努力として現象するのである。無機的な自然界のその諸力を探求し、法則を知るのは物理学や化学の仕事であるが、これら諸力のひとつひとつは、幾百万というまったく同質で合法則的な現象、個性的な性格の片鱗もみせない現象となってわれわれの前に現われる。この自然の諸力は、われわれの眼にはただ時間と空間によって、すなわち「個体化の原理」principium individuationisを通じて、多様化して見えるにすぎない。それはさながら一つの物の像が多面体に切られたガラスの小面を通すと多様に見えるのと同様である。

意志は一段また一段としだいに明瞭さを加えながら自らを客観化する。しかし植物界にまで達しても——意志の現象をつなぐ絆はここではもはや（無機物界のように）本来の原因ではなく、刺戟であるが——それでも意志はあいかわらず完全に認識を欠いていて、暗い原動力として作用しているのである。こうして最後に、動物的な現象における植物的な部分、つまりあらゆる動物の発生と成長、動物の内部のなめらかな運行の維持においても、意志はなお暗い原動力として作用している。ここでも意志の現象を必然的に決めているのはあいかわらず単なる刺戟である。こうして意志の客体性の段階がさらにますます高くなると、イデアを表わしている個体が出てきて、このような個体は自分に同化されるべき食糧を獲得するのに、刺戟にもとづく単なる運動によってはもはや不可能になる段階に立ちいたる。刺戟は待ち構えていなければ得られないものだからである。しかしイデアを表わしている右のような個体の場合には、食糧はそれまでよりも特殊に定まったものになってくる。現象の多様性の度合がますます増大するにつれ、雑踏混乱ははなはだしくなり、その結果、諸現象は相互に邪魔し合うようになって、食糧を得るために当てにしなければならない偶然の機会は、単なる刺戟によって動かされた個体としては、はなはだ恵まれないものとなるであろう。したがって動物は、かつて認識なしに植物的に生きていた卵や子宮のなかから抜け出したまさにその瞬間から、食糧を探し出したり、選び出したりしなければならなくなる。——

このことによってここで必要になってくるのは、（もはや刺戟にもとづく運動ではなく）動機にもとづく運動と、そのための認識である。こうして認識は、意志の客観化のこの段階にいたって、個体の維持と種族の繁殖のために要請された補助手段として、すなわち道具 μηχανή として、登場するのである。認識が脳髄もしくは比較的大きな神経節に代表されて出現するのは、客観化される意志のこれとは別の努力あるいは規定がいずれも（別の）なんらかの器官（例えば食欲は口、性欲は生殖器。第二十節末尾参照）によって代表されているのとまったく同じことである。つまり認識というものは、表象にとって、なんらかの器官として現われるものなのである。[1] ——

しかし認識というこの補助手段、この道具 μηχανή が現われるとともに、今やいっきょに成立するのは表象としての世界である。表象としての世界はその形式のすべてを、すなわち客観と主観、時間、空間、数多性、因果性をそなえて立ち現われる。ここに世界は第二の面を示すにいたる。今まで世界は単に意志であったが、今度はそれと同時に表象であり、認識する主観にとっての客観となる。これまでは暗いままにもきわめて確実に誤りなく自らの衝動を追っていた意志は、この段階にいたって、ひとつの手段として、自分のために灯明をともしたのであった。意志の諸現象が雑踏し、その性状が複雑化して、ほかでもない、もっとも完成された現象（人間のこと）にとってもいろいろな弊害が生じてくるのであるが、この弊害を取り除くための手段として、（認識という）灯明をともすことが必要になったのであった。――

意志はこれまで無機的な自然界や単なる植物的に生きる自然界において作用していた場合、意志は誤りようのない確実性と合法則性とをそなえていたが、そのわけは、意志がもっぱらその根源的な本質において、盲目の衝動として、意志として、外からのなんの助けもなく、が、同時にまったく別の第二の世界、表象としての世界にかき乱されることもなく活動していたことにもとづくことであった。表象としての世界は、たしかに意志自身の本質を模写したものにすぎないとはいえ、しかしやはり完全に別の性質をそなえていて、いまや意志の現象同士の連関のなかに介入してくる。そうなると今や、意志の現象のあの誤りようのない確実性は休止するのだ。動物は（認識をもち、表象をもっているから）すでに仮象、錯覚にさらされているのである。そうはいっても、動物がそなえているのは単に直観的な表象にすぎず、まだ概念や反省をそなえているわけではない。だから動物は現在に縛られていて、未来をおもんぱかることはできないのである。——

理性を欠いたこの認識は、すべての場合に目的に十分であったとはかぎらなかったらしく、ときには補助のようなものが必要であったように思われる。なぜなら次にあげる非常に不思議な現象がわれわれには示されているからである。すなわち意志の盲目の活動と、認識によって照らし出された活動と、この二種の現象において、きわめて驚くべき仕方で、一方が他方の領域にそれぞれ相互に介入していることとである。その第一の場合は、動物の工作衝動（鳥の巣作り、蜘蛛の網張り等、本能のこと。第二十三節前半参照）である。工作衝動とは、動物が直観的認識や動機に導かれ行動をしている最中に、認識も動機も伴わないで、したがって盲目に働く意志の必然性をもって遂行される行動のことである。工作衝動は、動機にも認識にも導かれていないのに、あたかも抽象的・理性的な動機にもとづいて自分の仕事を成し遂げたかのごとき外観を呈している。これと正反対になる第二の場合は、今度は逆に認識の光が盲目に働く意志の仕事場に侵入してきて、人間という有機体の植物的（栄養・生殖のためだけの）機能に光を照明する場合である。例えば、磁気による透視（手先から発する磁気で患部を診断・治療するとするメスメリズム。その効果は催眠術に基づく）。——

さて、最後に、意志がその客観化の最高の程度に達した場合（人間の場合のこと）、動物において生じた悟性認識だけではもはや十分とはいえない。悟性は感覚からデータ（材料）の提供を受けるが、感覚の提供してくれたものからは、ただ現在に縛りつけられた単なる直観しか生まれてはこないからである。人間——複雑で、多面的で、柔軟なこの存在、なにかをたえず欲求し、無数の傷害を受けやすいこの存在が生存を守りつづけていくためには、二重の認識によって照らし出されることが必要であった。いわば、直観的な認識に加えて、より潜勢力《ポテンツ》の高い認識、直観的認識に対する反省能力がつけ加わらなければならなかった。これが抽象的概念の能力としての理性である。

理性とともに未来と過去の展望を含めて思慮というものが誕生した。その結果として、熟慮とか、配慮とか、現在に左右されない予定された行動の能力とかが生じ、そして最後に自分自身の意志決定そのものについてのまったく明晰な意識も生まれた。ところで、(この理性よりも前に)ただの直観する認識が生じたというだけで、早くも仮象や錯覚の可能性が出てきたことはたった今述べたが、認識を欠いた意志活動にみられるあの無誤謬性はこれによって取り消され、したがって、本能ならびに工作衝動は、この場合認識に導かれた意志の発動のさ中で、認識を欠いた意志の発動として現われ、意志を助けに行かなければならないものなのだった。とするなら(ただの直観する認識が生じただけでこうなのだから)、理性の出現とともに、意志発動の確実性と無誤謬性〔これは無機的自然界というもう一つの極では厳格な合法則性として現われるものでさえある〕はほとんど完全に失われてしまうであろう。いいかえれば、本能は完全に後退し、今やすべてに取って代わるはずの熟慮が、〔第一巻で詳しく述べたとおり〕不安定と不確実とを生むのである(とくに第八節、第十二節に述べられている)。ここに誤謬の可能性も生まれる(第十五節参照)。多くの場合、意志の適切な客観化が誤謬に妨げられるとすれば、それはさまざまな行為を通じてである。なぜなら意志はすでに（人間の）性格のうちに一定不変の方角をとっていて、この方角に合わせてなにかをしようという人間の意欲そのものは動機をきっかけとして過《あやま》つことなく発生するが、しかし、その場合、妄想的な動機がさながら本当の動機のようにしのびこんで、本当の動機の方を取り消してしまうことがあるので、(2)これによって誤謬は意志の発動を偽作してしまうからである。それは例えばこういう場合である。迷信がありもしない動機をまるであるかのように誣《し》いると、状況はそのままで意志が平生に発動する仕方とはちょうど正反対になるような行動の仕方を、そのありもしない動機が人間に強制してしまうといった場合である。アガメムノン（ミケーネの王。トロヤ戦争において狩りの女神の怒りに触れ、自分の娘イフィゲーニアを犠牲に供する）が自分の娘を殺してしまうのもそれである。守銭奴がいつかは百倍になって金が返ってくるのを期待して、まったくのエゴイズムから慈善の寄付をするのもそれに当たる、等々。

一般に認識は、このように理性的な認識もただの直観的な認識もその起源をただせばもともとは意志そのものから誕生している。認識はまた、意志の客観化の高位の段階の本質に属していて、身体の各器官と同じように、個体および種を維持するための単なる道具 μηχανή であり、手段なのである。だから認識は、もともとは意志に奉仕するよう、意志の目的を実現するよう運命づけられていて、じっさいまたほとんど至るところで、すべての動物とおおむねすべての人間において、認識は意志にどこまでも奉仕する態勢である。――

しかしわれわれは第三巻で、少数の人間の場合、認識がこの意志への奉仕を離れ、その軛《くびき》を投げ捨て、意欲のあらゆる目的から自由に、純粋に認識それ自身として存立することができ、認識は世界をありのままに映す明るい鏡となって、その鏡から芸術が誕生するありさまを見ていくことになろう。最後に第四巻において、第三巻にみた種類の認識が今度は意志に逆作用を及ぼすと、この種の認識によって意志の自己止揚、すなわち諦念が生じるさまを見ていくことにしよう。諦念こそ、あらゆる徳と聖の究極の目標であり、いや、そのもっとも内奥の本質であり、また世界からの解脱である。

〔1〕この点については続編の第二十二章、ならびに拙著『自然における意志について』第一版五四ページ以下と七〇ページから七九ページまで、あるいは第二版四六ページ以下と六三ページから七二ページまでを参照のこと。

〔2〕したがってスコラ哲学者が次のように言っているのはきわめて正しい。「究極原因は、その実際の本質に従って作用するのではなく、本質がどう認識されるかに従って作用するのである」〔スアレス『形而上学論議』第二十三論議第七節ならびに第八節参照〕

（1）「存在性」Entitäten はラテン語 entitas の複数形 entitates をドイツ語化したもの。entitas は ens（存在者）を抽象名詞化したもので、強いてドイツ語と並行させていえば、esse (Sein) → ens (Seiende) → entitas (Seiendheit ?) ということになろう。したがって entitas のもとの意味は、「存在者の有している存在性」というようなことであるが、スコラ哲学者の間でも一定せず、相互にいくらか違った意味で用いられている。

（2）「本質」Quidditäten はラテン語 quidditas の複数形 quidditates をドイツ語化したもの。アリストテレスは事物の本質を、それの「何であるか」τί ἐστιν の問いに対する究極の答えをなす「ことば」λόγος として、τὸ τί ἐστι (das was ist) と呼んでいる。スコラ哲学者はこれをラテン語に訳して quod quid est といい、さらにこれを抽象名詞にして quidditas (Washeit) といっている。つまり物の「本質」essentia (Wesen) と同じことである。日本語では「何性」と訳されることもある。

（3）「実体的形相」forma substantialis について。――アリストテレス自然学によれば、無規定で純粋可能態にある「第一質料」πρώτη ὕλη が実体の「形相」εἶδος, μορφή を受け取ることによって、個的実体としての個物ができあがる。これを実体の「生成」γένεσις とよぶ。これに対し実体の「消滅」φθορά とは、形相が質料と分離することだと考えられる。スコラ哲学はこのアリストテレスの自然学を継承して、個的実体が生成 generari するのは、「第一質料」materia prima が「形相」forma を受け取って、この「形相」によって「形成される」formari ことであると説いている。第一質料を形成してこれを個的実体たらしめる形相を「実体的形相」forma substantialis とよぶ。

（4）「偶有的形相」forma accidentalis について。――第一質料が実体的形相を受け取って形成された個的実体には、さらにさまざまの質、量、関係等々が付帯している。実体はある期間持続しているが、付帯的性格はさまざまに変化する。たとえば「ソクラテス」は生成から死にいたるまである期間持続するが、小は大に、幼は老に、無知は知に、といった具合にさまざまに変化する。このように個的実体に付帯してこれに広い意味でのさまざまな変化を生ぜしめる形相を「付帯的形相」forma accidentalis とよぶ。この「付帯的形相」のうちには、実体に比較的に恒常的に付帯しているもの（たとえば人間にとってその形のごときもの）と、これに対したえず変わるもの、あるいは偶然に外から加わってくるものと、こういった区別がある。さらにまた実体に必然的に付随するもの（たとえば人間にとって「笑いうる」という性質）がありこれは「固有性」proprietasというのに対し、外から加わってくるもので変わりやすい諸性質を「偶有性」という。そこで、実体に外から加わって実体に偶有性を生ぜしめる形相を「偶有的形相」とよび、どちらも広義のforma accidentalisに属している。

（5）第十七節訳注（3）参照。

第二十八節

われわれは意志がそのなかに客観化される諸現象の、はなはだしい多様性と差異性とを見てきた。のみならず、諸現象の相互の、終わるところを知らない、和解なき闘争をも見てきたのである。しかしわれわれがおこなった叙述の全体からすれば、このような数多性、このような変転に、物自体である意志そのものが関与することはけっしてないはずである。イデア〔プラトンの言う意味での〕相互の差異性、つまり客観化の諸段階、イデアのおのおのが現われる夥《おびただ》しい数の個体、物質をわがものにしようとする形式相互の闘争――こういったことはすべて意志に触れることはない。こういったことは意志の客観化の仕方にすぎないのであって、わずかに客観化の仕方を通じて、意志と間接的な関係をたもっているにすぎないのである。こういったことは間接的な関係をたもっているおかげで、表象に対し意志の本質を表現していくひとつとなるのである。——

幻灯の映し出す絵はたくさんあり、さまざまであるが、すべての絵が眼に見えるかたちになるのは、たった一つの焔のためである。この比喩と同じように、相並んで世界を満たし、相次いで事件としてせめぎ合う現象はさまざまであるが、しかしそのなかで現象するものはたった一つの意志であって、万物はこの意志が可視的になり、客観的になったものにほかならない。意志はあの変転推移のただなかにあってもあいかわらず不動である。意志のみが物自体である。が、客観はすべて現象であり、カントの言葉でいえば現象 Phänomen である。——

イデア〔プラトンのいう意味での〕としての人間のうちに、意志はそのもっとも明瞭でそして完璧な客観化を見いだすとはいえ、それでも人間のイデアだけでは意志の本質を表現するには足りないのであった。人間のイデアが、それにふさわしい意味において現象するためには、ただ単独に、人間のイデアだけ切り離されて表現されるのではいけないのであって、それ以下の動物のあらゆる形態、植物界をへて無機的な世界にまで下降する段階系列を伴っていなければならなかったのである。これらすべての段階があってはじめて、相互に補い合って意志の完全な客観化ができあがるのである。樹木の花が葉、枝、幹、根を前提としているように、人間のイデアはこれら下位の諸段階を前提としている。それは人間を頂点とするピラミッドを形成している。——

譬《たと》え話を喜ぶむきがあるなら、こうも言うことができるかもしれない。完全な光がすこしずつ影を交えた段階を徐々にへてついに暗闇に消え失せる過程をひきずっているのと同じように、人間という現象には下位の諸段階の現象が必然的につきまとっている。また下位の諸段階を人間の残響とよぶこともあるいはできるかもしれない。動物と植物は人間の下の方に降りている第五音《クヴイント》と第三音《テルツ》であり、無機界はもうひとつ下の第八音《オクターフ》であるともいうことができようかと思う。――（音楽を例にした）今の比喩の真実性が全体としてわれわれにはじめて明らかになるのは、われわれが第三巻で、音楽の深遠な意義を究明しようとつとめたときである。そこでは、連関をそなえて軽快な高音をぬって進むメロディーが、ある意味で、反省によって連関をたもつ人間の生活と努力とを表わすものとみなすことができるし、それに対し、音楽の完成に必要なハーモニーを生む、相互連関を欠いた充填声部と荘重な低声部音《バス》とは、人間以外の、動物やその他認識を欠いた自然界を模写しているのだということが、われわれに示されるはずである。けれどもこの点については第三巻の、しかるべき個所（第五十二節）で述べることにしたい。そこで読めばもはやそれほどパラドックスめいては聞こえないだろうから。――

ところで、意志の現象が段階系列をなすのは、意志の適切な客体化にとって切っても切れない内的な必然性であるといえるが、われわれは段階系列そのものを全体として見た場合、内的な必然性はその全体のうちに外的な必然性によって表現されているのに気がつく。ここで言う外的必然性とは、人間がその維持のために動物を必要とし、動物は段階的に一が他をという風に（下位の）動物を、またさらに植物をも必要とし、植物はふたたび土壌、水、化学的要素、ならびにそれらの混合物、惑星や太陽、自転と太陽をめぐる公転、黄道の傾斜、等々を必要としている、という必然性を指す。――

結局このことは、意志以外には（この世界に）なにひとつ存在せず、しかも意志は飢えたる意志であるから、意志はおのれ自身を食い尽くさなければならないことから由来する。狂奔、不安、苦悩、いずれもここに由来するのである。

現象は無限の差異性と多様性とをそなえているが、物自体としての意志は一つである。意志は一つであるという認識だけが次のことについて本当の解明を与えてくれよう。自然界のすべての産物にみられる見違えようのないあの不思議な類似性《アナロジー》、すべての産物は同時に与えられてはいないが、結局同一テーマのヴァリエーションとみなされるあの同族的な相似性についてである。このことと同様に、世界のあらゆる部分と部分とのあの調和、あの本質的な連関、部分と部分とが段階を構成する必然性、われわれがたった今考察してきたあの必然性――こうしたことを明断に深くつかんで認識すれば、すべての有機的な自然の産物の否定しようのない合目的性の内的本質と意義に対する、真実で十分な洞察がわれわれには開かれてくるはずである。有機的な自然の産物を考察したり判断したりするときに、われわれはこの合目的性をア・プリオリに前提としてさえいるほどである。

この合目的性には二種類がある。ひとつは内的なそれである。すなわち一つ一つの有機体内部の各部分が、ある秩序にもとづいた一致を示し、有機体とその種族の維持がこの一致から生じるので、種族の維持が各部分の配列の目的ともなるという、そういう合目的性である。もうひとつの合目的性は外的なそれである。すなわち無機的な自然が有機的な自然一般に対してもつ関係、あるいは有機的な自然のひとつひとつの部分が相互にもつ関係である。この関係が、有機的な自然全体の維持、ないしは動物の個別化した種族の維持をも可能にするし、そのため維持という目的の手段としてわれわれの判断に迎えられる。

さて、内的な合目的性は、次のようにしてわれわれの考察の文脈のなかに入ってくる。――これまでの叙述に従えば、自然界における形態の差異性と個体のあらゆる数多性は意志に属しているのではなく、意志の客体性とその形式とに属しているのであるが、だとすれば、その結果として必然的に、意志の客観化の程度〔プラトンの言う意味でのイデア〕がきわめて多種さまざまであるにしても意志そのものは不可分で、いかなる現象のうちにも完全に現在していることになろう。これをわかりやすく理解するために、われわれは多種さまざまなイデアを、そのものとしては簡単な、個々の意志の働きとみなすことができよう。その働きのなかに意志の本質が多かれ少なかれ表現されている。しかし、個体は、またしてもそういう多種さまざまなイデアの現象であり、いいかえれば、個々の意志の働きが時間、空間、数多性のうちに現われたものが個体である。――

さて、客体性のもっとも低い段階（たとえば牽引力や反撥力。第二十七節参照）においては、意志のこのような働き〔あるいはイデア〕は、現象のかたちになっても、意志が一つであることを守りつづけている。一方、高位の諸段階（例えば植物・動物・人間）においては、意志は現象するために、時間の中に現われる非常に多くの状態や展開を必要とするのであって、これらをすべて纏《まと》めてはじめて意志の本質は完全に表現されることになる。――

右のようなわけで、例えばなにかひとつの一般的な自然力（今述べた牽引力や反撥力など）となって現われるイデアは、つねにただ簡単な現われ方しかしない。簡単な現われ方といってももちろん外的な事情に応じて種々さまざまなのではあるが。つまり、もしも簡単な現われ方をするのではないとしたら、イデアの同一性が立証されることもまったくあり得ないことだろう。イデアの同一性は、ただ外的な事情から生じた多種多様さをえり分けることを通じて立証されるのである。結晶がただ一つの生命の表出、つまり結晶作用しかもたないのもこの例であって、結晶の生命の表出は後には刹那の生命の屍《しかばね》である固化した形で十分に、余すところなく表現されているからである。――

ところが植物となるとすでに、植物を自らの現象としているイデアは、簡単な現われ方でたちまちにして表現されるということはない。時間のなかで植物の諸器官が継続的に発育することのうちにイデアは表現されているのである。――

動物もこれと同じく、非常に異なった形態〔胚子発生以後の段階における変態《メタモルフォーゼ》〕を次々と継続させることで有機体を発育させていくが、ただそれだけではない。形態そのものは、形態に応じた段階における意志の客体性ですでにあるとはいえ、イデアを完全に表現するにはそれだけでは不十分で、むしろ動物の行動によって補われてはじめて動物のイデアは完全なものになるのである。行動のうちに、動物の種全体を通じて同一である経験的な性格が表わされているからである。行動のうちに表わされる経験的な性格こそ、はじめてイデアの完全な表現であるといえるのであって、その際、イデアが根本条件として前提としているのは特定の有機体（動物の種ということ）である。――

ところが人間になると早くも、この経験的な性格は（種ではなく）ひとりびとりの個人ごとに特徴をそなえた性格となる。〔のみならず、われわれは第四巻で見ていくつもりだが、この個人ごとに特徴ある性格は、ついには種としての性格の完全な廃棄にまでいたるだろう。すなわちなにかをしたいという人間の意欲全体を自ら廃棄することによって、種としての性格の廃棄がおこなわれるはずである。〕――

時間のなかに必然的に展開され、時間に制約されて個々の行動に分かれて、経験的な性格として認識されるものは、現象というこの時間の形式を捨てて考えれば、カントの言うところの叡知的性格である。カントは経験的性格と叡知的性格との区別を示し、自由と必然との間の関係を、もともとは物自体としての意志とそれの時間における現象との関係として説明することで、とりわけみごとにその不朽の業績をあらわしているのである[1]（この問題は第二十節で軽く、第五十五節で詳しく論ぜられる）。それゆえ叡知的性格は（プラトンの言う）イデアと一致する。あるいはもっと本来的にいえば、イデアにおいて現われる根源的な意志の働きと一致するのである。したがってその範囲内でいうならば、個々の人間の経験的性格のみならず、あらゆる動物の種の、いや、あらゆる植物の種の、さらに無機的な自然のあらゆる根源力の経験的な性格をさえも、叡知的性格の現象として、すなわち時間の外にある分割できない意志の働きの現象としてみなすことができるのである。――

　ついでにわたしは、外形だけで自分の性格の全部を表わし、明らさまに示す植物の素朴さについてここで注意をうながしておきたい。植物は単なる外形だけで、自分の存在と意欲の全部を表明しているわけだから、植物の外貌はあんなにも面白いかたちをとっているのである。動物はこれに対し、動物のイデアのうえから認識されるためには、すでにその行動と動作において観察されることが必要であって、さらに人間に至っては、理性をもっているので、擬装の能力を高度にそなえ、人間は徹底的に調査されたり、試験されたりすることが要求されている。植物は動物よりも素朴であるが、それと同じ程度だけ、動物は人間よりも素朴なのである。動物においては生きんとする意志が人間よりもいわば剝《む》き出しのままに見えるが、人間の場合この生きんとする意志は多くの認識の衣で蔽われ、そのうえ擬装の能力によって包み隠されているから、生きんとする意志の本当の本質はほとんど偶然に、部分的にしか現われることがないのだ。この生きんとする意志が完全に剝き出しのままに、が、はるかに微弱なかたちで現われるのは植物においてであって、植物における生きんとする意志は目的も目標ももたない生存への純然たる盲目の衝動にほかならない。なぜなら植物は一目見ただけでもまったく無邪気に、その本質全体を表わしているからである。この無邪気さのために植物は、いかなる動物にあっても、もっとも隠れた場所に置かれている生殖器を、自分のてっぺんに掲げて衆目にさらすことを苦にしないのである。植物のこの無邪気さは植物には認識がないということにもとづいている。すなわち邪気は意欲にあるのではなく、認識を伴った意欲にあるからである。ところでいかなる植物でもまず語っているのは、その故郷であり、故郷の気候であり、それが発芽した土壌の性質である。だから外来の植物の原産地が熱帯か、それとも温帯か、またその生育が水中か、沼地か、山上か、それとも荒野かを、たいして訓練していない者でさえたやすく見分けることができるのである。しかしそのうえさらにどの植物も、それぞれの種族の特殊な意志を表明していて、他のいかなる言葉でも語ることのできないなにかを語っている。――

さて、わたしはこれから、有機体の目的論的な考察に、それが有機体の合目的性に関係しているかぎりで、これまで述べてきたことを応用してみることにしたい。――

無機的な自然界には、随所で唯一の意志の働きであるとみなすことのできるイデアがあって、やはりこれは唯一の、つねに等しい発現の仕方のうちにあらわに立ち現われるにすぎない。だからこうも言うことができる。無機的な自然界では、経験的性格が叡知的性格の単一性をそのままにそなえているのであって、いわば叡知的性格と合致し、そのため内的な合目的性（有機体内部の各部分が秩序にもとづいた一致を示すこと。それは種族の維持のためである）がここでは示され得ないのである。これに対し有機体は、いずれも相次いでおこなわれる発育の継続を通してイデアを表わし、しかも発育は相並ぶさまざまな部分の多様性によって制約されているから、有機体の経験的性格の現われの合計は、ひとまとめにされてやっとのことで、叡知的性格の表現となるのである。とすれば、部分が必然的に相並んでいること、発育が必然的に相次いでおこなわれていること、これが現象するイデアの単一性、発現する意志の働きの単一性をなくしてしまうことにはならないのである。むしろこの単一性は、今や有機体の部分や発育の相互の必然的な関係と連鎖（内的な合目的性のこと）のうちに、因果の法則にしたがって、表現されている。——

分割することのできない唯一の意志、まさにそのためにおのれ自身とまったく一致している意志が、まるで一つの働き（意志の働き）のうちに現われるようにイデア全体のうちに現われるのである。だから、意志の現象がたとえいろいろ雑多な部分や状態に分かれたにしても、部分や状態は普遍的に一致することにおいて、意志の現象は右に述べた単一性（イデアの単一性、意志の働きの単一性）をふたたび示さざるを得ないことになるのである。このことはあらゆる部分と部分の相互の必然的な関係ならびに相互の必然的な依存性によって起こるのであるが、これがまた現象においてイデアの単一性が回復される理由でもある。——

以上に従い、われわれはいま、有機体のいろいろ多様な部分や機能は互いに互いを手段とし目的とし合うものであることを認め、有機体そのものが、これら多様な部分や機能の究極の目的になっていることをも認めるものである。その結果、一方において、そのものとしては簡単なイデアがばらばらに分かれて有機体の部分や状態になることも、また他方において、ばらばらに分かれた有機体の部分や状態が互いに原因となり結果となり、互いに互いを手段とし目的とし合うことで部分と機能を必然的に結合させ、かくて、イデアの単一性を回復するということも、この二つのことはどちらも、現象する意志そのもの、つまり物自体に固有なことでもなければ、本質的なことでもない。時間、空間、因果性にみられる意志の現象〔根拠の原理の、すなわち現象の形式の純然たる形態〕にのみ固有のことで、現象にとってのみ本質的なことだといっていいのである。今述べた、イデアがばらばらに分かれて有機体の部分や状態になることも、逆に有機体の部分や状態がイデアの単一性を回復するということも、どちらも表象としての世界に属するのであって、意志としての世界に属することではない。この二つのことは、意志が客体性のこの段階〔つまり有機体の段階〕においてどのようにして客観となり、表象となるかという仕方や方法に属することだといっていいのである。——

おそらくやや理解に厄介なここでの論究の意味に深く立ち入った者であれば、有機体のこのような合目的性は、無機体の合法則性と同じく、われわれの悟性によって自然界のなかへまず最初に持ちこまれたものであるから、両者どちらも、現象に帰せられるべきで物自体に帰せられるべきではないという趣旨のカントの教えを今や本当によく分かるようになるだろう。——無機的な自然界の合法則性がいささかの間違いもなく不変であることに関する驚きは、前に述べたが（第二十六節参照）、これは有機的な自然界の合目的性に関する驚きと、本質的には同じことである。なぜなら、どちらの場合にも、現象にとって数多性と差異性というかたちをとっていたイデアが、もともとは一つであったことをわれわれが目撃したことが、われわれを驚かせるのだからである。[2]

さて、先におこなった区分にしたがって、第二の種類の合目的性、有機体の内部のなめらかな運行にみられる右の内的な合目的性ではなく、有機体が外部から受ける支援や助け、つまり、無機的な自然界から受けたり他の有機体から受けたりする支援や助けのなかにみられる外的な合目的性に関して考えてみよう。この外的な合目的性も、一般的にあっさり言ってしまえば、たった今提出した論議によって同じように説明はつく。というのは次のようなことである。まことに、全世界は、そのすべての現象を含めて、分割できない唯一の意志の客体性、すなわちイデアであり、このイデアが他のさまざまなイデアに対してもつ関係は、和声《ハーモニー》がさまざまな音声に対してもつ関係といってよく、だから、意志が一つであるとかねて述べてきたことが、意志のあらゆる現象の相互の一致（外的な合目的性のこと）のうちにもみられるに相違ないからである。ただしわれわれは、この（一般的にあっさり言ってしまった）洞察をずっとはっきりさせるために、外的な合目的性、自然界のさまざまな部分と部分の相互の一致という現象にいささか詳しく立ち入ることにしよう。ここでの論究は同時にさかのぼって以前の論究にも新しい光を当てることになるだろう。が、そこに至るのに一番いい方法は、次のような類比作業《アナロジー》を考えてみることである。

各個人の性格は、それが人類という種の性格のうちに全面的には包みこまれず、あくまで個人的に把えられているかぎりでは、特別なイデアとみなされてよく、意志の独特な客観化の働きに照応したイデアである。その場合、意志のこの働きそのものが、個人の叡知的性格となろうし、一方、意志の働きの現象が、彼の経験的性格ということになるであろう。経験的な性格は叡知的性格によって、徹頭徹尾、規定されているが、この叡知的性格は根拠を欠いている意志、すなわち物自体として根拠の原理〔現象の形式〕に従属していない意志である。経験的性格は、ひとつの人生行路において、叡知的性格を写し出すことができなければならず、叡知的性格の本質が要求していることとは違った結果を生むなどということはあり得ない。──

ただし右の規定は、それに従って現象する人生行路のなかの本質的な点だけに及ぶことであって、非本質的な点には及ばない。非本質的な点に属しているのは、出来事や行動に関すること細かな規定である。出来事や行動こそ、経験的性格が現われるためのよすがとなる素材である。出来事や行動は外的な状況によって規定される。外的な状況は、経験的性格がそれにもとづいて自らの本性どおりに反応する動機を提供する。外的な状況はじつに雑多であり得るから、経験的性格という現象が外的にどのように形成されるか、つまり人生行路が一定の事実的ないし歴史的にどのように形成されるかは、外的な状況からの影響いかんに従わざるを得ないであろう。たとえこの現象のなかの本質的な部分、現象の内容は一定不変であるとはいえ、現象がどのように形成されるかは、多種多様な結果を生むことがあり得るからである。例えば、人がくるみの実を賭けるか、十マルク貨幣を賭けるかは、非本質的なことである。だが、人が賭けるときに八百長をするか、正直にやるか、これは本質的なことである。後者は叡知的性格によって規定され、前者は外的な影響によって規定されるのである。さながら音楽の同一主題は百の変奏曲で演奏できるように、同一の性格は百のきわめて異なった人生行程となって現われることがあり得るだろう。しかし、外からの影響がたとえどんなに多種多様であり得るとしても、またそれがどんな結果を生もうとも、それでも、人生行路のうちに表現されている経験的性格は、叡知的性格を正確に客観化していなければならない。叡知的性格の客観化を、経験的性格は、目の前にある事実的な状況という素材に適合させることによって、おこなわなければならない。——

（さて、目下ここで考察中のことは、有機体の外的な合目的性についてである。そのために一番いい方法は、ある類比作業《アナロジー》を考えてみることだと前に述べて、個人の経験的性格と叡知的性格との関係を検討してきた。

この関係に類比させて、有機体の外的な合目的性を考えてみようというわけである。外的な合目的性を一般的にいえば、次のようになるだろう。）

意志はその客観化という根源的な働きをおこなうに当たりさまざまなイデアを規定している。意志はさまざまなイデアのうちに客観化されている。それはすなわち、意志はあらゆる種類の自然物のさまざまな形態を規定しているということである。自然物のこのあらゆる種類のうちに、意志の客観化が配分され、このあらゆる種類は、客観化の配分を受けているからこそ必然的に、現象において相互の関係を結ばざるを得なくなっている。——以上のこと（外的な合目的性）がどのようにしておこなわれるかをわれわれは考えてみようというのであれば、次の類比作業を想定しておかなければならないだろう。（今まで述べたとおり個人の）人生行程は、事実上、経験的性格によって規定されているが、この人生行程に外的な状況が及ぼす例の影響に類比《アナローグ》したなにかを、想定しておかなければならないだろう。つまりわれわれが想定しなければならないのは、一なる意志の現象と現象との間には、普遍的な相互適合と相互照応とが成り立っているのだということである。だが、その際、やがてわれわれはもっとはっきり分かってくると思うが、イデアは時間の外にあるのだから、あらゆる時間規定は除外しておかなければならない（この件は十二行ほどあとに述べられている）。で、この理由に基づき、いかなる現象も自分が入りこんだ環境に自分を合わせざるを得ないことになるのだ。しかし環境もまたふたたび、現象の方に自分を合わせなければならなかった。環境の方が現象に合わせる（これもすぐ後に説明があるが、環境の方が新たに出現する現象の準備をしていること）というようなことは、時間的にはもちろん、はるかに遅れて現われるのではあるが。こうしてわれわれはいたるところに「自然の合意」consensus naturae を見るのである。それゆえいかなる植物も土壌と気候に適合している。いかなる動物もそれぞれの生活要素と、食糧となるべき獲物に適合しているし、天敵からもなんらかの仕方でどうにか保護されている。眼は光とその屈折に適合している。肺や血は空気に適合している。魚の鰾《うきぶくろ》は水に、海豹《あざらし》の眼はその媒質の変化（眼を囲む生活の場が空気と塩水と交互に入れ替わること。海豹はどちらでも開眼できる）に、中に水を含んだ駱駝の胃の中の小胞（駱駝の第一胃の胃壁には多数の小胞があるが、ここには水ではなく消化液を貯蔵する）はアフリカ砂漠の乾燥に、タコフネ（挿図参照）の帆はその小さな舟を押し進めるべき風に、それぞれ適合しているのである。こうして、外的な合目的性は、きわめて特殊な、驚嘆すべき点にまで及んでいるのである。[3] ―

　さてしかし、時間関係はイデアの現象にのみ関わり、イデアそのものには関係がないから、この際、あらゆる時間関係は除いて考えられなければならない。したがって、右の説明法は時間的にさかのぼっても使用することができるのであって、いかなる（生物の）種も目の前にある状況（環境）に順応したと想定できるだけでなく、時間的にすでに前からあった状況（環境）そのものが、やがて将来に生じるであろう生物をも同様に考慮に入れていたと想定することもできるのである。なぜならば、全世界に客観化されるのは、いうまでもなくただ一つの同じ意志だからである。意志は時間を知らない。時間という、根拠の原理のこの形態は意志に属してもいなければ、意志の根源的な客体性であるイデアにも属していないからだ。時間とは、無常はかなき個体がイデアを認識する仕方と方法、すなわちイデアの現象に属しているにすぎないからだ。意志の客観化はどのようにしてイデアのなかに配分されるか、その仕方と方法をめぐるわれわれの目下の考察の場合に、時間の順序ということがおよそ意味をもたないのはそのためである。現象は現象である以上、因果の法則に従っている。この因果の法則に従って、時間の順序のなかへ自分の現象をより早く出現させたイデアは、遅く出現させているイデアよりも、時間的に早いというだけでなんらかの特権をもっているわけではない。むしろ自分の現象を遅く出現させているイデアの方が、ちょうど意志の客観化のもっとも完全なもの（人間のこと）になっている。後から来たものは前からあったものに自分を合わせなければならないが、これと同じように、早いイデアは後から来た遅いイデアにも自分を合わせておかなければならないのだ。——

こうして（早いイデアが出現させた現象をあげれば）惑星の運行、黄道の傾斜、地球の自転、陸地と海の分布、大気、光、熱、ならびに和声《ハーモニー》における根音バス（基音バスともいう）に相当する、自然界における類似現象——これらは、やがて後から登場してくるはずの生物の種族を早くも予感しつつ、生物の種族に自分を合わせておいたのだった。そしてその担い手となり、守り手となることを予定していたのだった。同じように土壌は植物の栄養となることに、動物は他の動物の栄養となることに自分を合わせておいた。そしてこれとちょうど逆に、後の者がまた前の者に自分を合わせもしたのである。――

自然のあらゆる部分のなかに現象しているのは一なる意志であるから、自然のあらゆる部分は互いに意を迎え合うのである。しかし時間の順序ということは、意志の根源的な唯一の適切な客体性〔この語は次の巻で説明する〕であるイデアには、まったく無関係である。この現在においては、種族は自分を維持するだけで、新たに発生する必要をもう持たないけれども、その現在でもなお、われわれはときとして、本来的に時間の順序をいわば切り捨てながら、未来へと及んでいく、そのような自然の先慮 Vorsorge を目にすることがあるのである。先慮とは、すでに存在するものが、これから来るべきものに自分を合わせることである。――

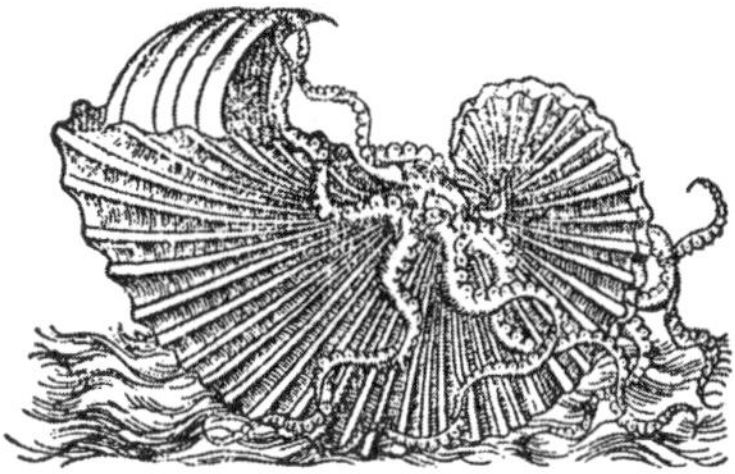

タコフネの推進力。タコフネの雌は螺旋状の薄い貝殻を分泌し、この中に産卵、哺育する。アリストテレス以来、これを舟にし、足を櫂に、薄膜を帆にして走ると信じられ、ピエール・ベロンの図（1551年刊）もこの説にもとづいているが、実際は水を噴射して進む。

こうした例をあげるなら、鳥はまだ知らない雛《ひな》のために巣を造る。海狸《ビーバー》は自分で目的も知らずにある建物を築く。蟻、山鼠《ハムスター》、蜜蜂は自分の知らない冬のために貯蔵食糧を集める。蜘蛛、蟻地獄は自分の知らない将来の獲物のために、まるで策をめぐらしたかのように罠《わな》を設営する。昆虫はやがて生まれてくる幼虫が将来食物を発見できるような場所に卵を産みつける（第二十三節前半に工作衝動＝本能の例として以上と同じ例があげられている）。雌雄異株の石菖藻《せきしょうも》Vallisneria の花の咲く頃、雌花がそれまで自分を水底に繋ぎ止めていた茎の螺旋形絲状梗をほどいて、水面に浮かび上がってくると、それまで水底で短い茎に着いて成長していた雄花は、ちょうど時を同じくして、この茎から身をもぎ放し、自分の生命を犠牲にして水面に浮かび上がって、そこであちこち漂いながら雌花を探し求めるのである。こうして受精をすませると、雌花の方は螺旋の収縮によってふたたびちぢんで水底にもどり、水底で実を結ぶにいたる。[4] わたしはここでもう一度、雄のくわがた虫の幼虫のことを思い出しておかなければならない（第二十三節前半参照）。くわがた虫の雄の幼虫は、成虫《メタモルフォーゼ》へ脱皮するため木のなかに雌の幼虫の二倍ものほら穴を嚙みあけるのであるが、これは将来生えてくる角を容れるための場所であった。——

総じて動物の本能は、自然のこれ以外の目的論をわれわれに説明するのにももっともよい。なぜなら、本能とは、目的概念に従った行為にきわめて似ていながら、しかも目的概念を完全に欠いている行為であり、自然のおこなうあらゆる造形もまた、この本能と同じように、目的概念に従った造形にきわめて似ていながら、しかし目的概念を完全に欠いているからである。それというのも、自然の外的な目的論においても内的な目的論においても（前に述べた内的ならびに外的な合目的性に照応する）、われわれが手段ならびに目的として考えなければならないものは、いずれの場合でも、自己自身とどこまでも一致しているただ一つの意志の単一性の現象が、われわれの認識の仕方に対して時間と空間とに分かれて現われたものにすぎないからである。

現象同士が互いに自分を相手に合わせあうあの相互の適合と順応は、今述べた意志の単一性に由来するのであるが、しかし、自然界にあまねくみられる闘争として現象している、前に述べた（第二十七節参照）あの内部抗争は、けっして現象相互の適合と順応によって根絶やしにされるのではない。内部抗争は、意志にとって本質的なことである。調和はただ、世界と生物の存続を可能にするというその程度にまでしか及んではいない。この調和（現象相互の適合と順応）がなかったとしたら、世界も、また生物も、とうの昔に滅亡していたであろうから。それゆえに調和は、種ならびに一般的な生存条件が存続しつづけることにのみ及ぶだけであって、個体の存続には及ばない。そこで調和と適応力のあるおかげで、有機的なものにおける種、無機的なものにおける一般的な自然力は並んで存続しつづけ、のみならず交互に支え合ってさえいるのであるが、これにひきかえ、各種のイデアによって客観化される意志の内部抗争は、（有機的なものにおいては）種に属する個体同士のとどまるところを知らぬ絶滅戦となって現われるし、（無機的なものにおいては）あの自然の諸力の現象同士の休むことを知らぬ格闘となって現われるのである。このことはすでに前に（第二十七節参照）詳しく述べておいた。このような闘争の戦場となり、対象となるのは、物質である。個体や現象は、物質をたがいに相手から奪い取ろうとつとめるのである。また空間と時間をもたがいに相手から奪い取ろうとつとめるのである。第一巻で述べたように（第四節参照）、物質とはがんらい空間と時間を因果性の形式によって結合したものだからである。[5]

〔1〕『純粋理性批判』の「世界の出来事の演繹の総体性に関する宇宙論的な理念の解決」〔第五版五六〇―五八六ページならびに第一版五三二ページ以下〕。『実践理性批判』〔第四版一六九―一七九ページ、ローゼンクランツ版二二四ページ以下〕を見よ。さらに拙論『根拠の原理について』第四十三節参照。
〔2〕『自然における意志について』の「比較解剖学」の章の終結部を参照。
〔3〕『自然における意志について』の「比較解剖学」の章を見よ。
〔4〕シャタン『螺旋石菖藻について』。『科学アカデミー報告』第十三号〔一八五五年〕所収。
〔5〕この点については続編の第二十六章ならびに第二十七章を参照。

第二十九節

わたしはここにわたしの叙述の第二の主要部を終わるに当たり、次のような希望を抱いている次第である。そもそもわたしの思想はいまだかつて存在しなかったものであって、したがってこの思想を最初に産み落としたわたしという個性の痕跡をまったくとどめないというわけにはいかないが、わたしはこの思想を最初に伝達するに際して、可能なかぎり、次のようなことについて明白な確実性を伝えることに成功したのではないかという希望を抱いている。すなわち、われわれが生きかつ存在しているこの世界は、その全本質のうえからみてどこまでも意志であり、そして同時に、どこまでも表象である。この表象は、表象である以上はすでになんらかの形式を、つまり客観と主観とを前提とし、したがって相対的である。客観と主観というこの形式と、根拠の原理が表現している、この形式に従属したすべての形式とを取り除いてしまったあかつきに、さらにあとに何が残るかをわれわれは問うてみるなら、これは表象とはまったく種類を異にしたものであって、意志以外のなにものでもあり得ず、それゆえこれこそ本来の物自体である。各人はおのれ自身がこの意志であることを知り、世界の内奥の本質もまたこの意志に存することを知るのである。が、同時にまた各人は、おのれ自身が認識する主観でもあることを知り、全世界は主観の表象である以上、その範囲内でいえば、全世界はその必然的な担い手である主観の意識に関連してのみ、現実的な存在を有しているのだと知るのである。——

だから、このような二重の観点において、各人は全世界そのものであるし、小宇宙《ミクロコスモス》である。各人は世界の二つの側面をあますところなく完全に自己自身のうちに発見する。このように各人が自分に固有の本質と認めているものが、同時に全世界の、すなわち大宇宙《マクロコスモス》の本質をも尽くしている。だから全世界もまた、彼自身と同じように、どこまでも意志であり、そしてどこまでも表象なのである。そのほかにはなにも残らない。こうしてここにわれわれは、大宇宙を考察したタレスの哲学と、小宇宙を考察したソクラテスの哲学とが一致することがわかる。両哲学の対象は同じであることが示されるからである。——

しかし本書の、第一巻と第二巻とで伝えてきた認識のすべては、さらにこれにつづく第三巻と第四巻とによって、いっそう大きな完全さを得るであろうし、そのためいっそう大きな確実さをかち得ることになろう。われわれのこれまでの考察で、多くの問題の提出のし方は明瞭でもあり、不明瞭でもあったかもしれないが、これからはこの多くの問題が、十分に解答されることになるものとわたしは期待している。

それはとにかく、この間になお特別に、いまのうちに論究しておきたい一つの問いがあるといえるかもしれない。元来この問いは、前節までのわたしの論述の意味がまだ完全には突きとめられていないからこそ提出できるような問いであって、そのかぎりでは、これまでの論述の解明に役に立つのかもしれない。——

それは次のような問いである。意志はすべてなにものかへの意志である。意志はなにかをしようとする意欲の客観を、目標をそなえている。してみると、われわれに対し世界の本質それ自体として示されているあの意志は、いったい最終的には何を欲しているのか？ もしくは何を目指して努力しているのか？（意志の目標は何かというこの問いは第二十七節の、中心天体と惑星に関する叙述の直後にすでに出されている）——

このような問いは、（もし答を期待しているのだとしたら）じつに多くの他の問いと同じく、物自体と現象との混同に基づいている。根拠の原理は現象にだけ及ぶのであって、そもそも物自体には及ばない。動機づけの法則も、こうした根拠の原理が形をなしたものである。なんらかの根拠をあげることができるのは、ただささまざまな現象そのものについてだけ、個々の事物についてだけで、意志そのものについては、意志が適切に客観化されるイデアについても、根拠をあげることはできない。こうして、各個別的な運動、一般に自然界における変化についてならば、原因が探し出せるし、この運動や変化を必然的にひき起こした一状態が探し出せるのである。しかし、あの数え切れぬほどの類似の現象のうちに自分をあらわに示す自然力そのものについては、原因を探し出すことはできない。したがって重力の原因は何か、電気の原因は何か、等々を問題にするとしたら、それこそ思慮の不足から出た本当の無知だといえるだろう。ただし、例えば、重力や電気が独自の根源的な自然力ではなく、一つの一般的な既知の自然力の現象の仕方にすぎないことが明らかに示されているのだとしたら、その自然力がここで重力や電気という現象を生み出すことをひき起こす原因は問われてよいのである。このことはすべて前に詳しく論述しておいた（このあたりはおおむね今までの繰返し、整理、強調である）——

さて、認識する個体（動物と人間）〔これはそれ自身としては物自体である意志の現象にすぎないが〕のおのおのの、個別的な意志の働きは、自然界の変化がなんらかの原因をそなえているのと同様に、必然的になんらかの動機をそなえているのであって、動機がなければ、意志の働きは生じてはこない。しかし、自然界における物質的な原因とは、この時、この場所、この物質にはかくかくしかじかの自然力の発動がおこなわれるに違いない、という規定をただ単に含んでいるにすぎないものなのだが、動機もまたそれと同じことで、認識する存在者の意志の働きがこの時、この場所、この状況下で（全体から切り離された）完全に個別的なものであることを単に規定しているにすぎないのである。動機は認識する存在者がそもそもなにかを意欲すること、しかもこれこれの仕方で意欲するということ、およそこのようなことを決して規定してはいないのである。存在者がなにかを意欲すること、これは存在者の叡知的性格の発動だからである。叡知的性格とは意志そのものであり、物自体であって、根拠を欠いており、根拠の原理の領域の外にある。——

そういうわけで、どの人間も、つねに目的と動機とをそなえ、それに従って自分の行動を導き、自分の個々の行動について常時、弁明することを心得ているのに、しかしいったん彼に、そもそも何故なにかを意志しているのか、あるいは、そもそも何故存在しようと欲しているのかと問うたなら、彼はなんの答えももたないだろう。むしろ質問自体が、彼には馬鹿げたものに思われるだろう。そしてほかでもない、まさにこの点で、彼自身が意志にほかならないのだという意識が本当に現われることであろう。意志がそもそもなにかを意志するのは、当り前なことだからである。意志はただ、その個々の働きにおいてのみ、その各時点に対し、動機によるこまかな規定を必要としているだけである。

実際、いっさいの目標がないということ、いっさいの限界がないということは、意志そのものの本質に属している。意志は終わるところを知らぬ努力である。この件は以前に遠心力について言及したときにすでに触れておいた（第二十七節参照）。この件はまた、意志の客体性のいちばん低位の段階、重力において、もっとも単純な姿をとってあらわになっている。重力は究極の目標というものをもたないのに、休むことなく努力していることは一目瞭然である。かりに重力の意志に従って、存在する物質のすべてが寄り集まって一塊になったとしても、その塊の内部で、重力は中心点へ向かって努力しつづけ、あいかわらず剛性ないしは弾性であるところの不可入性と闘争をつづけることになるだろう。だから物質の努力を、ただ阻止するということはつねに可能かもしれないが、物質の努力をかなえてやったり、満足させたりすることはけっして可能ではないのだ。――

しかしあらゆる意志の現象の、あらゆる努力に関しても、事情はちょうどこれと同じである。一目標が達成されれば、それがまたもや新しい進路の始まりになるのである。努力はこうして無限へ向かっていく。植物は芽から始めて、幹や葉を経て花や実へとおのれの現象を高めていくが、実はふたたび新しい芽の始まり、新しい個体の始まりにすぎず、新しい個体はまたしても旧来の進路をひとめぐりする。これが無限の時間にわたってくりかえされるのである。動物の生活行程もこれと同じなのだ。生殖は、動物の生活行程の頂点にあたるが、この頂点への到達を境にして、最初にあった個体の生命は急速にもしくは徐々に下降していく。その一方、新しい個体が出て来て、自然に対し種を維持することを保証し、同じ現象をくりかえすのである。（動植物の成長衰退）のみならず、各有機体の休むことのない物質の入れ換え（新陳代謝）もまた、この絶えまのない衝迫と変化の単なる現象とみなされるべきであって、生理学者たちは今では、物質のこの入れ換えを、もはや運動で消耗した成分の必要な補充であるとは考えなくなっている。機械に起こりうる摩滅は、栄養をたえず注入することと絶対に等しくはないからである。すなわち永遠の生成、終わるところのない流れは意志の本質の顕在化に属することである。——

最後にこれと同じことが、人間の努力や願望のうちにも現われているといえよう。努力や願望を実現することは、意欲の最終の目標であるようにいつでもわれわれは信じこまされているが、努力や願望はいったん達成されてしまうと、はじめの努力や願望とはもはや似ても似つかぬものに見えてくるため、間もなく忘れ去られ、古着のようにぬぎ捨てられ、実際にはいつでも、公然とではないにしても、あれは一時の錯覚であったとして脇へよけられてしまうものである。まだなにか願望すべきもの、努力すべきものが残っている間は十分に幸福でいられる。願望から満足へ、そして満足から新しい願望へという移り変りがすみやかに進む場合を幸福と称し、ゆっくり進む場合を苦悩と称するが、願望すべきものがまだ残っている間は、この休むことのない移り変りの、自由に動く余地が保たれ、停滞に陥らずにすむ。しかし移り変りが停滞すると、この停滞は生命を硬化させる怖ろしい退屈、特定の対象をもたない気の抜けた憧憬、死にたい思いにさせるほどのもの憂さ《ラングール》となってあらわれるのである。——

以上すべてにもとづいて、意志は認識の光に照らされているときには、自分がいま何を、ここで何を欲しているかをつねに知っている。しかし意志は、自分がそもそも何を欲しているかということをけっして知らない。意志の個々の働きは目的をもっている。総体としての意欲は目的をもっていない。それはちょうど、個々の各自然現象が、この場所、この時に出現することに対しては、十分な原因によって規定されているのに、自然現象のなかに自己表明をおこなっている力一般は、なんらの原因をももたないのと同じことである。このような力一般は、物自体の、根拠のない意志の、現象の段階だといえるからである。――

しかし意志のただ一つの自己認識を全体としてみれば、これは全体としてみた表象であり、直観的世界の総体ということになる。この直観的な世界は、意志の客体性であり、意志の表面化であり、意志の鏡である。直観的な世界が、このような特性をそなえて、何を表明しているのか、このことがわれわれのこれから先の考察の対象となるであろう。[1]

〔1〕この点については続編の第二十八章を参照。

中公
クラシックス
W36

意志《いし》と表象《ひょうしょう》
としての世界《せかい》 I
ショーペンハウアー

2004年 8 月10日初版
2024年 4 月10日14版

訳　者　西 尾 幹 二

発行者　安 部 順 一

印刷　TOPPAN
製本　TOPPAN

発行所　中央公論新社
〒100-8152
東京都千代田区大手町 1-7-1
電話　販売 03-5299-1730
編集 03-5299-1740
URL https://www.chuko.co.jp/

訳者紹介

西尾幹二（にしお・かんじ）
1935年（昭和10年）東京生まれ。
1958年、東京大学文学部独文科卒業。文学博士。電気通信大学名誉教授。ニーチェ、ショーペンハウアーの研究を専門とする。その主著の翻訳者でもあるが、早くから西欧との比較に基づく文化論を展開し、文芸、教育、政治をめぐる評論家としても活躍している。著書に『ヨーロッパの個人主義』『異なる悲劇　日本とドイツ』『人生の価値について』など多数。

Published by CHUOKORON-SHINSHA, INC.
Printed in Japan　ISBN978-4-12-160069-1　C1210

■「終焉」からの始まり
――『中公クラシックス』刊行にあたって

二十一世紀は、いくつかのめざましい「終焉」とともに始まった。工業化が国家の最大の標語であった時代が終わり、イデオロギーの対立が人びとの考えかたを枠づけていた世紀が去った。歴史の「進歩」を謳歌し、「近代」を人類史のなかで特権的な地位に置いてきた思想風潮が、過去のものとなった。

人びとの思考は百年の呪縛から解放されたが、そのあとに得たものは必ずしも自由ではなかった。固定観念の崩壊のあとには価値観の動揺が広がり、ものごとの意味を考えようとする気力に衰えがめだつ。おりから社会は爆発的な情報の氾濫に洗われ、人びとは視野を拡散させ、その日暮らしの狂騒に追われている。株価から醜聞の報道まで、刺戟的だが移ろいやすい「情報」に埋没している。応接に疲れた現代人はそれらを脈絡づけ、体系化をめざす「知識」の作業を怠りがちになろうとしている。

だが皮肉なことに、ものごとの意味づけと新しい価値観の構築が、今ほど強く人類に迫られている時代も稀だといえる。自由と平等の関係、愛と家族の姿、教育や職業の理想、科学技術のひき起こす倫理の問題など、文明の森羅万象が歴史的な考えなおしを要求している。今をどう生きるかを知るために、あらためて問題を脈絡づけ、思考の透視図を手づくりにすることが焦眉の急なのである。

ふり返ればすべての古典は混迷の時代に、それぞれの時代の価値観の考えなおしとして創造された。それは現代人に思索の模範を授けるだけでなく、かつて同様の混迷に苦しみ、それに耐えた強靭な心の先例として勇気を与えるだろう。そして幸い進歩思想の傲慢さを捨てた現代人は、すべての古典に寛く開かれた感受性を用意しているはずなのである。

（二〇〇一年四月）